علی سردار جعفری کا قلم

(سردار جعفری کے تحقیقی تنقیدی مضامین)

مرتبہ:

سید حیدرآبادی

Ali Sardar Jafri ka Qalam *(Essays)*

by: Syed Hyderabadi

Edition: November '2025

Publisher :

Taemeer Publications LLC (Michigan, USA / Hyderabad, India)

ISBN 978-93-6908-638-2

کتاب	:	**علی سردار جعفری کا قلم** (مضامین)
مرتب	:	**سید حیدرآبادی**
صنف	:	غیر افسانوی نثر
ناشر	:	تعمیر پبلی کیشنز (حیدرآباد، انڈیا)
سالِ اشاعت	:	۲۰۲۵ء
صفحات	:	۲۰۸
سرورق ڈیزائن	:	تعمیر ویب ڈیزائن

فہرست

(۱)	ترقی پسند مصنفین کی تحریک	6
(۲)	لکھنؤ کی پانچ راتیں	64
(۳)	غالب: تمنا کا دوسرا قدم	71
(۴)	میر تقی میر کی شاعری	96
(۵)	میر: صبا در بدر	118
(۶)	اقبال کی غزل	172
(۷)	کبیر: حرف محبت	179

۱

ترقی پسند مصنفین کی تحریک

دیکھ شمشیر ہے یہ، ساز ہے یہ، جام ہے یہ
تو جو شمشیر اٹھالے تو بڑا کام ہے یہ
(مجاز)

"بعض لوگ سوال کرتے ہیں کہ جب ہر دور میں ترقی پسند ادب کی تخلیق ہوتی رہی اور جب حالی، شبلی اور اقبال بھی ترقی پسند ہیں تو پھر آخر ترقی پسند مصنفین کی انجمن بنانے کی ضرورت ہی کیا ہے؟ یہ سوال ایسا ہے کہ جب دنیا میں ابتدائے آفرینش سے لے کر آج تک پھول کھلتے رہے ہیں تو باغ لگانے کی کیا ضرورت ہے؟ اس انجمن کی ضرورت اس وجہ سے پیدا ہوئی، جس وجہ سے تمام دوسری انجمنوں کی ضرورت ہوتی ہے یعنی یہ کہ افراد اجتماعی طور سے ادبی مسائل پر گفتگو اور بحث کریں، فرد اور جماعت کی ضروریات کو سمجھیں، سماجی کیفیت کا تجزیہ کریں اور اس طرح مشترکہ نصب العین قائم کریں اور اس کے مطابق عمل کریں۔" (سجاد ظہیر)

۱۹۳۵ء تک اردو ادب میں بڑی وسعت پیدا ہوگئی تھی۔ یہ کہنا مبالغہ نہ ہوگا کہ ستر اسی برس کی مختصر سی مدت میں اردو ادب نے جتنی ترقی کی، وہ اس سے پہلے دو تین سو برس میں نہیں ہوئی تھی اور یہ ترقی ان معاشی اور سیاسی حالات کی رہین منت تھی جن سے

ہندوستان کی سماجی زندگی کو سابقہ پڑا۔ وہ زبان جس کا ادب غزل، مثنوی، قصیدہ اور چند تذکروں تک محدود تھا، نظم، افسانہ، ناول، سوانح، تاریخ اور تنقید سے مالامال ہوگئی اور اس میں تنوع، گہرائی اور وسعت آگئی۔ اب اردو کے پاس عظیم عشقیہ شاعری ہی نہیں تھی بلکہ ایک عظیم ادب کا خزانہ تھا جس کے خالق حالی، شبلی، اقبال، پریم چند اور جوش جیسے باکمال تھے۔ یہ ستارے اپنی تابناکی میں کسی طرح پرانے ستاروں سے کم نہیں نکلے۔ اس سارے ادبی سرمایہ کی بہترین روایات نے منظم ہو کر اس تحریک کی شکل اختیار کر لی جو ۱۹۳۵ میں ترقی پسند مصنفین کی تحریک کے نام سے شروع ہوئی اور آج اردو زبان کی سب سے بڑی ادبی تحریک بنی ہوئی ہے۔

یہ تحریک اس اعتبار سے ماضی کی بہترین روایات کا تسلسل ہے کہ یہ انسان دوستی، عقل پسندی، حب الوطنی، سامراج دشمنی اور آزادی کے جذبے کو لے کر آگے بڑھی، لیکن اس اعتبار سے بالکل نئی تحریک ہے کہ اس نے عوام کی زندگی پر ادب اور فن کی بنیاد قائم کی۔

اس سے پہلے کے جمہوری ادب میں بھی جیسا کہ پچھلے صفحات سے ظاہر ہے، عوام کی زندگی اور مسائل کا اظہار کسی نہ کسی شکل میں ہوتا رہا ہے۔ لیکن ترقی پسند تحریک نے ایک ایسے واضح اور منظم نصب العین کی صورت دے دی جسے انجمن کے پہلے اعلان نامے نے ان چند سطروں میں سمیٹ لیا کہ "ہماری انجمن کا مقصد ادب اور آرٹ کو ان رجعت پسند طاقتوں کے چنگل سے نجات دلانا ہے جو اپنے ساتھ ادب اور فن کو بھی انحطاط کے گڑھوں میں دھکیل دینا چاہتے ہیں۔ ہم ادب کو عوام کے قریب لانا چاہتے ہیں اور اسے زندگی کی عکاسی اور مستقبل کی تعمیر کا موثر ذریعہ بنانا چاہتے ہیں۔" ہمارے اعلان نامے نے فراریت، ہیئت پرستی، کھوکھلی روحانیت، ماضی پرستی، فرقہ پرستی، نسلی تعصب اور

انسانی استحصال کی مخالفت کی اور سائنسی عقل پسندی اور تنقیدی حقیقت نگاری کا مطالبہ کیا اور تغیر اور ترقی کی راہ دکھائی۔ اس طرح ادب پر دو ذمہ داریاں عائد کیں۔ ایک تو غیر عقلی، غیر مفید، انحطاط پذیر، سماجی نظریات اور اور اداروں کی تنقید کرنا اور دوسرے نئی فکر، نئے جذبے اور نئے سماج کی تعمیر کرنا، جو ہمارے وطن کو ایک نئی بہتر زندگی کی راہ دکھائے۔

اردو ادب پر اور پورے ہندوستانی ادب پر اتنا بڑا اور عظیم الشان فریضہ کبھی عائد نہیں کیا گیا تھا۔ اس کے لئے ایک طرف ہندوستان کے سماجی حالات نے، جو ہماری سامراج دشمن جنگ آزادی سے پیدا ہوئے تھے، زمین تیار کی تھی اور دوسری طرف بین الاقوامی صورتحال، فکری اور ادبی تحریکوں کے اثرات تھے جن کے بڑے بڑے نمائندے امریکہ، یورپ، سوویت یونین اور چین کے دانشور اور مفکر جیسے ڈرائزر، ہنری باربوس، رومیں رولاں، گورکی اور لوہ سون تھے۔ فاشزم اور دوسری عالمگیر جنگ کا خطرہ بڑھ چکا تھا اور دنیا کی تہذیب برلن کی سڑکوں اور چوراہوں پر جل رہی تھی، اٹلی کے گلی کوچوں میں اس کا خون بہایا جا رہا تھا۔ اسپین میں اس پر بمباری کی جارہی تھی۔ ایشیا کے ملکوں میں ہندوستان اور چین میں بیرونی سامراج قومی تہذیبوں کا گلا گھونٹ رہا تھا۔ ہٹلری فاشزم نے یہ کہہ کر ادیبوں اور دانشوروں کو اپنی اپنی سمت کا انتخاب کرنے پر مجبور کر دیا تھا کہ جو کوئی فاشزم کے ساتھ نہیں ہے، اسے فاشزم کا دشمن سمجھا جائے گا۔

اس لئے ادب اور تہذیب کی حفاظت کے لئے گورکی، رومیں رولاں، طامس مان، ہنری باربوس اور آندرے مالرو کی رہنمائی میں ۱۹۳۵ء میں ادیبوں کی ایک بین الاقوامی کانفرنس پیرس میں منعقد ہوئی، جس میں ساری دنیا کے بڑے بڑے ادیب شریک ہوئے۔ اس کانفرنس میں ہندوستان کا کوئی بڑا ادیب شریک نہیں ہو سکا، لیکن سجاد ظہیر

اور ملک راج آنند نے جو اس زمانے میں لندن میں تھے، اس میں شرکت کی۔ اسی زمانے میں ٹیگور نے اپنی آواز فاشزم کی مخالفت میں بلند کی۔

پیرس کانفرنس کے انعقاد سے چند ماہ پہلے سجاد ظہیر اور ملک راج آنند نے لندن میں مقیم ہندوستانی طالب علموں کی مدد سے ترقی پسند مصنفین کی انجمن بنانے کے خیال کو عملی جامہ پہنایا۔ لندن کے نان کنگ ریستوراں میں اس کا پہلا اعلان نامہ تیار کیا گیا، جس پر ہندوستان کے بڑے بڑے محترم ادیبوں نے بعد کو دستخط کئے اور پھر اسی اعلان نامے کی بنیاد پر اپریل ۱۹۳۶ میں انجمن کی پہلی کانفرنس لکھنؤ میں منشی پریم چند کی زیر صدارت منعقد ہوئی جنہوں نے اپنے خطبے کی ابتدا ان الفاظ سے کی، "حضرات! یہ جلسہ ہمارے ادب کی تاریخ میں ایک یادگار واقعہ ہے۔" دراصل یہ ہمارے ادب کا ایک بہت ہی واضح تاریخی موڑ تھا اور اس سے پہلے ایک ایسی تحریک پیدا ہوئی جو اپنی وسعت، ہمہ گیری اور دوررس نتائج کے اعتبار سے سرسید اور حالی کی تحریک سے بھی کہیں زیادہ اہم ہے۔

ترقی پسند تحریک بڑی تیزی سے پھیلنے لگی اور اردو کے تقریباً تمام بڑے بڑے ادیبوں اور شاعروں نے اس کا خیر مقدم کیا، جن میں سب سے اہم پریم چند، جوش ملیح آبادی، حسرت موہانی، ڈاکٹر عبدالحق، ڈاکٹر عابد حسین، مولانا نیاز فتح پوری، قاضی عبدالغفار، فراق گورکھپوری، مجنوں گورکھپوری، علی عباس حسینی اور ساغر نظامی کے نام ہیں۔ انہوں نے ہمارے اعلان نامے پر دستخط کئے، جلسوں میں شرکت کی اور مباحثوں میں حصہ لیا۔ اقبال نے بھی سجاد ظہیر کی حوصلہ افزائی کی۔ ۲۹، منشی پریم چند کا اسی سال انتقال ہو گیا۔ جوش ملیح آبادی، مجنوں گورکھپوری، قاضی عبدالغفار اور فراق گورکھپوری خاص طور سے تحریک میں بہت زیادہ دلچسپی لیتے رہے اور اپنی ادبی کاوشوں سے تحریک کو مقبول بنانے میں مدد دیتے رہے۔ اس سلسلے میں تحریک کو مقبول بنانے میں مجنوں گور

کھپوری کے تنقیدی مضامین نے بڑا کام کیا۔ جوش نے ہر موقع پر اور ہر مشکل وقت میں اپنی شاعری اور عظیم شخصیت سے تحریک کی حفاظت کی۔

انہیں کے ساتھ نو عمر اور نو مشق ادیبوں کا ایک گروہ آیا جن کی اکثریت طالب علموں پر مشتمل تھی، جیسے کرشن چندر، مجاز، جاں نثار اختر، اوپندر ناتھ اشک، سبط حسن، جذبی، احمد عباس، اختر رائے پوری، سعادت حسن منٹو، عصمت چغتائی، راجندر سنگھ بیدی، احتشام حسین، مخدوم محی الدین، حیات اللہ انصاری، علی جواد زیدی، مسعود اختر جمال، سلام مچھلی شہری وغیرہ۔ سجاد ظہیر، رشید جہاں، فیض، ڈاکٹر تاثیر، ڈاکٹر علیم، احمد علی، اختر انصاری وغیرہ نے ابھی ابھی تعلیم ختم کی تھی۔ ۱۹۳۶ کا یہ پہلا گروہ محض رومانی قسم کے نوجوانوں کا گروہ نہیں تھا جو ملک کے مختلف حصوں میں بکھرا ہوا تھا حالانکہ ان میں رومانیت ضرور تھی۔

اگر آپ بیس بائیس برس کے نو عمر لکھنے والوں سے ان کے خواب بھی چھین لیں تو ان کے پاس کیا رہ جائے گا۔ یہ سنجیدہ قسم کے نوجوان تھے جو سماجی ذمہ داریوں کا بھی احساس رکھتے تھے اور تھوڑا سا سیاسی شعور بھی۔ یہ مزدوروں، کسانوں اور طالب علموں کی مختلف تحریکوں میں کام بھی کر رہے تھے۔ ان کے شعور کی مختلف سطحیں تھیں، ان کے تجربے مختلف تھے اور فکریات الگ الگ۔ کوئی گاندھی وادی اور اہنسا کا پرستار تھا جیسے حیات اللہ انصاری، کوئی نہرو کو اپنا ہیرو بنائے تھا جیسے احمد عباس، کوئی کمیونسٹ تھا جیسے سجاد ظہیر۔ پھر ایسے نوجوان بھی تھے جو کسی سیاسی مسلک سے تعلق نہیں رکھتے تھے جیسے منٹو۔ لیکن سب میں ایک چیز مشترک تھی کہ سب کے سب پرانے سماج کے طور طریقوں، رسمی اخلاق اور بدمذاقیوں سے اکتائے ہوئے تھے۔ اپنے ملک کی غلامی پر شرمندہ تھے اور کسی خوبصورت منزل تک پہنچنے کے لئے کسی حسین راستے کی تلاش میں

تھے۔

اس وقت ان میں سے کسی کے پاس کوئی ادبی سرمایہ نہیں تھا۔ سب کے سب نومشق تھے۔ کسی نے چار چھ نظمیں کہیں تھیں، کسی نے دو چار افسانے لکھے تھے، کسی کے پاس ایک چھوٹا سا ناول تھا، کسی کے پاس ایک ڈراما، لیکن چند ہی سال کے اندر یہ اردو ادب پر چھا گئے اور آج ان میں سے کئی اردو کے مایہ ناز ادیب اور شاعر ہیں اور ہندوستان کے چوٹی کے اہل قلم حضرات میں شمار ہوتے ہیں (چند ادیبوں نے کچھ سال بعد تحریک کا ساتھ چھوڑ دیا اور آہستہ آہستہ رجعت پسندی کی گود میں چلے گئے جیسے ڈاکٹر تاثیر، احمد علی وغیرہ۔)

ترقی پسند تحریک کے حلقے میں آنے والا تیسرا گروہ کسان، مزدور شاعروں کا تھا جن کے شعور اور فن کو انقلابی جدوجہد نے بیدار کیا تھا۔ انہوں نے دیہاتی بولیوں میں گیت اور آلہے لکھے۔ شاعری کی قدیم عوامی ہیئتوں کو استعمال کیا اور اپنی چیزیں بڑے بڑے جلسوں میں سنائیں۔ یہ چیزیں ہزاروں کے ہجوم میں گائی جاتی تھیں۔ درمیانی طبقے کے ان شاعروں نے بھی، جو دیہاتی بولیوں سے واقف تھے اور مزدور اور کسان تحریک میں حصہ لیتے تھے، ایسی چیزیں کہیں اور مقبولیت حاصل کی۔ ان میں خاص طور سے اہم نام سید مطلبی فرید آبادی کا ہے جن کا منظوم ڈرامہ "کسان رت" اچھی چیز ہے۔

اسی کے زیر اثر دیہاتی اور عوامی ادب سے دلچسپی بڑھی اور بعض ترقی پسند ادیبوں نے دیہاتی شاعروں کو روشناس کرایا اور دیہاتی گیت جمع کئے۔ سید مطلبی فرید آبادی نے میرٹھ کے علاقے کے مشہور دیہاتی شاعر دلمیر پر کام کیا اور دیوندر ستیار تھی نے ہندوستان بھر میں گھوم گھوم کے مختلف زبانوں کے گیت جمع کئے۔ سید مطلبی فرید آبادی نے دیہاتی شاعروں کے کوی سمیلن بھی کئے جو بہت کامیاب ہوئے۔ لیکن یہ کام ابتدا

میں جس تیزی سے ہوا بعد میں اس طرح نہیں کیا گیا اور نتیجہ یہ ہوا کہ اردو کی ترقی پسند تحریک شہروں اور قصبوں میں محدود ہو کر رہ گئی۔ آج شہر اور گاؤں کے رشتے کو دوبارہ قائم کرنے کی ضرورت ہے۔

ترقی پسند تحریک کے ساتھ ساتھ ترجموں کا کام بھی بڑی تیزی سے شروع ہوا۔ اختر رائے پوری نے قاضی نذرالاسلام کی نظموں اور گورکی کی آپ بیتی کے ترجمے کئے جو انجمن ترقی اردو (ہند) سے شائع ہوئے۔ تمنائی نے چینی ادب کے ترجمے کئے۔ ۱۹۴۰ء کے بعد سید مطلبی اور مخمور جالندھری نے شلوخوف کے ناول کے ترجمے کئے اور بہت سے دوسرے لوگوں نے سیکڑوں روسی کہانیوں کے ترجمے شائع کئے۔ دنیا کے انقلابی ادب سے ہماری تحریک کی دلچسپی میں کمی نہیں ہوئی ہے اور آج بھی بیرونی نظموں اور افسانوں کے ترجمے برابر ہو رہے ہیں۔ اب تک جن بیرونی ادیبوں کے ترجمے ہوئے ہیں ان میں خاص نام یہ ہیں۔ طالسطائی، گورکی، پبلو نرودا، ناظم حکمت، مایاکوفسکی، ہارورڈ فاسٹ۔

"اس نئی اور کم عمر تحریک پر پہلے ہی دو تین سال کے اندر دو سمتوں سے حملہ ہوا، سامراجی اور قدامت پرست۔ اور یہ وہ سمتیں تھیں جنہیں ترقی پسند مصنفین کی اجتماعی کوششوں سے خطرہ تھا۔ ظاہر ہے کہ تمام وہ قوتیں اور وہ ادارے جن کے وجود کا دارومدار قوم وملت کی پستی، زبوں حالی اور جہالت کو بدستور برقرار رکھنے پر ہے اور جن کے ظلم وتعدی، بے انصافی اور دھوکے بازی کا ہماری قوم شکار ہے، وہ اس تحریک کو ناکامیاب اور غیر مقبول بنانے کے لئے کوئی جتن اٹھا نہ رکھیں گے۔ چنانچہ اس تحریک کی مخالفت اور اس مخالفت کی نوعیت بھی اردو ادب کی تاریخ میں اسی قدر اہمیت اور دلچسپی کا سامان رکھتی ہے جتنی کہ اس کی غیر معمولی اور روز افزوں مقبولیت۔

مجھے اچھی طرح یاد ہے کہ ترقی پسند مصنفین کی پہلی کانفرنس کے دو چار ماہ بعد ہی

کلکتہ کے نیم سرکاری اینگلو انڈین اخبار اسٹیٹس مین (Statesman) میں دو طویل سلسلہ وار مضامین اس کے خاص نامہ نگار کے نام سے شائع ہوئے، جن میں یہ ثابت کرنے کی کوشش کی گئی کہ ترقی پسند مصنفین کی تحریک محض ایک پردہ ہے جس کی آڑ میں اشتراکیت کی تبلیغ اور اشتراکی پارٹی کی تنظیم کی جارہی ہے۔ یہ بھی کہا گیا کہ ماسکو کے بالشویکوں اور تھرڈ انٹر نیشنل کے عندیہ اور منشا سے یہ تحریک ہندوستان میں جاری کی گئی ہے۔ جس کے فرستادہ بعض ایجنٹوں نے لندن میں مقیم چند ہندوستانی طلبا کو اپنے جال میں پھنسالیاہے اور ان ہی سے وہ ہندوستان میں اپنا کام نکال رہے ہیں۔

آپ کو سن کر تعجب ہو گا کہ ان مضامین کا اثر اس کے بالکل برخلاف ہوا، جس کی برطانوی استعمار پرستوں اور ان کے ماتحت اخبار نے توقع کی تھی۔ ہندوستان کے مختلف حصوں سے نوجوان ادیبوں اور طلبا کے بے شمار خطوط میرے پاس آنے لگے جن میں یہ درخواست کی جاتی تھی کہ انہیں بھی اپنے شہر میں اس انجمن کی شاخ قائم کرنے کی اجازت دی جائے۔ نیز وہ بزرگ و محترم ادیب جو ہماری تحریک سے ہمدردی رکھتے تھے، اس افتراق و انتشار کی بھونڈی کوشش کو اپنی سمجھداری اور ایمانداری کی توہین سمجھ کر اس سے اورزیادہ گہری دلچسپی لینے لگے۔ شاعر اعظم رابندر ناتھ ٹیگور اور بلبل ہند سروجنی نائیڈو صاحبہ نے بھی ہماری سرپرستی قبول فرما کر ہر طرح سے ہماری ہمت افزائی کی۔"

(سجاد ظہیر، خطبہ صدارت اردو کانفرنس، حیدرآباد دکن، ۱۹۴۵ء)

دوسرا حملہ قدامت پرست حلقوں کی طرف سے ہوا جو جاگیرداری انحطاط کی قدروں کے حامی تھے۔ ان میں پیش پیش وہ لوگ تھے جو روایتی انداز کی غزل پر جان چھڑکتے تھے اور ادب برائے ادب کے قائل تھے۔ انہوں نے ترقی پسند ادیبوں پر اخلاق بگاڑنے اور ادب کو خراب کرنے کا الزام لگایا۔ ان کی پھیلائی ہوئی غلط فہمیاں بہت دنوں

تک کام کرتی رہیں اور بعض ایسے حضرات بھی جو ابتدا میں تحریک کے ساتھ آئے تھے، ان غلط فہمیوں کے شکار ہو گئے اور یہ کہنے لگے کہ ترقی پسند ادیب یا تو مزدوروں اور کسانوں کی باتیں کرتے ہیں یا بہو بیٹیوں کی چادریں اچھالتے ہیں۔ آگے چل کر اس نے اور شدید صورت اختیار کر لی اور ترقی پسند ادیبوں پر فحش نگاری اور عریانی کا الزام لگ گیا اور لطف یہ ہے کہ یہ الزام لگانے والے اس سماج کے نمائندے تھے جو امانت اور جان صاحب اور چرکین کو پیدا کر چکا تھا اور جس کے انحطاطی اثرات سے ہمارے اکثر اساتذہ بھی نہیں بچ سکے تھے۔

تحریک کے ابتدائی زمانے میں مجنوں گورکھپوری نے اپنے تنقیدی مضامین سے تحریک کے اغراض و مقاصد کے پھیلانے میں بڑا کام کیا اور نئے اصول تنقید بنانے میں بڑی مدد کی۔ انہوں نے یہ نظریہ پیش کیا کہ ادب زندگی کا ترجمان بھی ہوتا ہے اور نقاد بھی اور زندگی کے ساتھ سائے کی طرح وابستہ ہے اور اس لئے زندگی کی تبدیلی کے ساتھ ادب بھی بدلتا ہے ۳۰، ان کے مخاطب زیادہ تر قدامت پرست عناصر تھے جنہیں انہوں نے سماج کے "بڑے بوڑھوں" کے نام سے یاد کیا ہے۔ یہاں مجنوں کا یک دلچسپ اقتباس بے جا نہ ہو گا،

"نیا ادب اور ترقی پسند کے سلسلے میں جتنے جھگڑے ہو رہے ہیں ان پر غائر نظر ڈالنے سے معلوم ہوا ہے کہ دراصل جھگڑا ایک ہے اور دو نسلوں کا یعنی بڈھوں اور جوانوں کا جھگڑا ہے اور مجھے اس میں زیادتی بڈھوں کی معلوم ہوتی ہے۔ بڈھوں کو نوجوانوں سے زیادہ سے زیادہ یہ شکایت ہو سکتی ہے کہ وہ خود سر ہیں، بے پیرے ہیں، بڈھوں کا کہنا نہیں مانتے۔ جوانی تو خیر بقول انہیں بڑے بوڑھوں کے، دیوانی ہوتی ہے اور دیوانے کو یوں بھی کچھ نہیں کہا کرتے لیکن مجھے سب سے زیادہ حیرت ان ہوش مند اور فرزانہ بڈھوں پر

ہوتی ہے جو جوانی کو بھی خواہ مخواہ شکنجے میں کس کر وہیں رکھنا چاہتے ہیں جہاں وہ خود ہیں۔ زیادہ حیرت اس لئے ہوتی ہے کہ یہ بڑھے خود اپنی زندگی میں بچے سے جوان اور اور جوان سے بڑھے ہو چکے ہیں اور اپنی آنکھوں سے دیکھ چکے ہیں، اپنے ریشے ریشے میں محسوس کر چکے ہیں کہ زمانہ متحرک قوت ہے جو آگے بڑھتی رہتی ہے اور زندگی ایک نامیاتی حقیقت ہے جو بدلتی رہتی ہے اور روز بروز پہلے سے زیادہ مہذب اور پہلے سے زیادہ مکمل ہوتی جاتی ہے۔

پھر کسی طرح سمجھ میں نہیں آتا کہ یہ لوگ یہ کیوں چاہتے ہیں کہ نئی نسل بھی اسی منزل پر رہے جہاں پرانی نسل ہے۔۔۔ اگر پچھلی نسل والے اپنی زندگی کے دن گزار چکے ہیں اور اپنے مقصد کی تکمیل کر چکے ہیں، اگر اب وہ اپنے میں اتنی سکت نہیں پاتے کہ نئی نسل کی نئی زندگی میں اس کے شریک کار رہیں تو کم سے کم ان کو اتنی توفیق ہونا چاہئے کہ خلوص اور نیک نیتی کے ساتھ ہم کو نئی زندگی اور اس کے نئے مقصد کے لئے چھوڑ دیں۔"(ترقی پسند ادب)

مجنوں نے اپنے اسی مقالے میں اس مقصد کی بھی تشریح کر دی ہے جس کی تکمیل کا حق مانگا ہے، "انسانی تمدن اور اس کے تمام شعبوں کا پہلا بنیادی پتھر اقتصادیات ہے۔ ہماری پہلی ضرورت یہ ہے کہ دنیا کی کثیر سے کثیر انسانی آبادی کو پیٹ بھر کھانا ملنے لگے۔ کوئی ننگا نہ رہے۔ کوئی ان پڑھ نہ رہے۔ سب کو یکساں فراعت اور مادی سکون میسر ہو اور سب کو زندگی اور تہذیب کے یکساں مواقع ملیں۔ دوسرے الفاظ میں ہم یہ کہہ سکتے ہیں کہ اس وقت ہماری زندگی کے اقتصادی عقدے تمام دوسرے عقدوں سے زیادہ پیچیدہ اور اہم ہو رہے ہیں اور ان کو حل کرنے کے لئے ضروری ہے کہ اس وقت ہم اپنی تمام قوتوں کو یکجا کر کے انہیں عقدوں کو سلجھانے میں صرف کریں۔

اگر تہذیب اور ادب کو زندہ رہ کر ترقی کرنا ہے تو پہلے ہم کو اس کی کوشش کرنا ہے کہ تہذیب اور ادب ایک منتخب اور کم تعداد گروہ کا اجارہ نہ رہے بلکہ ادنی سے ادنی مزدوروں اور کسانوں میں پھیل جائے اور اس کے لئے ہم کو ایک تیز اقتصادی شعور کے ساتھ آگے بڑھنا ہے۔ مزدوروں اور کسانوں کے ساتھ ہمارے شغف کی غرض صرف یہ ہے کہ یہی جمہور ہیں اور ہم یہ چاہتے ہیں کہ زندگی اور ترقی کی تمام راہیں عام ہو جائیں اور سب پر یکساں کھل جائیں۔

ترقی پسند ادب کے نام سے لوگ خواہ مخواہ چونکتے ہیں۔ ترقی پسند ادب فطری ادب کا صرف دوسرا نام ہے۔ ترقی پسند ادب میں غزل بھی آتی ہے اور نظم بھی۔ ناٹک اور نوٹنکی، افسانے اور داستانیں سبھی کچھ ترقی پسند ادب میں شمار ہوتے ہیں بشرطیکہ وہ ان اصول اور تصورات کے شعور کے ماتحت وجود میں آئے ہوں (۱) زندگی ایک نامیاتی اور جدلیاتی حقیقت ہے جس کی فطرت انقلاب اور ترقی ہے۔ (۲) اس وقت تاریخ ہمارے سامنے ایک نیا دور اور اس دور کی نئی ضرورتیں پیش کر رہی ہے جن کو تسلیم کرنا ہمارا فرض ہے۔ (۳) ادب کو اس انقلاب اور ترقی میں مدد دینا ہے جو زندگی کی عین فطرت ہے اور ان تمام میلانات اور ضرورتوں کی تکمیل میں حصہ لینا ہے جو نئے دور کی اہم ترین خصوصیات ہیں۔۔۔ ترقی پسند ادب کی بنیاد واقعیت اور جمہوریت پر ہوتی ہے اور وہ ماضی کا معترف ہوتا ہے لیکن وہ مستقبل اور اس کے لامحدود امکانات پر صدق دل سے ایمان رکھتا ہے۔" (ترقی پسند ادب)

مجنوں نے اپنی تحریروں سے ترقی پسند ادب کے اغراض و مقاصد کی وضاحت کے ساتھ ساتھ ادب کو پرکھنے کے لئے تنقید کی ایک نئی کسوٹی بنانے میں بھی مدد دی۔

ترقی پسند تحریک بڑی تیزی سے پھیلی اور سامراجی رجعت پرستوں اور سامنتی

قدامت پسندوں کی تمام مخالفتوں اور بدنام کرنے کی ساری کوششوں کے باوجود اردو دنیا پر چھا گئی۔ لیکن تحریک جتنی وسیع اور ہمہ گیر تھی اس کی تنظیم اتنی ہی کمزور تھی بلکہ یہ کہنا صحیح ہوگا کہ ایک سرے سے کوئی تنظیم تھی ہی نہیں۔ کوئی مرکز نہیں تھا۔ کوئی مرکزی رسالہ نہیں تھا۔ مختلف شہروں میں ادیب مقامی طور پر اپنے حلقے قائم کر لیتے تھے جہاں بیٹھ کر کچھ دنوں نظمیں اور افسانے پڑھے جاتے، ان پر تبادلہ خیال ہوتا، تنقید ہوتی اور پھر وہ حلقے منتشر ہو جاتے۔ انہیں حلقوں سے انجمن کی شاخیں بن جاتیں۔ وقتاً فوقتاً صوبائی یا کل ہند کانفرنسوں میں ادیبوں کی اچھی خاصی تعداد جمع ہو جاتی تھی۔ وہاں ترقی پسندی اور دوسرے ادبی مسائل پر بحثیں ہوتیں، تجویزیں منظور ہوتیں، نئے حالات کے پیش نظر پروگرام بنتے اور پھر آئندہ کانفرنس تک کے لئے سب لوگ بکھر جاتے۔

حالانکہ انجمن کے باقاعدہ ممبر بنانے کی کوئی خاص کوشش نہیں کی گئی لیکن لکھنے والوں کی اکثریت اپنے کو انجمن سے وابستہ سمجھتی تھی۔ اردو کے کئی اچھے رسالوں نے بھی اپنی پالیسی میں تبدیلی پیدا کر لی تھی اور ترقی پسند ادب کی ترویج و اشاعت کرنے لگے تھے۔ قدامت پسند اور رجعت پرست ادیب کچھ گھبرائے ہوئے سے رہتے تھے اور ترقی پسند تحریک کو اردو ادب کے خلاف کوئی بڑی سازش سمجھتے تھے، لیکن یہ حقیقت ان پر کبھی نہ روشن ہو سکی کہ یہ تحریک اپنی تمام کمزوریوں کے باوجود اس لئے پھل پھول رہی تھی کہ اس نے زندگی کی نئی قدروں سے اپنا رشتہ جوڑا تھا اور اس ادب میں ان جذبات کی ترجمانی ہوتی تھی جو عام انسانوں کے سینے میں مچل رہے تھے۔

میں نے اس زمانے کے مشاعروں میں بعض خاصی بھونڈی نظموں کو صرف اس لئے مقبول ہوتے دیکھا ہے کہ وہ عوام کے جذبات کی ترجمانی ہوتی تھیں۔ قدامت پرست عناصر اسے عوام کی بدمذاقی پر محمول کرتے تھے کہ اب فن کی کوئی قدر باقی نہیں

رہ گئی ہے اور ادب پروپیگنڈا بن گیا ہے۔ لیکن دراصل اس بھونڈے پن کی زمین سے بھی فن کی نئی کونپلیں پھوٹ رہی تھیں جو بڑھ کر خوبصورت پودے بن گئیں اور چند سال کے اندر اردو ادب کے دامن میں نئے خوبصورت اور مہکتے ہوئے پھول کھلنے لگے۔

۱۹۳۸ میں انجمن کی دوسری کانفرنس کلکتے میں منعقد ہوئی جس کا افتتاح ٹیگور نے کیا اور اس میں شرکت کرنے کے لئے یورپ سے ڈاکٹر ملک راج آنند آئے جو اس وقت تک ہندستان کے ایک انگریزی ناول نگار کی حیثیت سے شہرت حاصل کر چکے تھے۔ اس کانفرنس کے وقت تک ترقی پسند ادب کی ترقی کا اندازہ ان چند چھوٹی چھوٹی کتابوں سے ہو سکتا ہے جو نئے ادیب اپنے ساتھ لے کر آئے تھے۔ سجاد ظہیر کا ناول "لندن کی ایک رات"، کرشن چندر کی کہانیوں کا پہلا مجموعہ "طلسم خیال"، مجاز کی نظموں کا مجموعہ "آہنگ"، حیات اللہ انصاری کی کہانیوں کا مجموعہ "انوکھی مصیبت"، ان چیزوں نے مستقبل کے ادب کی داغ بیل ڈالی تھی۔ اس کے بعد تین چار سال کے اندر اور نئی کتابیں آئیں اور اردو ادب کی فضا نئی آوازوں سے گونج اٹھی۔ ان میں سب سے زیادہ اہم فیض کی نظموں کا مجموعہ نقش فریادی اور راجندر سنگھ بیدی کی کہانیوں کا مجموعہ دانہ و دام تھا۔ فیض سے اردو میں ایک نئے دبستان شاعری کا آغاز ہوتا ہے۔ یہ جدید مغربیت اور قدیم مشرقیت کا حسین امتزاج تھا جس نے اردو شاعری کو دو آتشہ بنا دیا۔

سن ۱۹۴۲ تک ادیبوں کے ایک نئے گروہ نے تخلیق کے میدان میں قدم رکھا۔ احمد ندیم قاسمی، عزیز احمد، کیفی اعظمی، وامق جونپوری، ساحر لدھیانوی، عبادت بریلوی، حمید اختر، ابن انشا، عبداللہ ملک، ظہیر کاشمیری، فکر تونسوی، مجروح سلطان پوری، نیاز حیدر، مہندر ناتھ، وشوا متر عادل، ہنس راج رہبر، عادل رشید، اختر الایمان، مخمور جالندھری، غلام ربانی تاباں، ممتاز حسین، انور، ابراہیم جلیس، ہاجرہ مسرور، خدیجہ

مستور، بلونت سنگھ، شاہد صدیقی، پرویز شاہدی، پرکاش پنڈت وغیرہ۔ ان میں شاعر، افسانہ نگار، نقاد سب تھے۔ انہوں نے وہی راہ اختیار کی جو اب تک ترقی پسند تحریک نے بنائی تھی۔ پھر خود انہوں نے بھی اس راہ کو ہموار کیا اور ترقی پسند ادب کو آگے بڑھایا۔ آج ان میں سے بہت سے ادیبوں کی کتابیں شائع ہو چکی ہیں اور ترقی پسند ادب کے خزانے میں سیکڑوں کتابوں کا اضافہ ہو چکا ہے۔

اسی زمانے میں ایک اور گروہ نے سر اٹھایا۔ یہ ہئیت پرست، ابہام پرست اور جنس پرست ادیب تھے، جن کے مشہور نمائندے میراجی، یوسف ظفر، ممتاز مفتی، مختار صدیقی وغیرہ تھے۔ یہ ذہین اور ہوشیار لکھنے والے تھے جو یورپ کے انحطاطی ادب سے متاثر تھے، اور شعور کے بجائے تحت الشعور اور لاشعور پر اور معنویت اور مواد کو چھوڑ کر ہئیت اور اسلوب پر زور دیتے تھے۔ یہ لوگ کھلم کھلا ترقی پسند تحریک کے مخالف تھے اور اس کا اعلان کرتے رہتے تھے۔ انہوں نے اپنی ایک الگ انجمن حلقہ ارباب ذوق کے نام سے قائم کرلی تھی جو لاہور اور دہلی تک محدود تھی لیکن ترقی پسندوں کی تحریک سے زیادہ منظم تھی۔

ان کی بنیاد یہ تھی کہ ادب کا سماج سے کوئی تعلق نہیں۔ ان کی رومانیت مجہول اور گندی تھی۔ یہ خوابوں کو خارجی حقیقت سے الگ کرکے واہمے میں تبدیل کر دیتے تھے اور ان اندھے خوابوں سے ذاتی اور انفرادی تاثرات کی جو جنسی تجربوں تک محدود رہتے تھے، ایک داخلی دنیا بناتے تھے جس کے جغرافیے کا پتا لگانا معمولی انسان کا کام نہ تھا۔ ان کا "انا" کسی قسم کی سماجی ذمہ داری کو برداشت نہیں کرتا تھا جس کا لازمی نتیجہ ابہام، قنوطیت اور فرار تھا۔ آخر وہ جمالیات کی اس سطح پر اتر آئے جیسے عورت کا پیشاب کرنا اور فکر کی اس بلندی پر پہنچ گئے جہاں س طرح کی شاعری ممکن ہے کہ "گورے جسموں کو

جو اں رکھتے ہیں بندر کے غدود۔"

اس تحریک نے تین چار سال تک بڑا شور مچایا اور بعض ترقی پسندوں کو بھی بہکانے میں کامیاب ہوئی لیکن پنپ نہیں سکی۔ یہ دراصل جاگیر داری اور بورژوا انحطاط کی گندگی کا بدرو تھا، جو بڑے زور و شور سے بہا لیکن اس کا بہاؤ اس کی گندگی کو نہ چھپا سکا۔ واقعات اور حالات کی منطق عجیب و غریب ہوتی ہے۔ یہ ادیب اپنے عہد کے حساس بچے تھے جو جاگیر داری اور سامراجی سماج سے دور بھاگنا چاہتے تھے لیکن اسے تبدیل کرنے کی ذمہ داری نہیں لینا چاہتے تھے۔ جاگیر داری اور سامراجی قدروں سے بھاگ کر وہ عوامی قدروں تک نہ آسکے۔ اس لیے نراجیت کا شکار ہو گئے۔ انہوں نے قدامت سے بچ کر جدت کی طرف قدم بڑھانے کی کوشش کی اور فرائڈ اور ٹی ایس ایلیٹ کی آغوش میں پہنچ گئے۔

انہوں نے ہندستان میں سامراج کے سیاسی پہلو کو دیکھا تھا لیکن اس کے ادبی نظریہ سازوں کو نہیں پہچانا تھا۔ وہ جس سماج کی گندگی سے بھاگ رہے تھے، اپنی اکتاہٹ میں اسی گندگی میں لت پت ہو گئے۔ جاگیر داری انحطاط سے بچنے کی کوشش میں بورژوا انحطاط میں غرق ہو گئے۔ ان پر فیض کا یہ شعر صادق آتا ہے،

مضمحل ساعتِ امروز کی بے رنگی سے
یادِ ماضی سے غمیں، دہشت فردا سے نڈھال

ہماری تحریک کے مخالف قدامت پرست عناصر نے ان انحطاطی ادیبوں کو ترقی پسند کہنا شروع کر دیا۔ جب ترقی پسند ادب کو گالی دینا ہوتی تو فیض، مجاز یا کرشن چندر کے بجائے میراجی وغیرہ کی مثال دیتے تھے۔ اس وقت ترقی پسند نقادوں نے تھوڑی سی غفلت برتی، وہ مخالفین کی تنقید کے جواب میں ہماری صفائی تو ضرور پیش کرتے تھے اور ترقی پسند

ادب اور تنقید کے اصول بھی بیان کرتے تھے لیکن کھل کر انحطاط پسندوں پر تنقید نہیں کرتے تھے۔ اور یہ کوئی تعجب کی بات نہیں ہے کیونکہ یہ ترقی پسند تنقید کی بھی ابتدا تھی۔ اس کے علاوہ اردو کے بعض رسائل نے انحطاطی ادیبوں کی چیزوں کو ترقی پسند چیزوں کے ساتھ گڈمڈ کرنا شروع کر دیا۔ عام پڑھنے والے شدید ذہنی انتشار کا شکار ہوئے۔ حلقہ ارباب ذوق نے ایک اور سلسلہ بھی شروع کیا۔ وہ بہترین نظمیں کے نام سے ہر سال اردو نظموں کا انتخاب شائع کرتے تھے اور اس میں اپنے ڈھب کی چیزیں منتخب کرتے تھے۔ یہ انتخابات ایسے ناشرین نے بھی شائع کئے جنہوں نے ترقی پسند ادب کی سب سے زیادہ اشاعت کی تھی۔

بعض انحطاطی چیزوں کو غلطی سے ترقی پسند سمجھ کر ترقی پسند رسائل میں بھی شائع کیا گیا۔ مثلاً حسن عسکری کی کہانی "پھسلن" جو نیا ادب میں شائع ہوئی تھی۔ ن۔ م راشد کی شاعری کا بیشتر حصہ زندگی سے فرار کرکے جنسیات میں پناہ لینے کی ترغیب دیتا تھا۔ اس کے باوجود راشد کو ترقی پسند حلقے میں شریک سمجھا گیا۔ انہوں نے خود بھی انجمن کی تیسری کانفرنس میں شرکت کی۔ سعادت حسن منٹو گورکی کے ترجمے کرنے اور "نیا قانون" جیسی کہانی لکھنے کے بعد بڑی تیزی سے انحطاط کی طرف جارہے تھے اور سنسنی خیز، فحش اور گندی کہانیاں لکھنے لگے تھے۔ عصمت چغتائی نے بھی اپنی بغاوت کے لئے جنسیات ہی کا انتخاب کیا۔ اور کبھی "گیندا" کی طرح کی اچھی اور کبھی "لحاف" کی طرح کی بری کہانیاں لکھیں۔

نئے لکھنے والوں میں اور بھی بہت سے ادیب اس قسم کی مریضانہ جنس نگاری کو حقیقت نگاری سمجھ کر پیش کر رہے تھے۔ یہ تمام چیزیں ترقی پسند ادب کے ساتھ کچھ اس طرح مل گئیں کہ ہر نیا ادیب ترقی پسند قرار پاگیا اور ہر نئی تحریر ترقی پسند ادب کا نمونہ۔ نیا

ادب اور ترقی پسند ادب ہم معنی الفاظ ہو گئے۔ اس وقت سجاد ظہیر، احتشام حسین، ممتاز حسین اور عزیز احمد نے اپنے مضامین اور تنقیدوں سے اس ابتری اور انتشار کو دور کرنے کی کوشش کی۔

سجاد ظہیر نے حیدرآباد اردو کانفرنس (۱۹۴۵) میں اپنے خطبہ صدارت میں اس پر احتجاج کیا کہ "ترقی پسند ادب کے مخالفین ہر نئے ادیب کو اور اگر وہ خراب ادیب ہے تو اور زیادہ باصرار، ترقی پسند کا نام دے کر پوری تحریک کو بدنام کرنے کی کوشش کرتے ہیں۔" پھر انہوں نے میراجی کا نام لے کر بتایا کہ اس قسم کے ادب اور شاعری کا ترقی پسندی سے دور کا بھی تعلق نہیں ہے۔ "وہ عوام سے دور بھاگتے ہیں۔ ان کے مسائل سے انہیں نفرت ہے۔ ان کی بیمار ذہنیت زندگی کی ہر اہم حقیقت سے چشم پوشی کرنا اپنا فرض سمجھتی ہے۔ غرض یہ کہ ان کی شاعری سرتاسر فراری شاعری ہے اور انسان کے دل ودماغ کو بالیدگی نہیں بخشتی۔ اگر خراب قسم کی قدیم شاعری عیش پرست امرا کی تفریح کا سامان تھی تو میراجی کی شاعری آج کل کے متوسط طبقے کے اس گروہ کی ذہنی اور نفسیاتی کیفیت کا عکس پیش کرتی ہے، جو زندگی کی پر پیچ راہوں پر غول بیاباں کی طرح آوارہ وسرگرداں ہے، وہ ماضی سے نالاں ہے۔ اس کا حال محرومی کی ایک دردناک داستان ہے۔ اس کا مستقبل امید سے خالی اور تاریک ہے۔"

اسی کے ساتھ انہوں نے یہ بھی کہا کہ ہمیں ہر ادیب پر مجموعی حیثیت سے نظر ڈالنی چاہئے اور کھوٹے کھرے کو الگ الگ کرنا چاہئے اور اس ادبی بددیانتی سے بچنا چاہئے جو صرف چند لچر چیزوں کا انتخاب کر کے کسی ادیب یا شاعر کو قابل مذمت قرار دے دیتی ہے۔ اس سلسلے میں انہوں نے خاص طور سے منٹو کا ذکر کیا، "بعض ایسے افسانہ نگار ہیں جن کی تحریروں میں بیک وقت کئی رجحانات ملتے ہیں مثلاً سعادت حسن منٹو۔ یہ اردو

کے ایک نہایت اچھے افسانہ نگار ہیں اور میں کہوں گا کہ ان کے چند افسانے ہمارے ادب کے بہترین افسانوں میں شمار کئے جا سکتے ہیں، لیکن یہ بھی واضح ہے کہ ان کے بعض افسانے خراب ہیں۔ بعض رجعت پسند تک ہیں۔

میں نے خود منٹو صاحب سے ایک مرتبہ ان کے افسانہ "بو" کے متعلق یہ کہا کہ آپ کا یہ افسانہ بہت ہی دردناک لیکن فضول افسانہ ہے اس لئے کہ درمیانی طبقے کے ہر آسودہ حال فرد کی جنسی بدعنوانیوں کا تذکرہ چاہے وہ کتنا ہی حقیقت پر مبنی کیوں نہ ہو، لکھنے اور پڑھنے والے دونوں کے لئے تضیع اوقات ہے اور دراصل زندگی کے اہم ترین تقاضوں سے اسی قدر فرار کا اظہار ہے جتنا کہ قدیم قسم کی رجعت پسندی ۳۴"

احتشام حسین نے رشید احمد صدیقی اور علی اختر تلہری کے جواب میں نیا ادب اور ترقی پسند ادب کی بحث کرتے ہوئے صاف صاف بتایا کہ ترقی پسند ادب نیا ادب ضرور ہے لیکن سارا نیا ادب ترقی پسند ادب نہیں ہے۔ انہوں نے فرائڈ کے تحلیل نفسی کے مارے ہوئے اعصابی ادب کو خاص طور سے ترقی پسندی کے زمرے سے خارج کیا اور لکھا کہ ترقی پسندوں نے کبھی فرائڈ کو اپنا امام تسلیم نہیں کیا، بلکہ بہت احتیاط سے اس کے نتائج فکر کا مطالعہ کیا کیونکہ ترقی پسندی اجتماعی زندگی کو اصل بنیاد قرار دیتی ہے اور تحت الشعور، جنسی دباؤ، جنسی بیماریوں کو بھی وقت کے معاشی اور معاشرتی حالات سے وابستہ سمجھتی ہے۔ محض تجزیہ نفس سے دلچسپی لینے والے فرد میں اس قدر محو ہو جاتے ہیں کہ سماجی انسان نظر انداز ہو جاتا ہے۔ وہ تحت الشعور اور لاشعور کی دھندلی اور اندھیری دنیا میں پہنچ کر زندگی کے ان خارجی اثرات کو نظر انداز کر جاتے ہیں جن سے داخلیت تربیت پاتی ہے۔

ممتاز حسین نے انحطاطی ادب کے ایک اور رجحان انفعالی رومانیت پر حملہ کیا جس کا

سلسلہ انیسویں صدی کے فرانسیسی انحطاط پرستوں، بودلیر، ریمبو اور ورلین سے ملتا ہے اور جس کی نمائندگی حسن عسکری کرتے ہیں۔ یہ نظریہ اذیت کوشی، اذیت دہی، ظلم کے نفسیاتی جواز کی تلاش، عوام دشمنی، نراجی ذہنیت کا نظریہ ہے۔ اس گروہ کے لکھنے والوں نے "حقیقت کے ادراک کا معیار خود اپنے اعصاب ہی کو بنا رکھا ہے اور صرف اپنے داخلی تاثرات کو ادب میں جگہ دینا چاہتے ہیں۔ یہ ایک قسم کی خود فریبی اور ذہنی آشیاں بندی ہے۔"

عزیز احمد نے اپنی کتاب "ترقی پسند ادب" میں راشد کی فراریت اور منٹو اور عصمت کی مریضانہ جنس نگاری پر تنقید کی۔ راشد کی شاعری اور طبیعت کا مجموعی رجحان زندگی کی کشمکش سے گریزاں اور مفرور ہے اور رجعت کی طرف مائل ہے۔ انہیں ایک ایسی جگہ کی تلاش ہے جہاں خیر و شر کے تصورات نہ ہوں۔ صرف دو طاقتیں ان کے دل و دماغ پر مسلط ہیں، جنس اور جنسی تشنگی کی وجہ سے خواہش مرگ۔ اس ہمہ گیر جنس پرستی کی روشنی میں ہی راشد صاحب فطرت کو دیکھتے ہیں اور اس طرح سہل انگار لاادریت کی طرف ان کا قدم اٹھتا ہے۔ جس زندگی میں جنس کے برابر اور کوئی قدر نہ ہو، اس میں موت کی خواہش ضروری ہے۔ یہ فرار کی انتہا ہے۔

"اس کھوکھلے پن کی وجہ سے راشد کی شاعری میں روانی اور سلاست پیدا نہ ہو سکی جو آزاد شاعری کی سب سے بڑی وجہ جواز ہے۔" اور اس لئے راشد نے مغلق اور نامانوس ترکیبوں کا سہارا لے کر نظم کا ذہنی وزن بڑھانا چاہا۔ "اور یہ اس کی کمزوری کی نشانی ہے۔" اسی کے ساتھ عزیز احمد نے یہ بھی بتایا کہ راشد کی بہت سی نظمیں سترہویں صدی کے بعض انگریز شعرا مثلاً ڈن (Donne) اور مارویل (Marvele) سے ماخوذ ہیں، "لیکن راشد نے کہیں خیال یا موضوع کا حوالہ نہیں دیا ہے۔" راشد اور ان کی

شاعری کو اس حد تک ترقی پسند سمجھ لیا گیا کہ کرشن چندر نے "ماورا" کا دیباچہ لکھا اور فیض نے "نقش فریادی" کا دیباچہ راشد سے لکھوایا جنہوں نے فیض کے یہاں فرائڈ کی فرضی بیماریاں تلاش کر کے انہیں بھی اپنی لپیٹ میں لے لیا۔

منٹو کے یہاں، "جنس کا طلسم جس میں ان کا شعور اور لاشعور چاروں طرف سے گھرا ہوا ہے، حد درجہ مریضانہ ہے۔ جنس نے سعادت حسن منٹو کے یہاں مذہب کی جگہ لے لی ہے۔ جس مصنف کے ذہن پر جنس چھائی ہو، جنون بھی اس سے زیادہ دور نہیں رہتا۔ منٹو کا انقلابی ہیرو بھی بجائے اس کے کہ سلجھے ہوئے عمل سے، محنت اور کوشش سے، تبلیغ سے ملک کو کوئی فائدہ پہنچائے بالعموم اپنے جوش و جنون میں پاگل خانے یا مرگھٹ پہنچتا ہے۔ سب سے بڑا اعتراض منٹو پر یہ عائد ہوتا ہے کہ اس میں انسانیت کا راسخ عقیدہ کہیں نظر نہیں آتا۔"

عصمت کی مریضانہ جنس نگاری پر تنقید کرنے کے بعد عزیز احمد نے یہ لکھا کہ "اگر ان کی جنس پرستی میں ذرا روک اور ٹھہراؤ پیدا ہو، ذرا اور توازن ہو اور زندگی کے دوسرے پہلوؤں کو وہ ان کی اصلی جگہ پر دیکھنے اور سمجھنے کی کوشش کریں تو یقین ہے کہ اپنی جدت پسند تحریر، اپنی قوت مشاہدہ، اپنی بے جھجک جرأت کی وجہ سے وہ درحقیقت اپنے لئے اردو ادب میں جگہ پیدا کر سکیں گی۔" (عصمت میں یہ خوشگوار تبدیلی آگئی ہے)

سماج کی گندگی اور اس کے زہریلے اثرات سے بچنا آسان کام نہیں ہے۔ ترقی پسند ادیب اسی سماج میں پیدا ہوئے تھے اور اسے بدلنے کی کوشش کر رہے تھے جس کے صدیوں کے جاگیرداری انحطاط اور انتشار میں سامراجی نظریات نے اپنا زہر گھول دیا تھا۔ اس لئے بعض فرسودہ قدریں، بعض غلط نظریات، بعض انحطاطی اثرات خود ترقی پسند

ادیبوں کی تحریروں میں بھی جھلک آئے تھے، جنہیں جلد محسوس نہیں کیا جاسکا۔ کبھی ان کی صحت مند رومانیت بیمار ہو جاتی تھی، کبھی فرار پر آمادہ کر دیتی تھی اور کبھی اکتاہٹ اور جھلاہٹ ان کی تحریروں میں غیر ضروری تلخی پیدا کر دیتی تھی۔ یہ چیزیں مختلف ادیبوں کے یہاں مختلف شکلوں میں نمودار ہوتی تھیں۔ تحریک کی ابتدا سے پہلے اس نے سجاد ظہیر اور رشید جہاں اور احمد علی کی تحریروں میں "انگارے" کا روپ اختیار کیا تھا۔ جذبی کے یہاں قنوطیت بن کے جھلکی تھی۔ فیض کے یہاں یہ موضوع سخن کی نظم میں ڈھل گئی اور مجاز سے اس نے وہ قطعہ کہلوایا جو اپندرہ برس بعد شائع ہوا ہے،

تاج جب مرد کے ماتھے پہ نظر آتا ہے
یک بیک خوں مری آنکھوں میں اتر آتا ہے
جب نظر آتا ہے عورت کی جبیں پر مجھ کو
عجز و تمکین کا ہر نقش ابھر آتا ہے

ترقی پسند ادیب اپنے طبقات اور اپنے سماج کی کئی بیماریاں ساتھ لے کر آئے تھے جن سے انہوں نے آہستہ آہستہ صحت پائی۔ اس زمانے کے اس الجھاؤ کا اظہار سجاد ظہیر نے ان الفاظ میں کیا ہے کہ "ترقی پسند ادیب اچھے بھی ہیں اور برے بھی، کامیاب بھی اور ناکامیاب بھی۔ ترقی پسندی، وہ ادب میں ہو یا عام طور سے زندگی میں، کسی جامد یا ثابت تصور کا نہیں بلکہ متحرک اور سیال تصور کا نام ہے، چنانچہ ایسے بھی ادیب ہیں جو کسی دور میں ترقی پسند تھے لیکن اب ترقی کے خلاف ہیں۔ ایسے بھی ادیب ہیں جن کی ذہانت اور بیدار مغزی انہیں اپنی قدیم رجعت پرستی سے علیحدہ کر کے ترقی پسندی کی جانب کھینچے لا رہی ہے۔ اس کشش کا اظہار ان کی تحریروں میں بھی ہوتا ہے، جبکہ دقیانوسی خیالات کی تہہ کے نیچے سے زندگی کی روشنی رہ رہ کے جھلک پڑتی ہے۔ ایسے بھی نوجوان ادیب ہیں

جو ادبار اور مایوسی کی اس ہولناک آپ بیتی سے تنگ آکر جو کہ ہمارے نچلے متوسط طبقے کی قسمت میں آگئی ہے، ہر اچھی بری چیز کی مخالفت کے لئے اندھا دھند آمادہ ہو جاتے ہیں۔

وہ صرف تخریب سے دلچسپی رکھتے ہیں، لیکن رفتہ رفتہ تجربات اور علم کی روشنی حاصل کر کے وہ ترقی پسندی کا سچا مفہوم سمجھنے لگتے ہیں اور محسوس کرتے ہیں کہ راہ نجات تخریب و تعمیر دونوں کا مطالبہ کرتی ہے اور وہی مخالفت اچھی اور صحت بخش ہے جو اپنے بلند مقاصد کو حاصل کرنے کے سلسلے میں کی جائے اور جو سچے معنوں میں برائی کی مخالفت اور بھلائی کی موافقت ہو۔ چونکہ ترقی پسند ادیب ان مختلف مدارج میں پائے جاتے ہیں بلکہ کبھی کبھی تو یہ ہوتا ہے کہ ایک ہی ادیب کی تحریروں میں ان مختلف کیفیات کا اظہار ہوتا ہے، اس لئے یہ کہنا مشکل ہو جاتا ہے کہ فلاں ادیب ترقی پسند ہے یا نہیں اور اگر ہے بھی تو وہ ترقی پسندی کی کس منزل میں ہے اور کس درجے پر ہے۔ اسی لئے یہ ضروری ہے کہ جب ہم کسی ادیب کے متعلق اظہار رائے کریں تو اس کے سارے کارناموں پر نظر ڈالیں اور دیکھیں کہ بحیثیت مجموعی اس کا رجحان کدھر ہے ۳۵،

ترقی پسند ادب کا کارواں ان پر پیچ راہوں سے گزرتا ہوا آگے بڑھتا گیا اور نظریاتی صفائی، معنوی گہرائی اور جذباتی شدت میں اضافہ ہوتا گیا۔ دراصل یہ سفر رومانیت سے حقیقت نگاری کی طرف تھا جو ترقی پسند کا لازمی رجحان تھا۔ اس میں بعض کٹھن منزلیں اور دشوار گزار وادیاں آتی ہیں۔ حقیقت نگاری کے لئے محض جذباتی ابال سے کام نہیں چلتا بلکہ اس سنجیدگی اور ٹھہراؤ کی ضرورت ہوتی ہے جو زندگی کے مطالعے اور گردوپیش کے حالات کو سمجھنے سے پیدا ہوتا ہے، اس لئے جو ادیب اور شاعر اپنے رومانی خول سے باہر نہیں نکل سکے اور عوام سے قریب نہیں آسکے، ان کا تخلیقی چشمہ یا تو خشک ہو گیا یا انہوں نے تحریک سے علیحدگی اختیار کر کے اول جلول بکنا شروع کر دیا۔

اس حقیقت کو بھی فراموش نہیں کیا جاسکتا کہ ترقی پسند مصنفین کے راستے میں معاشی مشکلات بھی حائل تھیں (اور اب بھی حائل ہیں۔) ان کو اپنا پیٹ بھرنے اور زندہ رہنے کے لئے کوئی غیر ادبی کام کرنا پڑتا تھا۔ اور بسا اوقات وہ کام اتنا زیادہ ہوتا تھا کہ ادبی تخلیق کے لئے وقت نہیں نکالا جاسکتا تھا یا بھوک اور بے روزگاری کی تکلیفیں انہیں اتنا کچل دیتی تھیں کہ وہ اچھی تخلیق نہیں کرسکتے تھے۔ ادب اور صحافت کے ذریعے سے کافی آمدنی ہو نہیں سکتی تھی اور سرکاری ملازمت کے دروازے یا تو ان پر بند تھے یا انہیں سرکاری ملازمت کے لئے اپنے جذبات اور خیالات پر پہرے بٹھانے پڑتے تھے۔ ان سب باتوں کی وجہ سے کچھ ادیب نراج کی کیفیت میں مبتلا ہوکر ذہنی اور جذباتی انتشار کا شکار ہوگئے اور کچھ سرکاری ملازمتوں کی قربان گاہ پر بھینٹ چڑھ گئے، لیکن ان سب کے باوجود ترقی پسند ادب کی تخلیق ہوتی رہی۔

بحیثیت مجموعی اس زمانے میں ترقی پسند ادب نے واضح شکل اختیار کی۔ ملک کا سیاسی ابال نئی بیداری پیدا کر رہا تھا اور پڑھنے والوں کے نئے گروہ ابھر رہے تھے جو اچھے جمہوری اور انقلابی ادب کا مطالبہ کر رہے تھے۔ کرشن چندر کے فن کا نیا موڑ اسی زمانے سے شروع ہوتا ہے۔ احتشام حسین کی تنقید نگاری میں اسی زمانے میں پختگی آئی اور اسی زمانے میں احمد ندیم قاسمی نے مسلم لیگ کی سیاست سے کنارہ کشی اختیار کی اور عوامی زندگی کی ترجمانی کے میدان میں قدم رکھا اور کیفی اعظمی کی شاعری میں ہمارے ادب نے ایک بڑی واضح سامراج دشمن اور انقلاب دوست کی شکل اختیار کی۔ ۱۹۴۵ء، ۱۹۴۶ء اور ۱۹۴۷ء میں ترقی پسند تحریک خوب پھلی پھولی اور اس کے بعد س اس میں بڑی تیزی اور بیداری پیدا ہوگئی جس کے زیر اثر اچھی اچھی چیزیں لکھی گئیں۔

۱۹۴۷ء میں تین بڑے اہم سوالات سامنے آئے جن کا جواب دینا ہر ادیب کا فرض

بن گیا۔ کوئی ان سے گریز نہیں کر سکتا تھا۔ ان سوالات پر ادیبوں نے اپنی ادبی تخلیقات اور مباحثوں میں جو رویہ اختیار کیا، اس نے ان کی ترقی پسند اور رجعت پرست سمت کا تعین کر دیا۔

۱۹۴۶ء سے جو فرقہ وارانہ فسادات کا سلسلہ شروع ہوا وہ ۱۹۴۸ء تک جاری رہا۔ ۱۹۴۷ء کے وسط میں اس نے اتنا بھیانک روپ اختیار کر لیا کہ ہندوستان کی پوری تاریخ میں ایسے ہولناک فساد کی مثال نہیں ملتی۔ پنجاب اور بنگال کی تقسیم کے ساتھ ہندوستان اور پاکستان میں خون کی ندیاں بہہ گئیں اور گھر اس طرح اجڑے کہ آج تک آباد نہ ہو سکے۔ چنانچہ آج مغربی پنجاب میں کسی سکھ یا ہندو کا تلاش کرنا اور مشرقی پنجاب میں کسی مسلمان کی پرچھائیں ڈھونڈنا عنقا کی جستجو کرنے کے برابر ہے۔ انحطاط پسندوں اور جنس پرستوں نے سیاسی اور سماجی اسباب کی طرف سے آنکھیں بند کر کے فسادات کا تجزیہ فرائڈ کی تحلیل نفسی کے ذریعے سے کرنا چاہا اور اسے عوام کی تشدد پسند جبلت اور جنسی گھٹن کا نتیجہ قرار دیا۔

ایک صاحب نے مجھ سے یہاں تک کہا کہ ہندوستان کے مردوں اور عورتوں کو دو تین سال کے لئے گائے بیلوں کی طرح آزاد چھوڑ دیا جائے تو سارا فساد ختم ہو جائے گا۔ یہ بہیمانہ نظریہ جسے تحلیل نفسی کا مہذب نام دے دیا گیا ہے، سامراج کا دیا ہوا انتہائی خبیث نظریہ ہے جو انسان سے اس کا شعور چھین کر لاشعور اور جنسی حیثیت کی بھول بھلیاں میں پھنسا کر اسے جانور بنا دیتا ہے۔ ایک گروہ ایسا بھی تھا جس نے ان فسادات کا خیر مقدم کیا اور خونریزی کو اس خون سے تعبیر کیا جو بچے کی ولادت کے وقت ماں کے رحم سے جاری ہوتا ہے (ممتاز شیریں) بعض لوگوں نے فسادات کا فرقہ وارانہ تجزیہ کر کے کسی ایک فرقے یا مذہب کے لوگوں کو موردالزام قرار دے دیا (ایم اسلم) کسی نے ان ہولناک

واقعات سے بھی جنسی لذت کا سامان فراہم کیا (سعادت حسن منٹو) لیکن ترقی پسند ادیبوں نے بڑی سنجیدگی کے ساتھ فرقے وارانہ فسادات کے سیاسی اور سماجی اسباب دریافت کرنے کی کوشش کی اور درندگی کے اس اندھیرے میں بھی انسانیت کی شمع کی ٹمٹماتی ہوئی لو ڈھونڈلی۔

اس موضوع پر ترقی پسند ادیبوں نے جو کچھ لکھا، اس میں سب سے زیادہ بلند درجہ کرشن چندر کی کہانیوں کو حاصل ہے جن میں میرے نزدیک سب سے اچھی کہانی "پشاور ایکسپریس" ہے۔ احمد عباس ۳۶، کی کہانی "جنتا" اور عصمت کی کہانی "جڑیں" بھی اس سلسلے کی اہم اور اچھی کہانیاں ہیں۔

دوسرا سوال ریاست اور حکومت سے وفاداری کا تھا جو ہندوستان سے زیادہ پاکستان میں اٹھایا گیا، لیکن بحث میں دونوں جگہ کے ادیب شریک ہوئے۔ ۱۹۴۷ء سے پہلے اس سوال کے اٹھنے کا کوئی امکان ہی نہ تھا، کیونکہ ہندوستان میں ایک بیرونی سامراج کی حکومت قائم تھی۔ جس سے نفرت ہر ہندوستانی کے خون کے قطرے قطرے میں رچی اور بسی ہوئی تھی۔ اور وہ لوگ بھی وفاداری جن کا پیشہ تھا ادیبوں سے حکومت کی وفاداری کا مطالبہ کرنے کی ہمت نہیں کر سکتے تھے، لیکن ہندوستان اور پاکستان کی تقسیم کے بعد حسن عسکری پر جو ادب کے سماجی کردار کے منکر تھے، یکایک اسلام اور پاکستان کا ایسا شدید دورہ پڑا کہ انہوں نے یہ مطالبہ کر دیا کہ تمام ادیبوں کو حکومت اور ریاست کا وفادار ہونا چاہئے اور لطف یہ ہے کہ وہ یہ مطالبہ کرتے جارہے تھے اور یہ کہتے جارہے تھے کہ ادیب کی دو شخصیتیں ہوتی ہیں۔ ایک ادیب کی اور دوسری شہری کی۔ اور شہری کی حیثیت سے جو فریضہ اس پر عائد ہوتا ہے ادیب کی حیثیت سے عائد نہیں ہوتا۔

دراصل اس مطالبے کی تہہ میں ایک بہت بڑی شرارت چھپی ہوئی تھی۔ حسن

عسکری کو یہ معلوم تھا کہ ترقی پسند ادیب حکومت اور ریاست سے وفاداری کا اعلان نہیں کرے گا۔ ایسی صورت میں وہ یہ ثابت کر سکیں گے کہ ترقی پسند ادیب پاکستان کے غدار ہیں اور غداروں کی جگہ یا تو جیل میں ہے یا پاکستان کے باہر جلاوطنی کے عالم میں۔ اس طرح رجعت پرست اور انحطاطی ادب کے لئے میدان صاف ہو جائے گا اور وہ ادیب پنپ سکیں گے جن کی تعریف حسن عسکری نے ان الفاظ میں کی تھی کہ ہر ادیب بقول آڈن کے کسی نہ کسی حد تک فاشسٹ ضرور ہوتا ہے اور یہ سوال اتنا ہی اشتعال انگیز تھا جتنا اشتعال انگیز ایک فاشسٹ ہو سکتا ہے۔

اس پر بہت بڑی تحریری بحث ہوئی جو مہینوں چلتی رہی۔ اس بحث میں پاکستان اور ہندوستان کے بہت سے ادیبوں نے حصہ لیا اور اس کے ذریعہ سے بہت سے الجھے ہوئے مسائل صاف ہو گئے اور کئی بت جنہیں اب تک ترقی پسند سمجھا جاتا تھا، منہ کے بل زمین پر گر پڑے۔ ترقی پسند ادیبوں نے اس سوال کا بہت معقول اور سلجھا ہوا جواب دیا۔ ترقی پسند ادیب عوام کے وفادار ہیں۔ ملک اور قوم کے وفادار ہیں۔ وہ اتنے ہی ذمہ دار ادیب ہیں جتنے ذمہ دار شہری ہیں۔ ان کی ادبی اور شہری زندگی میں کوئی ٹکراؤ نہیں ہے۔ اگر ریاست اور عوام کے درمیان کوئی تضاد نہیں ہے، اگر حکومت عوام کی ہے اور ملک اور قوم کی بہتری کے لئے ہے تو ترقی پسند ادیب ریاست اور حکومت کے وفادار ہیں ورنہ نہیں۔ اس جذبے کا نچوڑ احتشام حسین نے دو سطروں میں پیش کر دیا، "اچھے ادیب کا انسان دوست ہونا ضروری ہے۔ حکومت دوست ہونا ضروری نہیں ہے۔ وہ حکومت سے غداری کر سکتا ہے، عوام سے غداری نہیں کر سکتا۔"

ساتھ ساتھ احتشام حسین نے ان ادیبوں کی بھی قلعی کھول دی جنہوں نے یہ سوال اٹھایا تھا، "کیا آج حکومت اور ریاست سے وفاداری کا مسئلہ انہیں ادیبوں نے نہیں اٹھایا

ہے جو کل تک ادب کے غایتی ہونے پر ہنستے تھے؟ جو ادیبوں کی انسان دوستی کا مضحکہ اڑاتے تھے؟ جو عوام سے ہمدردی کے اظہار کو غیر ادبی موضوع کہتے تھے؟ آج وہ ان تنکوں کا سہارا تلاش کر رہے ہیں جنہیں کل تک کمزور اور ہیچ سمجھتے تھے۔ ایسا ہونا ضروری تھا کیونکہ جو لوگ انقلابی قدروں سے بچنے اور زندگی کے عام مسائل سے بے تعلق رہنے کا دعویٰ کرتے ہیں، در حقیقت ذہنی طور پر اس نظام حیات کو قبول کر لیتے ہیں جس سے وہ الگ رہنے کے فریب میں مبتلا ہیں یا جس کی مخالفت عوام کرتے ہیں۔

ان کا سارا ذہنی انتشار، ان کی ناآسودگی اور الم کوشی کسی عظیم الشان یا اہم آفاقی بے ترتیبی کو دور کرنے کے لئے نہیں ہوتی بلکہ ان کا مقصد محض خود غرضانہ تسکین جوئی ہوتا ہے۔ یہی وجہ ہے کہ کسی نہ کسی شکل میں وہ عوام پر بے اعتمادی ظاہر کرتے ہیں اور انسان دوستی کے جذبے کو نفرت کی نظر سے دیکھتے ہیں۔ وہ خواص، یا غیر معمولی انسانوں سے اپنے ذہنی رابطے کا ذکر کر کے اپنی عوام دشمنی پر پردہ ڈال دیتے ہیں۔ ایسے ادیبوں کی بے تعلقی، بے تعلقی نہیں رہتی، جانب داری بن جاتی ہے۔ ایک طرح کی نراجی شخصیت کے اظہار کے باوجود ان کی محبت اور نفرت کا راز ظاہر ہو جاتا ہے۔"

تیسرا سوال جو پہلے دو سوالوں سے کسی طرح کم اہم نہیں تھا، زبان کا مسئلہ تھا۔ یہ مسئلہ بے حد پیچیدہ اور آج بھی الجھا ہوا ہے۔ اس پر ترقی پسند ادیبوں نے اظہار خیال کیا ہے لیکن ابھی تک کسی معقول متفقہ نتیجے پر نہیں پہنچے ہیں۔ اس پر سب سے زیادہ غور و فکر سجاد ظہیر، ڈاکٹر علیم، فراق گورکھپوری اور احتشام حسین نے کیا ہے۔

یوں تو زبان کا مسئلہ بہت دنوں سے زیر بحث تھا لیکن اگست ۱۹۴۷ کے بعد اس کی نوعیت بالکل بدل گئی۔ ہندوستان میں ہندی کو راشٹر بھاشا اور پاکستان میں اردو کو سرکاری زبان قرار دیا گیا۔ ہندوستان میں ہندوستانی بولنے والے علاقے میں اردو کچلی جانے لگی اور

غیر ہندوستانی علاقوں میں دوسری زبانوں نے یہ محسوس کیا کہ ہندی ان پر لادی جا رہی ہے۔ پاکستان میں جہاں کے کسی علاقے میں اردو عوام کی زبان نہیں ہے، اسے سرکاری حیثیت سے ریاست کی زبان کا درجہ دے دیا گیا جس پر خاص طور سے بنگالیوں نے بڑا احتجاج کیا اور عملی جدوجہد کے میدان میں اتر آئے (یہ جدوجہد آج بھی جاری ہے) ترقی پسند ادیبوں نے ہندوستان اور پاکستان میں زبانوں کی اس کشمکش کو تشویش کی نگاہوں سے دیکھا اور ان کے بارے میں ایک صحیح رویہ اختیار کرنے کی کوشش کی۔ اس کوشش میں اردو اور ہندی کے ترقی پسند ادیب شریک تھے۔

انہوں نے اس سوال کو کئی پہلوؤں سے دیکھا کہ سارے ہندوستان کی زبان ہندی اور سارے پاکستان کی زبان اردو ہے؟ اس کے جواب میں سب ادیب اس پر متفق تھے کہ نہ ہندی سارے ہندوستان کی اور نہ اردو سارے پاکستان کی زبان ہے۔ ہر زبان کو اپنے علاقے میں پوری طرح پھلنے پھولنے کا موقع ملنا چاہیئے اور ان کے بولنے والوں کو اس کا حق ہونا چاہیئے کہ وہ اپنا سارا تہذیبی، سماجی اور سیاسی کاروبار اپنی اپنی زبانوں میں چلائیں۔

دوسرا سوال یہ تھا کہ کیا اردو اور ہندی دو الگ الگ زبانیں ہیں یا ایک ہی زبان کے دو ادبی روپ ہیں، جو دو مختلف لپیوں میں لکھے جاتے ہیں۔ اگر وہ دو الگ الگ ایک ہی زبان کے دو ادبی روپ ہیں تو انہیں ایک دوسرے سے قریب لانے کی کیا صورت ہو سکتی ہے، تاکہ مستقبل میں یہ دونوں ادبی روپ مل کر ایک بہتر ادبی روپ کی شکل اختیار کر سکیں؟ اس سوال پر سب سے زیادہ اختلاف رائے کا اظہار ہوا۔ بعض لوگوں نے ہندی اور اردو کو دو الگ الگ زبانیں قرار دیا۔ ہندی شمالی ہندوستان کے ہندوؤں کی زبان اور اردو مسلمانوں کی زبان۔ ان میں سے کچھ لوگوں کا خیال یہ تھا کہ دونوں کو زندہ رہنے کا حق حاصل ہے اور کچھ کا یہ کہ اب اردو کو ہندی کے سامنے پسپا ہونا چاہیئے۔

کچھ لوگوں کی یہ رائے تھی کہ یہ ایک ہی زبان کے دو روپ ہیں اوران کو ایک دوسرے میں سمونے کی ایک شکل تو یہ ہو سکتی ہے کہ اردو ہندی میں ضم ہو جائے اور دوسری یہ کہ دونوں کو آزاد نشوونما کا موقع دیا جائے اور آسان سے آسان زبان لکھنے کی کوشش میں قریب لایا جائے تاکہ ایک ایسی زبان بن سکے جس میں دونوں کے بہترین عناصر شامل ہوں۔ اسی کے ساتھ ایک سوال یہ بھی تھا کہ سارے ملک کی ایک راشٹر بھاشا یا قومی زبان ہونی چاہئے یا نہیں۔ اس پر بھی دو طرح کے خیالات ظاہر کئے گئے۔ ایک یہ کہ ایک سرکاری زبان کا ہونا ضروری ہے ورنہ مختلف صوبوں کے درمیان کوئی ربط قائم رکھنے کا ذریعہ نہیں رہ جائے گا۔ دوسرا یہ کہ سرکاری طور سے کسی ایک زبان کا مسلط کرنا ضروری نہیں ہے۔ حکومت ہر زبان کے برابر حقوق تسلیم کرے اور مختلف زبانوں اور صوبوں کے لوگ باہمی ربط قائم رکھنے اور تبادلہ خیال کے لئے ایک زبان (ہندی، ہندوستانی اردو) کو خود اپنا لیں گے۔

پہلی صورت جبریہ کی ہوگی جس سے باہمی منافرت اور دشمنی بڑھے گی اور دوسری صورت خود اختیاری، جس سے باہمی ربط ضبط، میل اور محبت میں اضافہ ہوگا۔ یہ بحث ترقی پسند حلقوں کے باہر بھی جاری تھی لیکن فرق یہ تھا کہ باہر اس بحث میں قومی عصبیت اور فرقہ پرستی کے جذبات کام کر رہے تھے لیکن ترقی پسند حلقوں میں ٹھنڈے دل سے بحث کی جارہی تھی اور اسے عوامی نقطہ نظر سے حل کرنے کی کوشش کی جارہی تھی۔

اس سلسلے میں انجمن ترقی پسند مصنفین کے سابق سکریٹری سجاد ظہیر اور موجودہ سکریٹری ڈاکٹر رام بلاس شرما (ہندی کے مشہور نقاد اور شاعر) نے جو کچھ لکھا وہ سب سے زیادہ سلجھا ہوا اور سائنٹفک نظریہ ہے جس پر ہندی اور اردو کے ترقی پسند ادیبوں کی اکثریت متفق ہے۔ پھر بھی یہ مسئلہ ابھی پوری طرح حل نہیں ہوا ہے اور انجمن نے اس

کے بارے میں کوئی سرکاری پالیسی اختیار نہیں کی ہے۔ یہاں میں ان دونوں کی تحریروں کا لب لباب پیش کرتا ہوں،

اردو اور ہندی دو الگ الگ زبانیں نہیں ہیں بلکہ ایک ہی زبان کے دو ادبی روپ ہیں جسے عرف عام میں ہندوستانی کہا جاتا ہے اور جو اس علاقے میں بولی اور سمجھی جاتی ہے جو انبالہ سے بہار تک اور دہلی سے ناگپور تک پھیلا ہوا ہے۔ یہ دونوں روپ شہروں میں رائج ہیں لیکن دیہاتوں میں بھی سمجھے جاتے ہیں، جہاں اردو اور ہندی زبان کی مختلف بولیاں مثلاً اودھی، برج بھاشا وغیرہ بولی جاتی ہیں۔ اردو اور ہندی کی نحوی ساخت ایک ہے۔ دونوں کی بنیاد کھڑی بولی ہے جو مدھیہ پردیش کی شورسینی اپ بھرنش سے نکلی ہے۔

رسم خط کے علاوہ ان دونوں کے ادبی روپ میں جو اختلاف ہے وہ جاگیر داری عہد کی یادگار ہے اور اس کے تاریخی اسباب ہیں۔ اس کے بعد انگریزی سامراج نے اپنی حکومت کی مصلحتوں کے لئے اس اختلاف کو اور بڑھایا اور انہیں خالص ہندو اور مسلم زبانوں کی شکل دینے کی کوشش کی۔ ملک کے ہندو اور مسلم بورژوا طبقوں نے سامراج کی اس میراث کو اپنے طور سے استعمال کیا اور ان کے عالموں نے نظریاتی بنیادیں گڑھ لیں۔

"برطانوی سامراج نے خطاب یافتہ لوگوں کی ایک فوج تیار کری جو ہندی اور اردو ادب کے لیڈر بن گئے اور ان میں اپنے سامراج دوست اور عوام دشمن نقطہ نظر کو داخل کر دیا۔ برطانوی سامراج کے زیر سایہ نظام حیدرآباد مسلم کلچر اور اردو کے اور بیکانیر اور الور اور بھرت پور وغیرہ کے مہاراجے ہندو کلچر اور ہندی بلکہ سنسکرت کے سرپرست بن گئے۔ مہاراجا الور اور ڈاکٹر کیلاش ناتھ کاٹجو اس کے حامی ہیں کہ سنسکرت کو ہندوستان کی قومی زبان بنایا جائے۔"

زبان کے سامراجی ماہرین میں سب سے بڑا اور اہم نام گریرسن کا ہے جس نے

زبان کی بنیاد نسل اور مذہب پر قائم کرنے میں سامراجی مقاصد کی مدد کی ہے۔ اسے اور اس کے ماتحتین کو تین سال تک ہندوستان کے خزانے سے اس لئے روپیہ ملتا رہا کہ وہ ہندوستان کی زبانوں کا تفصیلی جائزہ لیں۔ گریرسن جس نے زبانوں کا تجزیہ خالص سامراجی نقطہ نظر سے کیا اور اردو کو مسلمانوں کی زبان قرار دے کر یہ کہا کہ مسلمان اردو لکھتے وقت الفاظ کی ترتیب فارسی طریقے پر رکھتے ہیں اور ہندو سنسکرت طریقے پر، اپنے بعد کے آنے والے سامراج دوست اور عوام دشمن عالموں کے لئے ایک میراث چھوڑ گیا جس کا استعمال کر کے آج اردو اور ہندی کے اختلاف سے ہندو مسلم نفاق کی آگ بھڑکائی جارہی ہے۔

ہندو اور مسلم تفریق کے ساتھ ساتھ برطانوی سامراج نے ہندوستان کے علاقے کو ٹکڑے ٹکڑے کر کے مختلف صوبوں میں بانٹ دیا جس کا ایک حصہ مشرقی پنجاب میں ہے، ایک دہلی میں، ایک اترپردیش میں، ایک بہار میں اور ایک مدھیہ پردیش میں تاکہ ہندوستانی عوام تہذیبی طور پر متحد نہ ہوسکیں۔ اس طرح زبان اور تہذیب کی غیر مساوی ترقی اور اختلافات کو سامراجی مقاصد کے لئے استعمال کیا گیا اور ہندی اور اردو کے ادبی اسٹائل کو ایک دوسرے سے دور رکھنے میں کامیابی حاصل کی گئی۔

چونکہ ہندی اور اردو دو الگ الگ زبانیں نہیں ہیں بلکہ ایک ہی زبان کے دو ادبی روپ ہیں جنہیں ایک ہی علاقے کے بسنے والے ہندو اور مسلمان دونوں استعمال کرتے ہیں، اس لئے ان دونوں کا الگ الگ رہنا نہ تو صحیح ہے اور نہ ممکن۔ وہ وقت ضرور آئے گا جب ہماری زبان کا ارتقا اس منزل پر پہنچ جائے گا جہاں ہندی اور اردو کے ادبی روپ مل کر ایک بہتر اور خوبصورت روپ اختیار کر لیں گے۔ اس کے لئے نہ محض کوشش اور جدوجہد کرنی پڑے گی بلکہ ان حالات کو بدلنا اور ان تضادوں کو دور کرنا پڑے گا جو ان

دونوں کی علیحدگی کے ذمہ دار ہیں اور دونوں کی ادبی اور تہذیبی روایتوں کے ان جمہوری عناصر کو ابھارنا پڑے گا جو دونوں کی علیحدگی کے باوجود دونوں میں مشترک ہیں۔

دونوں کو ملا کر ایک کر دینے کا یہ طریقہ غلط اور غیر جمہوری ہے جو مولا نکر اور ان کی طرح کے لوگ پیش کرتے ہیں کہ اردو کو اقلیت کی زبان قرار دے کر بالکل ختم کر دیا جائے۔ وہ اسے "عقل کا تقاضا" سمجھتے ہیں کہ اتحاد کے لئے اگر "کسی گروپ کے کلچر اور زبان کو تباہ ہی کرنا پڑے تو وہ گروپ اکثریت کا نہیں بلکہ اقلیت کا ہونا چاہئے۔" (مولانا نکر، ٹائمس آف انڈیا، دہلی۔ رام بلاس شرما کا دیا ہوا حوالہ۔) حقیقت یہ ہے کہ یہ عقل کا نہیں بلکہ رجعت پرستی اور زبردستی کا تقاضا ہے۔ دوسرا طریقہ جو بعض لبرل قسم کے لوگ پیش کرتے ہیں اور غیر عملی اور مکنیکل ہے۔ ان کا خیال یہ ہے کہ ہندی اور اردو کو قریب لانے کے لئے دونوں کی ابتدائی بنیادی شکل کو استعمال کرنا چاہئے جسے ہندوستانی کہتے ہیں۔ یہ حل پیش کرنے والے یہ محسوس نہیں کرتے کہ اس قسم کی ابتدائی بنیادی ہندوستانی اعلیٰ تہذیبی اور تعلیمی ضرورتوں کو پورا نہیں کر سکتی۔ دراصل وہ اس تضاد اور ان اسباب کو نہیں دیکھتے جو اردو اور ہندی کی علیحدگی کے ذمہ دار ہیں۔

اردو اور ہندی کے فرق کے سوال کو عوام کی سیاسی اور تہذیبی جدوجہد اور ترقی سے الگ کر کے کبھی حل نہیں کیا جا سکتا۔ اب تک ہندوستان میں ہندو مسلم سوال کو جس طرح حل کرنے کی کوشش کی گئی ہے اور اس میں ناکامی ہوئی ہے، اسی طرح اردو ہندی کے سوال کو حل کرنے کی کوشش میں ناکامی ہو رہی ہے۔ ہندو مسلم سوال کو، جنتا کی جمہوری تحریک کو آگے بڑھا کر نہیں بلکہ کسی نہ کسی طرح فرقہ وارانہ تناسب قائم کر کے حل کرنے کی کوشش کی گئی ہے۔

زبان کے سلسلے میں بھی یہی صورت اختیا کی گئی ہے۔ عام بول چال کی زبان کو اعلیٰ

تہذیب اور تعلیمی مقاصد کی خاطر استعمال کرنے کے لئے ترقی دینے کے بجائے سنسکرت، عربی اور فارسی الفاظ کے تناسب پر بحثیں کی گئی ہیں۔ دراصل ہندی اردو کے فرق کو دور کرنے کا مسئلہ جنتا کی جہالت دور کرنے اور تہذیب و ادب کو عوام تک پہنچانے کا بھی مسئلہ ہے اور اسی کے ساتھ ساتھ ماضی پرستی، احیائیت اور نسلی برتری کے قسم کے سامراجی نظریات اور رجحانات کا قلع قمع کرنے کا بھی مسئلہ ہے جو بعض دانشوروں کے ذریعے سے ادب میں آئے ہیں اور اردو ہندی کے فرق کی خلیج کو وسیع تر کر دیتے ہیں۔ اردو اور ہندی کو قریب لانے کے لئے اس خلیج کو پاٹنا ضروری ہے جو بول چال کی زبان اور ادبی زبان کے درمیان حائل ہے اور اس خلیج کو بھی کم کرنا ہے جو شہروں کی زبان اور دیہاتوں کی بولیوں سے بیچ میں حائل ہے۔

اس مقصد کے لئے جہاں ایک طرف یہ ضروری ہے کہ ادب اور تہذیب کو عام کر کے جنتا تک لے جایا جائے وہاں یہ بھی ضروری ہے کہ بول چال کی زبان کو ترقی دے کر اعلیٰ تہذیبی مقاصد کے لئے استعمال کے قابل بنایا جائے۔ یہ تہذیبی جدوجہد ہے جو عوام کی سیاسی جدوجہد سے وابستہ ہے اور اس حقیقت سے روگردانی ممکن نہیں۔

"قدیم مذہبی رسوم اور روایات کا اثر روز بروز کم ہوتا جا رہا ہے۔ پرانے تصورات اور روایتیں جو باقی رہ گئی ہیں ان کا مذہبی رنگ اڑ گیا ہے۔ مشترکہ زبان اور کلچر کی ترقی کے لئے زندگی کا مشترکہ ماحول نہایت ضروری ہے۔ اس لئے ایسے اثرات جو خالص ہندو یا خالص اسلامی (مذہبی نقطہ نظر سے) ہیں، وہ بتدریج ختم ہو رہے ہیں۔ جیسے جیسے ان تصورات کے پھیلانے والے طبقے مرتے جائیں گے، یہ تصورات بھی ختم ہوتے جائیں گے۔ ہمیں اپنے ملک کے ادیبوں اور خاص طور سے بڑے ترقی پسند ادیبوں کے یہاں ایک مشترکہ تہذیبی روایت ملتی ہے۔" (ڈاکٹر رام بلاس شرما) اس مشترکہ تہذیبی

روایت کو ترقی دینے کی ضرورت ہے اور جب ادب عوام کی موجودہ زندگی اور جدوجہد کی ترجمانی کرے گا تو یہ مشترکہ تہذیبی روایت اور زیادہ ترقی کرے گی اور ہندی اور اردو کے موجودہ فرق کو مٹانے میں مفید ثابت ہوگی۔

سنسکرت یا فارسی اور عربی کی پابندی کا جہاں تک سوال ہے، یا دوسرے لفظوں میں اعلیٰ ادبی اور تہذیبی ضرورتوں کے لئے جہاں تک پرانی زبانوں سے الفاظ لینے کا سوال ہے، یہ صرف اس طرح حل ہو سکتا ہے کہ بول چال کی زبان بننے اور اس کے ترقی کے اصول کو ہم اس کی اعلیٰ منزلوں میں بھی برتیں۔ کیا ہندی اور اردو کی بول چال کی زبان میں بھی سنسکرت یا عربی فارسی الفاظ کی پابندی کی جاتی ہے؟ ظاہر ہے کہ ایسا نہیں ہوتا جیسا کہ عمل سے ثابت ہے۔ بول چال کی زبان میں جب کسی کلاسیکی زبان کے لفظ لئے جاتے ہیں تو کیا اصول برتا جاتا ہے؟

(۱) لفظ لیتے وقت اس کا خیال نہیں رکھا جاتا کہ جس طرح کلاسیکی زبانوں میں استعمال ہوتا تھا اسی طرح استعمال کیا جائے۔

(۲) صرف ایسے ہی لفظ لئے جاتے ہیں جو اس زبان کے لئے موزوں ہوتے ہیں اور جو سنسکرت اور فارسی سے مختلف زبان ہے یعنی پرانی زبانوں سے ہر لفظ نہیں لیا جا سکتا۔ صرف ایسا ہی لفظ لیا جا سکتا ہے جو اس بول چال کی زبان سے جو پرانی زبانوں سے مختلف ہے میل کھا سکے، اس میں کھپ سکے۔

(۳) جو لفظ لیے جاتے ہیں اکثر ان کا تلفظ بھی بدل جاتا ہے مثلاً سنسکرت کا اگنی، آگ بن گیا اور فارسی کا مسوّدہ، مسودہ ہو گیا۔

(۴) اکثر یہ بھی ہوتا ہے کہ جو لفظ لیا جاتا ہے، اس کے معنی بھی بدل جاتے ہیں اور بالکل نئے معنی ہو جاتے ہیں۔

(۵) اکثر یہ بھی ہوتا ہے کہ لفظ پرانی شکل میں باقی رہتا ہے۔ ساتھ ہی اسے ایک نئی شکل اور نئے معنی مل جاتے ہیں۔

(۶) دوسری زبانوں سے الفاظ لئے جاتے ہیں تو اس کے معنی یہ نہیں ہوتے کہ بول چال کی زبان میں خود اپنے اندر الفاظ بنانے کی صلاحیت ختم ہو جاتی ہے۔ یہ چیز خاص طور سے مزدوروں اور کسانوں میں ملتی ہے۔ وہ نئے سماجی حالات کے لحاظ سے زبان کو ترقی دینے میں غیر معمولی صلاحیت رکھتے ہیں۔" (ڈاکٹر رام بلاس شرما)

اردو ہندی کے نئے الفاظ بنانے یا مستعار لینے میں ہمیں انہیں اصولوں کو برتنا پڑے گا۔ ان سے الگ ہٹ کر ہر کوشش مضحکہ خیز ہو جائے گی جس کا ثبوت ہندوستان میں وہ لوگ سب سے زیادہ دے رہے ہیں جو ایک مصنوعی ہندی کو زبردستی رائج کرنا چاہتے ہیں (حیدرآباد دکن کے بعض اردو ترجمے اور ٹیکنیکل اصطلاحیں اتنی ہی مضحکہ خیز ہیں)

ماضی پرستوں کے ہاتھ میں جو ہندی میں سنسکرت اور اردو میں فارسی بھرنا چاہتے ہیں، اصطلاحوں کا مسئلہ آخری ہتھیار ہے۔ وہ کہتے ہیں کہ ناول اور ڈرامے کے لئے تو خیر آپ بول چال کی زبان استعمال کر سکتے ہیں لیکن جب فلسفہ، ادب، سائنس اور ٹیکنیکل اصطلاحوں سے سابقہ پڑتا ہے تو پھر آپ کو الفاظ کے لئے کلاسیکی زبانوں کا سہارا لینا پڑتا ہے۔ ایسی صورت میں آپ کی عام بول چال کی زبان، مشترکہ زبان اور مشترکہ تہذیب کا وجود کہاں باقی رہتا ہے۔

سنسکرت کے حامی کہتے ہیں کہ سنسکرت کے الفاظ بھارت کی تمام زبانوں میں مشترک ہیں اور ذرا سی محنت سے سمجھ میں آجاتے ہیں۔ ایسی صورت میں تمام زبانیں سنسکرت ہی سے لفظ کیوں نہ لیں۔ پہلی چیز تو یہ یاد رکھنی چاہئے کہ جن زبانوں کے متعلق

یہ کہا جاتا ہے کہ وہ سنسکرت سے نکلی ہیں اور اس کی بگڑی ہوئی شکل ہیں تو وہ گزشتہ پانچ سو سال سے بلکہ اس سے بھی زیادہ عرصے سے غیر سنسکرتی عوامی روپ کی طرف ہٹتی رہی ہیں۔ ان زبانوں کے دھارے کو سنسکرت کی طرف لے جانے کے معنی یہ ہیں کہ ہم تاریخ کے راستے میں رکاوٹ ڈالنا چاہتے ہیں۔ تاریخ کا دھارا رک نہیں سکتا۔ وہ اپنے ساتھ نہ صرف اس دیوار کو بلکہ اس کے بنانے والوں کو بھی بہالے جائے گا۔ دوسری چیز یہ ہے کہ سنسکرت کے لفظ جس طرح سنسکرت کے حامی استعمال کرتے ہیں، عوام میں اتنے مقبول نہیں جتنا سمجھا جاتا ہے۔

جن زبانوں کا تعلق سنسکرت سے ہے ان کی بول چال کے روپ میں جو لفظ سنسکرت کے باقی رہتے ہیں وہ ان کی تدبھو شکل میں رہتے ہیں۔ یعنی خالص نہیں بلکہ بگڑے ہوئے ہوتے ہیں۔ موجودہ دور کی بول چال کی عام زبانوں میں جن کا تعلق سنسکرت سے ہے۔ تتسم لفظ (سنسکرت لفظ خالص شکل میں) حیرتناک طور پر بہت کم تعداد میں ملتے ہیں۔ اس لئے ہندی کو مقبول بنانے کے لئے اس میں سنسکرت بھرنے کے مطالبے کے معنی یہ ہیں کہ ہم اس کی عوامی حیثیت کو سخت نقصان پہنچانا چاہتے ہیں اور اس لئے ہندی کے تمام پریمیوں کو اس کی مخالفت کرنی چاہئے۔

بالکل اسی طرح اردو میں فارسی لفظ بھرنا اردو کی عوامی حیثیت کو ختم کرنے کے برابر ہے۔ اس لئے اس کی مخالفت کرنی چاہئے۔ اس کے معنی یہ ہرگز نہیں ہیں کہ اردو یا ہندی کو کلاسیکی زبانوں سے الفاظ نہیں لینے چاہئیں اور نئے الفاظ نہیں گڑھنے چاہئیں۔ اگر سوچ سمجھ کر اور بول چال کی زبان کی بناوٹ کو سامنے رکھ کر یہ کیا جائے تو زبان کی عوامی بناوٹ بگاڑے بغیر ہم اس میں کافی اچھا اضافہ کر سکتے ہیں۔ دوسری زبانوں سے الفاظ لینے اور گڑھنے کے ساتھ ساتھ خود بول چال کی زبان سے الفاظ بنانے کے امکان کو نظر انداز

نہیں کرنا چاہئے۔ جہاں تک ہندی اردو کے اوپر کے ڈھانچے کا تعلق ہے اس میں انگریزی الفاظ لینے پر کوئی پابندی نہیں لگانی چاہئے۔

بہت سارے لوگ جو ٹیکنیکل اصطلاحوں کی بڑی بڑی لغت (اور چھوٹی بھی) تیار کر رہے ہیں، ایسے الفاظ کے متعلق جو عام بول چال میں آ گئے ہیں، بڑی حقارت کا رویہ اختیار کرتے ہیں۔ وہ سمجھتے ہیں کہ جو لفظ چالو ہیں وہ ٹیکنیکل نہیں بن سکتے۔ ہندوستانی دستور کے مسودے کا ترجمہ کرنے والوں نے بالکل یہی رویہ اختیار کیا ہے۔ جی ایس گپتا (بھارتیہ سام ودھان کا پراروپ، دہلی ۱۹۴۸) لکھتے ہیں کہ عام بول چال کی زبان میں جو لفظ استعمال ہوتے ہیں وہ بہت پھسپھسے ہیں اور ان سے پورے معنی نہیں نکلتے۔ ہر خاص مضمون کے اپنے خاص الفاظ ہوتے ہیں۔ اور عام زبان سے یہ کام ہرگز پورا نہیں ہو سکتا۔"

بے چارے ناواقف ہندی پڑھنے والوں کے لئے ڈاکٹر رگھوبیر نے ایک خاص اصطلاح نامہ تیار کیا ہے، تاکہ وہ ایک دستوری زبان سمجھ سکیں۔ اس اصطلاح نامے سے اس پر روشنی پڑتی ہے کہ عام لفظوں اور خاص لفظوں میں کیا رشتہ ہے۔

ان میں سے ایک لفظ بھی ایسا نہیں ہے جو غیر ٹیکنیکل قسم کی انگریزی نثر میں نہ استعمال کیا جاتا ہو۔ یہ بہت اچھے اور سادے انگریزی لفظ ہیں جو نہ صرف عام استعمال میں آتے ہیں بلکہ ٹیکنیکل زبان میں بھی استعمال ہوتے ہیں۔ ان میں ذرا بھی پھسپھسا پن نہیں ہے اور ایسے عام الفاظ ہر زبان میں ملتے ہیں۔ ان میں سے بہت سے لفظ ایسے ہیں کہ ہمارے دیش کے بے پڑھے لکھے لوگ بھی سمجھ لیتے ہیں، مثلاً وارنٹ، سیٹ، ریلوے وغیرہ جن کے لئے ڈاکٹر رگھوبیر نے ادھی پتر ا، ادھشتان اور آیومارگ بنایا ہے ۳۷۔

انگریزی اصطلاحیں جن کا اوپر ذکر آ چکا ہے بہت سادہ ہیں اور باوجود ان کے عام استعمال کے انہیں ٹیکنیکل ضرورتوں کے لئے بھی استعمال کیا جاتا ہے، اس لئے کوئی وجہ

نہیں معلوم ہوتی کہ یہی اصول ہندی کے لئے بھی کیوں نہ برتا جائے۔ ڈاکٹر رگھوبیر نے جو حقارت کا رویہ اختیار کیا ہے اس کی وجہ سے انہوں نے ایسی مہمل اور ناکارہ اصطلاحیں گڑھی ہیں کہ سنسکرت کے بڑے بڑے حامی بھی حیران رہ گئے۔ راہل سنکر تاین تک نے ڈاکٹر رگھوبیر کی کوششوں پر تنقید کی اوران کے ترجموں کی جگہ اپنے ترجمے پیش کئے۔ اپنے ترجموں کی تمہید میں انہوں نے جو مطالبہ کیا ہے وہ ڈاکٹر رگھوبیر سے کچھ مختلف نہیں کہ سنسکرت چھاپ ہندی بھارت کی قومی زبان ہونی چاہئے۔

اس میں کوئی شبہ نہیں کہ بہت ساری اصطلاحیں دوسری زبانوں سے لے کر جذب کرنی پڑیں گی۔ پرانے کلاسیکی لفظوں سے گڑھنی ہوں گی۔ اگر لوگوں کی ضرورتوں اور آسانیوں کو سامنے رکھا جائے، جو ان اصطلاحوں کو استعمال کریں گے تو کام بہت آسان ہو جاتا ہے اور اطمینان بخش بھی۔ اگر اصطلاح اور الفاظ بنانے والوں نے یہ فرض کر لیا کہ لوگ پہلے ان کی ٹیکنیکل اصطلاحوں کی کتاب کھولیں گے اور پھر اصطلاح استعمال کرنا شروع کریں گے تو یہ بالکل الٹی گاڑی چلانی ہوئی۔ پہلے یہ دیکھنا چاہئے کہ کس پیشے کے لئے نئے لفظ بنائے جا رہے ہیں، اس میں کون سے لفظ رائج ہیں اور انہیں کس طرح لیا جا سکتا ہے۔

دوسری بات یہ بھی مد نظر رہے کہ لفظ صرف سنسکرت، فارسی یا انگریزی سے نہیں لینے چاہئیں بلکہ یہ دیکھنا چاہئے کہ بول چال کے محاورے میں کون سے لفظ سب سے زیادہ کھپ سکتے ہیں۔ تیسری چیز یہ ہے کہ انگریزی لفظ جو عام طور سے یورپ کی زبانوں میں بھی رائج ہیں (یعنی جو خالص انگریزی نہیں بلکہ یونانی یا لاطینی ہیں) ان پر دروازے محض اس لئے نہیں بند کر دینا چاہئیں کہ وہ غیر ملکی ہیں۔ ہر بار نئے لفظ گڑھنے کی کوشش کرنے کی بجائے انہیں لے لینا چاہئے اور جب کوئی عام ہندوستانی لفظ مل جائے تو پھر اسے

لے لینا چاہئے۔ مشترکہ بول چال کی زبان کے اوپر کے ڈھانچے میں ٹیکنیکل الفاظ ایسا حصہ ہیں جو سب سے آخر میں مل کر ایک بنیں گے۔ لیکن اس میں کوئی شبہ نہیں کہ آگے چل کر ہندی اور اردو کی ٹیکنیکل اصطلاحیں اسی طرح ایک ہو جائیں گی جس طرح بول چال کی زبان ایک ہو گی۔ صرف ایسی ٹیکنیکل اصطلاحیں باقی رہیں گی اور انہیں عوام قبول کریں گے جو خالص اور غیر خالص کی بنیاد پر نہیں بنیں گی بلکہ جو عام بول چال کی زبان کے ڈھانچے میں ٹھیک بیٹھیں گی۔۳۸،

اس کا مطلب یہ ہے کہ ہندوستانی علاقے میں ہندی اور اردو دنوں کی حفاظت کی جائے اور دونوں کو ترقی کرنے کا یکساں موقع دیا جائے۔ اس سلسلے میں سب سے بڑی ذمہ داری ہندی اور اردو کے ترقی پسند ادیبوں پر عائد ہوتی ہے کیونکہ وہ اپنی قوم کے ادب اور زبان کے ترجمان اور محافظ ہیں اور ہندی اور اردو دونوں کو قریب لانے میں سب سے بڑا حصہ وہ لیں گے۔

میرا ذاتی خیال ہے کہ ان دونوں کے الگ الگ نام بھی باقی نہیں رہیں گے۔ اس لئے کہ یہ جس علاقے کی زبان کے دو روپ ہیں اس کا نام ہندوستان ہو گا اور اس میں بسنے والی قوم ہندوستانی ہو گی جس کی زبان کا نام بھی ہندوستانی ہی ہو گا۔ ترقی پسند حلقوں میں یہ بحث ایک عرصے سے جاری ہے اور اس وقت تک جاری رہے گی جب تک یہ مسئلہ حل نہیں ہو جائے گا۔ رجعت پرست حلقے ان کی آواز کو سیاسی آواز کہہ کر نظر انداز کرنے کی کوشش کرتے ہیں حالانکہ اس سلسلے میں ان کی رائے اور کوششوں کی بڑی اہمیت ہے اور اس مسئلے کو سیاسی مسائل سے الگ کر کے حل کرنا ناممکن ہے۔

۱۹۴۷ء تک کچھ اور نئے لکھنے والے ترقی پسند تحریک میں شامل ہو گئے۔ کچھ اس کے بعد آئے۔ نئے لکھنے والوں کے نام زیادہ مشہور نہیں ہیں، مثلاً ظہیر بابر، شکیل

الرحمن، حامد عزیز مدنی، عبدالمتین عارف، منیب الرحمن، فارغ بخاری، شوکت صدیقی، انور عظیم، احمد ریاض، سلیمان اریب، عزیز قیسی، ساغر صدیقی، ممتاز عباسی، معصوم رضا راہی، رضیہ سجاد ظہیر، مظفر شاہجہان پوری وغیرہ۔ ان نئے لکھنے والوں کی تنقید، افسانہ نگاری اور شاعری میں بڑی جان ہے ۳۹۔

ان کے علاوہ اور بھی بہت سے نوعمر اور نو مشق ادیب ہیں جو ترقی پسند تحریک کے زیر اثر لکھ رہے ہیں۔ رسائل کی کمی کے باعث ان کی چیزیں منظر عام پر نہیں آرہی ہیں۔ اس زمانے میں عام طور سے ترقی پسند ادیبوں کی تحریروں میں پختگی اور گہرائی پیدا ہوئی ہے اور آل احمد سرور ہماری صفوں میں شامل ہوئے ہیں۔ وہ کبھی ترقی پسند مصنفین کے مخالفین میں نہیں تھے لیکن اس سے پہلے انہوں نے اپنا رشتہ بھی اس تحریک سے نہیں جوڑا تھا۔ ان کے زاویہ نگاہ میں ایک واضح تبدیلی پیدا ہوئی ہے۔ ترقی پسند تحریک کی سب سے بڑی کامیابی یہ ہے کہ موجودہ سماجی اور سیاسی حالات کے زیر اثر جگر مرادآبادی ایسی غزلیں کہنے لگے ہیں جن میں سماجی شعور زیادہ ہے۔

اسی دوران میں جہاں ترقی پسند تحریک نے ترقی کی، وہاں اس کی ایک کمزوری بھی بڑی شدت کے ساتھ ابھری۔ ۴۹-۱۹۴۸ء تک تحریک میں ایک طرح کی انتہا پسندی اور تنگ نظری آگئی۔ یہ ابتدا سے ترقی پسند تحریک کے ساتھ ساتھ چل رہی تھی لیکن اس نے اتنی شدت اس سے پہلے کبھی اختیار نہیں کی تھی۔ ہر اس تحریک یا فلسفہ میں تنگ نظری اور انتہا پسندی پیدا ہو جانے کا امکان رہتا ہے جسے مشکل حالات میں جدوجہد کرکے آگے بڑھنا پڑتا ہے (اس سے حالی اور سرسید کی تحریک بھی پاک نہیں تھی۔) ایک ایک قدم پر صحیح اور غلط نظریات کا جائزہ لینے کی ضرورت پیش آتی ہے اور ذرا سی لغزش تنگ نظری اور انتہا پسندی کی طرف لے جاتی ہے۔

مثال کے طور پر ترقی پسند تحریک کو ابتدا میں ایسے ماضی پرستوں کا مقابلہ کرنا پڑا جو ماضی کی تمام سڑی روایات کو گلے سے لگائے ہوئے تھے اور کھوکھلے قسم کی ہیئت پرستی میں مبتلا تھے، جس کا اظہار وہ لغو مضامین یا غزل کی صنف میں کرتے تھے۔ اس کے رد عمل نے ماضی کی غیر جمہوری اور بیمار روایات ہی سے نہیں بلکہ بعض اوقات بعض صحت مند روایات سے بھی بغاوت کا اعلان کر دیا اور اسے انقلاب اور ترقی کا نام دے دیا۔ مثلاً اختر رائے پوری اور احمد علی نے ٹیگور، اقبال کے تقریباً تمام کارناموں کو مسترد کر دیا۔ حالانکہ اختر رائے پوری ان ادیبوں میں ہیں جنہوں نے اردو تنقید کو عملی اور سائنٹیفک بنیادیں عطا کرنے میں پہل کی ہے۔ لطف یہ ہے کہ مجنوں گورکھپوری بھی جنہوں نے ترقی پسندوں کو اس غلطی سے بچانے کی کوشش کی، خود اس غلطی سے نہ بچ سکے۔

ایک طرف تو انہوں نے یہ لکھا کہ "دوسری بات جو بعض غلط اندیش ترقی پسندوں میں ہم کو ملتی ہے، یہ ہے کہ وہ ترقی کا غلط تصور رکھتے ہیں، وہ سمجھتے ہیں کہ ماضی یک قلم حرف غلط ہے اور اسلاف کے اکتسابات ہمارے کسی کام کے نہیں۔ یہ دھوکہ ہے، روایات یعنی ماضی کے اکتسابات سے انکار نہیں کیا جا سکتا۔ ہم کو انہیں کو لے کر آگے بڑھنا ہے ورنہ تاریخی تسلسل باقی نہیں رہ جائے گا۔" لیکن دوسری طرف انہوں نے ٹیگور اور طالسطائی کو فراری ادیب قرار دے دیا اور یہ دعویٰ کر دیا کہ "روح عصر" نظیر اکبر آبادی کے سوا کسی قدیم اردو شاعر کے یہاں نہیں ملتی۔ "ادب اور زندگی" پر تبصرہ کرتے ہوئے ۱۹۴۰ء میں "نیا ادب" نے مجنوں کو ان کی اس غلطی سے آگاہ کیا حالانکہ خود "نیا ادب" کے صفحات پر دوسری روایات کے سلسلے میں اس قسم کی غلطیاں ہوئی ہیں۔

ان مثالوں سے یہ بات واضح ہو جاتی ہے کہ ترقی پسند مصنفین کی تحریک نے اور ترقی پسند ادیبوں نے ماضی کے تمام کارناموں اور روایات سے کبھی انکار نہیں کیا ہے۔

البتہ ان کے سمجھنے میں ان سے دو قسم کی غلطیاں ہوئی ہیں۔ کبھی انہوں نے اپنے جوش میں بعض صحت مند روایات سے انکار کیا اور کبھی اپنی وسیع النظری کے نام پر غیر جمہوری اور بیمار روایات کو بھی اپنا لیا۔ ترقی پسند ادیبوں کی پندرہ برس کی تحریروں اور ترقی پسند رسائل کے صفحات سے اس کی بے شمار مثالیں پیش کی جا سکتی ہیں لیکن دلچسپ اور قابل غور بات یہ ہے کہ ترقی پسند ادیب کے معترضین اس کا ذکر تو ہمیشہ کرتے ہیں کہ ترقی پسند ادیبوں نے ماضی کی اچھی روایات کو ٹھکرایا لیکن اس کا ذکر کبھی نہیں کرتے کہ بری روایات کو انہوں نے اپنایا بھی ہے اور یہ بھی اتنی ہی بڑی غلطی ہے جتنی پہلی۔

اس قسم کی غلطی غزل کے سلسلے میں بھی ہوئی۔ بعض ترقی پسندوں نے غزل کے غیر جمہوری، تاریک اندیش، فراری، کھوکھلے اور صوفیانہ مضامین کی مخالفت کے بجائے غزل کی صنف ہی کو غیر جمہوری اور بیکار قرار دے دیا۔ اس رجحان کی امامت شاعر انقلاب جوش ملیح آبادی نے کی جو خود حالی کی طرح اچھی غزل لکھ چکے تھے اور غزل کی بہترین روایات کو اپنی شاعری میں سمو چکے تھے۔ حضرت جگر مرادآبادی نے جب ۱۹۳۹ء یا ۱۹۴۰ء میں اپنی ایک غزل میں ترقی پسندوں کے خلوص اور نیت پر حملہ کیا اور انہیں "قوم و وطن کا بت پرست" قرار دیا اور اس کے بعد مرزا یگانہ چنگیزی نے غزل کے سوا کسی اور صنف کو شاعری ماننے ہی سے انکار کر دیا اور ترقی پسند ادیبوں اور ادب کے لئے انتہائی غیر ادبی زبان استعمال کی تو غزل کی مخالفت کے رجحان نے اور زور پکڑ لیا۔

لیکن اس حقیقت کو نہیں بھولنا چاہئے کہ جس طرح ماضی کی روایات کے سلسلے میں ترقی پسندوں نے مجموعی طور سے کوئی قطعی فیصلہ نہیں کیا تھا، اسی طرح غزل کی مخالفت بھی ترقی پسند تحریک کا پروگرام نہیں بنی۔ غزل موضوع بحث رہی اور نیا ادب اور دوسرے ترقی پسند رسائل کے صفحات پر غزل کی مخالفت اور موافقت میں مضامین شائع

ہوتے رہے۔ یہی وجہ ہے کہ غزل پر بحث بھی ہو رہی تھی اور ترقی پسند غزل کہی بھی جارہی تھی اور یہ واقعہ ہے کہ اس زمانے میں بہترین غزلیں صرف جگر اور حسرت نے نہیں بلکہ ترقی پسند شاعروں نے بھی کہی ہیں جن میں فراق گورکھپوری، مجاز، فیض، جذبی، مجروح بہت سے نام گنوائے جاسکتے ہیں۔ اس کا ذکر آئندہ باب میں آئے گا کہ ترقی پسند شاعروں نے غزل میں کیا تبدیلی کی ہے اور اسے کس سمت میں ترقی دی ہے۔

یہ بھی یاد رکھنے کی بات ہے کہ غزل کی مخالفت سب سے پہلے حالی نے شروع کی تھی۔ قطع نظر اس سے کہ حالی کا نظریہ کہاں تک صحیح یا غلط تھا، ترقی پسند ادب کے معترضین حالی کے لئے تاویلیں تلاش کر لیتے ہیں اور ترقی پسند ادیبوں پر مہمل الزامات لگاتے ہیں مثلاً ڈاکٹر یوسف حسین خاں صاحب نے اپنی کتاب "اردو غزل" کے دیباچے میں حالی کے لئے یہ لکھا ہے کہ،

"مولانا حالی اردو زبان و ادب کی اور عام طور سے مسلمانوں کی قومی زندگی کی اصلاح چاہتے تھے۔ اصلاحی جوش میں انہوں نے غزل کے نقائص چن چن کر دکھلائے اور قومی اخلاق کو سدھارنے کے لئے سادہ اور عام فہم نظمیں لکھیں اور دوسروں کو لکھنے کی دعوت دی۔ پھر ان کے پیش نظر غزلوں میں بھی خاص طور پر وہ تھیں جن سے فحش اور رکاکت کی ترویج کا اندیشہ تھا۔ انہوں نے غزل کے جو نقائص بتائے ہیں، ان میں سے بعض کو غزل کے حامی تسلیم کرتے ہیں۔ یہ زمانہ ہماری اجتماعی اور جذباتی زندگی کی انتہائی بے مقصدی اور انتشار کا زمانہ تھا، جس سے سیاست اور معیشت کی طرح ادب بھی متاثر ہوا۔ کسی کو بھی نہیں معلوم تھا کہ اسے کدھر جانا ہے اور کس کے ساتھ جانا ہے۔ اس آڑے وقت میں ہماری خوش قسمتی تھی کہ سرسید اور مولانا حالی جیسے رہبر ملے۔ ان کے دلوں میں درد اور نیتوں میں خلوص تھا۔ مولانا حالی نے ادبی اصلاح کا بیڑا اٹھایا۔ یہ ان کا انتہائی

ایثار تھا کہ باوجود اعلیٰ درجے کے تغزل کی صلاحیت کے انہوں نے نظم کو اظہار خیال کا ذریعہ بنایا۔"(صفحہ ۸۔۹اور ۱۰)

اور ترقی پسند شاعروں کے لئے یہ ارشاد ہوتا ہے کہ "ہمارے زمانے کے ترقی پسند نوجوانوں کو غزل کے مقابلے میں نظم اس لئے بھی پسند ہے کہ اس کا لکھنا نسبتاً آسان ہے۔ غزل جتنی ریاضت چاہتی ہے وہ ان کے بس کی بات نہیں، دوسرے یہ کہ اس طبقے میں غزل کی پابندیاں اور آداب مقبول نہیں کیونکہ انہیں برتنے کا ان لوگوں کو جیسا چاہئے ویسا سلیقہ اور ذوق نہیں۔ پھر اس کے ساتھ یہ بھی ہے کہ ان میں سے اکثر ایسے ہیں جو اپنے ادب اور اپنی ذہنی روایات سے ناواقف ہیں۔"(صفحہ ۱۱)

یہ عبارت صرف مصنف کی جانبداری اور تعصب کو ظاہر کرتی ہے ورنہ کون ہے جو یہ کہنے کی ہمت کرے گا کہ سجاد ظہیر، ڈاکٹر علیم، احتشام حسین، فیض، مجاز، جذبی، مخدوم، کیفی، مجروح، احمد ندیم قاسمی، راجندر سنگھ بیدی، جاں نثار اختر، ممتاز حسین، کرشن چندر وغیرہ اردو ادب کی روایات سے ناواقف ہیں۔ یوسف حسین صاحب کے بیان پر میں اس کے سوا اور کوئی تبصرہ کرنا نہیں چاہتا کہ،

پاؤں ہم توڑیں تو کم ہمت ہیں
شیخ بیٹھیں تو توکل ٹھہرے
ہم جو چپ بیٹھیں تو کہلائیں سڑی
آپ چپ ہوں تو تغافل ٹھہرے
تم جسے چاہو چڑھا لو سر پر
ورنہ یوں دوش پہ کاکل ٹھہرے

اور آج بھی غزل کی مخالفت میں بعض ترقی پسند حضرات شامل ہیں جن میں ترقی

پسند ادب کے ایک بہت بڑے مخالف کلیم الدین احمد صاحب پیش پیش ہیں جنہوں نے غزل کو نیم وحشی صنف سخن کہہ کر مردود قرار دیا، اس لئے اس کا سارا الزام صرف ترقی پسندوں کے سر تھوپنا صحیح نہیں ہے۔ غزل میں ایسے عناصر موجود تھے اور اب بھی ہیں جن کی شدت سے مخالفت کی ضرورت تھی اور ہے۔ اس مخالفت میں اگر بعض اوقات توازن باقی نہیں رہا تو اس کا یہ مطلب نہیں ہے کہ ترقی پسند ادیب جاہل مطلق ہیں۔ یہاں یہ بتا دینا مناسب ہو گا کہ جس بنیاد پر ترقی پسند ادیبوں نے غزل کی مخالفت کی تھی وہ وہی ہے جسے ڈاکٹر یوسف حسین خان صاحب نے اپنی کتاب میں غزل کا طرہ امتیاز قرار دیا ہے۔ ڈاکٹر صاحب لکھتے ہیں،

"غزل کی ایک خاص خصوصیت یہ ہے کہ اس میں حد درجے کی دروں بینی پائی جاتی ہے۔ غزل گو شاعر جو کچھ کہتا ہے اپنے آپ میں ڈوب کر کہتا ہے۔ اس کا حیات و کائنات کا نقطہ نظر خالص موضوعی اور داخلی ہوتا ہے۔ وہ اپنے دل کی دنیا کی سیر میں ایسا منہمک ہوتا ہے کہ اسے اوپر نظر اٹھانے اور خارجی عالم کا مشاہدہ کرنے کی فرصت اور ضرورت نہیں ہوتی، وہ اپنی ذات میں سب کچھ پالیتا ہے۔ اس کا تخیل اپنی گل کاریوں سے اس کے دل کو ایسے ایسے حسین پیکروں سے آباد کر دیتا ہے کہ پھر اس کو ادھر ادھر جھانکنے تاکنے کی ضرورت باقی نہیں رہتی ۴۰،

اگر کبھی وہ خارجی عالم کو دیکھتا ہے تو اس طرح نہیں دیکھتا جیسے دوسرے دیکھتے ہیں بلکہ اپنے مخصوص نقطہ نظر سے دیکھتا ہے۔ وہ اس کے وجود کا ثبوت انسانی شعور میں تلاش کرتا ہے اور اپنی ذات کو اس کے علم کا ماخذ اور منتہا تصور کرتا ہے۔ غزل گو شاعر کے نزدیک تخیل ہی اصل حقیقت ہے جس کی مدد سے اس کے دل کی دنیا میں ہمیشہ رونق اور چہل پہل رہتی ہے۔ اس کی دورون بینی کا یہ اقتضا ہوتا ہے کہ وہ اپنے دل سے آپ گفتگو

کرے اور جو تاثرات مختلف اوقات میں اس کے دل پر گزریں انہیں شعر و نغمہ کا رنگین لباس پہنا دے۔ وہ اپنے آپ میں ایسا ڈوبا رہتا ہے کہ اس کو یہ بھی پروا نہیں رہتی کہ دوسرے اس کے مافی الضمیر کو سمجھتے ہیں یا نہیں۔ وہ جو کچھ کہتا ہے دوسروں کے لئے نہیں کہتا بلکہ اپنے من کی موج کے تقاضوں کو پورا کرتا ہے۔"

اسے مختصر لفظوں میں داخلیت و عینیت پرستی کہتے ہیں جو ادب برائے ادب اور ہیئت پرستی کا فلسفہ ہے۔ یہ رجحان سب سے زیادہ شدت کے ساتھ غزل میں ابھر کر آتا ہے اور روایت کے نام پر اپنا جواز تلاش کرتا ہے، اس لئے کہ غزل کو زندہ رکھنے اور آگے بڑھانے کے لئے اس فلسفے کی مخالفت ضروری ہے۔

۱۹۴۸۔۴۹ء کی تنگ نظری اور انتہا پسندی بھی کچھ ایسی نوعیت کی تھی، اس کا ذکر میں پہلے کر چکا ہوں کہ تحریک کے ابتدائی زمانے میں جب ایک طرح کا رومانی ابال تھا، اس میں مختلف قسم کے رجحانات اور نظریات شامل ہو گئے، جن میں سے بعض قطعاً رجعت پرست اور غیر صحت مند تھے، لیکن دس بارہ برس کے دوران میں سماجی حالات کی پیچیدگی، عوامی تحریکوں کی وسعت اور انقلابی ابال کے ساتھ ساتھ رومانیت کی جگہ حقیقت نگاری آنے لگی تھی اور اس کا تقاضا یہ تھا کہ تحریک میں نظریاتی صفائی پیدا ہو اور غیر ترقی پسند رجحانات اس سے خارج کئے جائیں۔

۱۹۴۷ء میں ہندوستان اور پاکستان کی تقسیم اور فرقہ وارانہ فسادات کی وجہ سے حالات کچھ ایسے بگڑے کہ بعض ترقی پسند ادیب بھی اپنی ترقی پسندی کی راہ سے ہٹ گئے، مثلاً ابراہیم جلیس اور حیدرآباد کے کئی اور ادیب اور شاعر، رضاکار سیاست کا شکار ہو کر فرقہ پرستی پر آمادہ ہو گئے۔ کچھ تو ایسے بھی تھے جنہوں نے شریفوں کے کپڑے اتار کر وردیاں پہن لیں۔ انہوں نے اپنے دستخطوں سے ایک بیان شائع کیا جس میں نظام

حیدرآباد کی حکومت کے ساتھ اظہار وفاداری کیا گیا تھا۔ لاہور میں بھی ڈاکٹر تاثیر کی رہنمائی میں کئی ادیب اس مرض میں مبتلا ہوئے۔ ممتاز شیریں اور صمد شاہین جو پہلے سے انحطاط کے گڑھوں میں گر رہے تھے اور جن کی مخلوط ترقی پسندی پر سجاد ظہیر نے بہت پہلے اعتراض کیا تھا ایک دم سے مسلمان ہو گئے۔

ایک طرف یہ ہوا اور دوسری طرف ترقی پسند تحریک اور ادیبوں پر نئی نئی سمتوں سے حملے شروع ہوئے، اس وقت اس کی ضرورت پیش آئی کہ ترقی پسند اقدار کا جائزہ لے کر کھوٹے اور کھرے میں تمیز کی جائے۔ تحریک کے عوامی کردار کو تقویت پہنچائی جائے اور غیر جمہوری رجحانات، اقدار اور طرز فکر کو شکست دی جائے۔ یہ کام بڑی ذمہ داری اور سنجیدگی کا تھا جس میں علمی اور ادبی گہرائی کے ساتھ ساتھ زندگی، سماج، طبقاتی کشمکش اور سیاست کی پوری سمجھ بوجھ کی بھی ضرورت تھی جس سے ایک قسم کا جذباتی ٹھہراؤ پیدا ہوتا۔ اس منزل پر پہنچ کر بعض ترقی پسندوں کی تنقید نے احتساب کی صورت اختیار کر لی۔ رجحانات کا جائزہ لینے اور تنقید کے ذریعے سے نظریاتی صفائی پیدا کرنے اور اس طرح ترقی پسند ادب کو فروغ دینے کے بجائے انہوں نے یہ رویہ اختیار کیا کہ جو ادیب سو فیصد ترقی پسند نہیں ہیں، ان کے لئے تحریک میں کوئی جگہ نہیں ہے۔

بعض ادبی رسائل کی موقع پرستی اور رجعت پرستی پر تنقید کرنے کے بجائے انہوں نے ان کا بائیکاٹ شروع کر دیا۔ اس غلطی سے ترقی پسند تحریک اور انجمن کو بہت نقصان پہنچا اور بہت سے ادیب اس سے کٹ کر الگ ہو گئے۔ لیکن الگ ہونے والوں میں تمام ادیب ایسے نہیں تھے جن پر تحریک نے اپنے دروازے بند کئے ہوں۔ کچھ ایسے بھی تھے جو یہ غلطی نہ ہوتی تب بھی اس منزل پر آکر جہاں تحریک کا عوامی کردار ابھرنے لگتا، دوسرا راستہ اختیار کر لیتے۔ کچھ حکومت کے احتساب کے ڈر سے گوشہ نشین ہو گئے اور

کچھ ایسے بھی تھے جنہوں نے اپنے آپ کو فروخت کر دیا اور رجعت پرست سیاست کو فروغ دینے کے لئے نئی قسم کی ترقی پسندی کا مطالبہ کرنے لگے مگر آڑ ہمیشہ انتہا پسندی کی لیتے رہے۔

جب سے ترقی پسند مصنفین نے اپنی اس غلطی کو پہچان کر اس کا اعتراف کیا اور اس کا تدارک کرنے کی کوشش کی تب سے تحریک کے مخالفین بغلیں بجانے لگے ہیں۔ وہ جو اپنے آپ کو پسپا محسوس کرتے تھے دوبارہ اپنے ٹوٹے پھوٹے ہتھیار لے کر میدان میں اتر رہے ہیں۔ اب وہ ان ہتھیاروں کو نئی طرح استعمال کر رہے ہیں اور ان کا خیال ہے کہ ترقی پسند تحریک کو ہمیشہ کے لئے ختم کر دینے کا موقع آگیا ہے حالانکہ اس بار بھی انہیں ناکامی ہوگی۔

اب وہ یہ تو نہیں کہتے کہ یہ تحریک چند شوریدہ سر اشتہار بازوں کا ہتھکنڈا ہے جنہیں ادب سے نہ تو کوئی دلچسپی ہے اور نہ ان میں اتنی صلاحیت ہے کہ اچھے ادب کی تخلیق کر سکیں۔ اب انہوں نے یہ کہنا شروع کیا ہے کہ پچھلے چار پانچ سال میں اچھے ادب کی تخلیق ہی نہیں ہوئی۔ اس زمانے میں جو کچھ لکھا گیا سب ہنگامہ بازی تھا۔ بعض لوگ ایسے بھی ہیں جو یہ کہنے کے بجائے کہ کوئی اچھی چیز نہیں لکھی گئی، اس ادب کو تنگ نظر اور انتہا پسند کہہ کر خارج کر دیتے ہیں جس میں طبقاتی کشمکش اور عوامی جدوجہد کا موضوع اختیار کیا گیا ہے۔

یہ بات کچھ ایسی معصومیت اور ایسے ہمدردانہ انداز سے کہی جاتی ہے کہ بعض ترقی پسند ادیب بھی اس کا یقین کر لیتے ہیں اور ترقی پسند تحریک کے سارے کارناموں سے انکار کر دیتے ہیں۔ وہ اس طرح کے غلط اعتراضات کرتے ہیں کہ اس دوران میں جو ادب پیدا ہوا ہے، اسے مشکل ہی سے ادب کہا جا سکتا ہے یا اس زمانے کی انقلابی شاعری سپاٹ

ہے اور محض تقریر اور نعرے بازی ہے۔ حالانکہ اس دوران میں کرشن چندر نے حقیقت نگاری کی طرف بڑا بے باک قدم اٹھایا ہے اور اپنی تقریباً تمام شاہکار کہانیاں اسی دوران میں لکھی ہیں جن میں "پشاور ایکسپریس"، "کالو بھنگی"، "مہالکشمی کا پل"، "تین غنڈے"، "پورے چاند کی رات"، "کہانی کی کہانی"، "برہم پترا" وغیرہ شامل ہیں۔

اسی دوران میں عصمت چغتائی کے نقطہ نگاہ میں تبدیلی پیدا ہوئی اور ان کی تحریروں میں سماجی شعور جلوہ گر ہوا۔ احمد ندیم قاسمی کی شاعری پر نئی آب و تاب آئی۔ فیض کی شاعری نئی دھار لے کر برسوں کے جمود کے بعد پیدا ہوئی۔ مجروح کی شاعری پر نکھار آیا۔ ساحر کی شاعری نے نئی کروٹ لی اور کیفی کی شاعری میں نئی گہرائی اور بلندی آئی۔ احتشام حسین کی تنقیدوں میں بصیرت اور پختگی بڑھی اور سب سے بڑی بات یہ ہے کہ اسی دوران میں جگر مرادآبادی کا سماجی شعور بیدار ہوا اور جذبی کی شاعری گھٹن، قنوطیت اور بے بسی کی فضا سے نکل کر کھلی ہوا میں سانس لینے لگی۔ جہاں اس کے ساز سے ایسے بے پناہ نغمے پھوٹ نکلے جیسے،

شریک محفل دار و رسن کچھ اور بھی ہیں
ستم گرو ابھی اہل کفن کچھ اور بھی ہیں

جب ہم اس زمانے کے ترقی پسند ادب کا مقابلہ غیر ترقی پسند اور رجعت پرست ادب کے انحطاط سے کرتے ہیں تو اصل حقیقت کھلتی ہے۔ مثلاً منٹو کی افسانہ نگاری اور ن م راشد کی شاعری کا انحطاط۔ اس انحطاط کے سامنے صرف ترقی پسند ادب نے اردو ادب کی آبرو رکھی ہے۔

تنگ نظری اور انتہا پسندی سے ترقی پسند ادب کو نقصان ضرور پہنچا ہے لیکن اس کی نوعیت یہ نہیں ہے کہ ہر بات غلط تھی اور سارا ترقی پسند ادب مردود تھا۔ یہ صرف

ہمارے دشمنوں کا پروپیگنڈا ہے، جس کی طرف سے ہوشیار رہنا چاہئے۔ چونکہ ہر بات غلط نہیں تھی اس لئے اس دور میں نقصان کے ساتھ ساتھ کچھ فائدہ بھی ہوا ہے اور وہ یہ ہے کہ نئے ادب اور ترقی پسند ادب کا خلط مبحث باقی نہیں رہ گیا ہے۔ رجعت پرست اور غیر صحت مند رجحانات جن کی آمیزش ہو گئی تھی، ترقی پسند ادب سے الگ ہو گئے ہیں۔ مجموعی حیثیت سے طبقاتی شعور میں اضافہ ہوا ہے اور زندگی کے مسائل سے دست و گریباں ہونے کی ہمت بڑھی ہے۔ اگر ہم نے تنگ نظری اور انتہا پسندی سے کام نہ لیا ہوتا تو یہ فوائد زیادہ وسیع ادبی حلقوں میں محسوس کئے جاتے۔ تنگ نظری نے ترقی پسند ادب اور اس کی اثر انگیزی کے دائرے کو محدود کر دیا۔

رد عمل نے ایک دوسری صورت یہ اختیار کی ہے کہ چپکے چپکے ترقی پسند اور غیر ترقی پسند ادب کا امتیاز اٹھا دینے کی کوشش کی جارہی ہے اور یہ کوشش اس صورت میں بار آور ہو رہی ہے کہ آج بعض ترقی پسند رسائل کا وسیع النظری اور متحدہ محاذ کے نام پر کوئی کردار ہی باقی نہیں رہ گیا ہے۔ یہ انتہائی مہلک اور خطرناک رجحان ہے اور اگر اس کو شعوری طور سے روکنے کی کوشش نہ کی گئی تو ترقی پسند ادب اور تحریک کو ناقابل تلافی نقصان پہنچے گا۔ ادیبوں اور رسائل کا بائیکاٹ نہ کرنا ایک بات ہے اور ترقی پسند اور رجعت پسند چیزوں کو خلط ملط کر دینا دوسری بات ہے۔ ہر رسالے کا ایک اپنا کردار ہوتا ہے جس کے مطابق وہ مضامین کا انتخاب کرتا ہے۔ اگر وہ اپنے کردار اور پالیسی سے الگ کوئی چیز شائع کرتا ہے تو کسی تنقیدی نوٹ کے ساتھ مباحثے کے لئے۔

اس حقیقت کو پیش نظر رکھنا بہت ضروری ہے کہ ترقی پسند تحریک کا ایک بنیادی عوامی کردار ہے اور ہماری ساری جدوجہد یہ ہے کہ ہمارا ادب عوامی ادب بنے۔ اس جدوجہد کی کئی سطحیں ہیں۔ ایک سطح تو یہ ہے کہ ہم ماضی کی اقدار اور روایات کا از سر نو

جائزہ لیں اور ان میں ان قدروں اور روایتوں کو اپنائیں جو صحت مند ہیں اور آج کی جدوجہد اور زندگی کی تعمیر میں کام آ سکتی ہیں اور ان قدروں اور روایتوں کو ترک کریں جو بیمار اور فرسودہ ہیں اور ادب اور سماج کی ترقی کی راہ میں حائل ہوتی ہیں۔

دوسری سطح یہ ہے کہ ہم آج کی قدروں کو زندگی اور عمل کی کسوٹی پر پرکھیں اور ادب اور تہذیب کو زیادہ سے زیادہ وسیع حلقوں تک لے جانے اور عوامی شعور اور جذبات کی تنظیم کی کوشش میں ان کو استعمال کریں۔ اس طرح جدید ہوتے ہوئے بھی بہت سی قدریں مفید ثابت ہوں گی اور بہت سی بیکار۔ تیسری سطح اصل ادبی تخلیق ہے جس میں ایک واضح مقصد اور صحیح موضوع کے ساتھ ساتھ اتنی فنی خوبی اور ہیئتی حسن ہونا چاہیے کہ وہ دلوں میں اتر سکے اور جذبات کو متحرک کر سکے۔ ان تینوں سطحوں پر ترقی پسندی اور غیر ترقی پسندی کا ٹکراؤ ہوگا اور اس کشمکش میں ہم اپنی تحریک اور ادب کے بہت سے مسائل کو حل کریں گے۔

اس جدوجہد میں تنقید ایک بہت بڑا حربہ ہوگا جسے قدم قدم پر رہنمائی کا فرض ادا کرنا پڑے گا۔ ہم کسی ادیب کو صرف اس لئے رجعت پرست نہیں کہہ دیں گے کہ اس کے یہاں کچھ رجعت پرست اقدار ہیں بلکہ ہم اس کے مجموعی رجحان کو دیکھ کر اس پر رائے قائم کریں گے، اس لئے تنقید کے حربے کو ترک کر دینا اور اتحاد اور وسیع محاذ کے نام پر رجعت پسندی کو بھی ہضم کر لینا کسی طرح ترقی پسند ادب اور تحریک کے لئے مفید نہیں ہو سکتا۔ پرانی غلطیوں کو درست کرنے کے بہانے یا نئی غلطیوں کے خوف سے ترقی پسندی کے مسلک ہی کو ترک کر دینا ترقی پسندی نہیں ہے اور نہ کسی ترقی پسند ادیب کے لئے یہ رویہ صحیح ہو سکتا ہے کہ میں ترقی پسند رہوں گا۔ غیر ترقی پسند اور رجعت پرستوں کو ان کے حال پر چھوڑ دو۔

چونکہ ترقی پسند ادب ایک تحریک ہے اس لئے اس میں وہ ادیب بھی ہوں گے جو سو فیصدی ترقی پسند ہیں اور وہ بھی جو غیر عوامی فلسفوں اور غیر جمہوری قدروں سے متاثر ہوتے رہے ہیں اور جن کی ترقی پسندی میں بعض غیر ترقی پسند رجحانات کی بھی آمیزش ہے۔ ان رجحانات کو دور کرنے کے لئے ہمیں برادرانہ اور پر خلوص تنقید سے کام لینا پڑے گا لیکن اتحاد کے نام پر ہم ان رجحانات کو نظر انداز نہیں کر سکتے اور نہ ان ادیبوں کو اپنے ساتھ لے کر چل سکتے ہیں جو بنیادی طور سے رجعت پرست ہیں۔

یہ ہیں ترقی پسند ادبی تحریک کے اتار چڑھاؤ۔ راستے میں بہت سی کٹھن منزلیں آئی ہیں لیکن مجموعی حیثیت سے یہ تحریک آگے ہی بڑھتی گئی ہے اور آج جب ہم اس پر نظر ڈالتے ہیں تو معلوم ہوتا ہے کہ پندرہ سولہ برس کی مختصر مدت میں اس تحریک نے بہت بڑا کام کیا ہے اور اردو ادب کے دھارے کا رخ موڑ دیا ہے۔ یہ تبدیلی تاریخی تقاضوں کے مطابق ہے اور اب اردو ادب کا مستقبل اسی سے وابستہ ہے۔

ترقی پسند مصنفین کا آندولن جو ہندوستان میں ۱۹۳۵ء میں شروع ہوا، دراصل ادب کے میدان میں اس رجحان کا منظم اظہار تھا جو سامراج اور جاگیر داری کی مخالفت سے پیدا ہوا تھا۔ یہ سیاسی میدان اور قومی تحریک میں اپنے لئے پوری جگہ بنا چکا تھا۔ یہ دانشوروں کے اس حلقے کی خواہشات اور جذبات کی تنظیم تھی جو مزدوروں اور کسانوں کی تحریکوں سے متاثر تھے۔ تحریکیں جنہوں نے قومی تحریک آزادی میں گہرائی اور وسعت پیدا کر دی تھی اور جو اب ملک کی سیاست میں ایک آزاد قوت بن کر ابھر رہی تھیں۔ اس اعتبار سے ترقی پسند تحریک نے اقبال، پریم چند اور جوش کے ورثے کی نگہداشت ہی نہیں کی بلکہ اسے آگے بڑھایا اور ادب کا رشتہ عوام کے ساتھ جوڑ دیا۔

چونکہ یہ دانشور باشعور تھے، اپنے سامنے ایک واضح مقصد رکھتے تھے اور اپنے

دشمن کو پہچانتے تھے، اس لئے انہوں نے سامراج کے بین الاقوامی روپ کو دیکھ لیا اور ہر اس آواز کی ہمنوائی کی جو دنیا کے کسی گوشے میں سامراج کے خلاف بلند ہوئی تھی، چاہے وہ اسپین کے شہید ادیب ہوں جنہوں نے فاشزم کی دست درازیوں سے اپنے ملک کو اور بین الاقوامی امن اور آزادی کو بچانے کے لئے اپنا خون بہایا اور چاہے وہ سنبھلتے ہوئے "گراں خواب چینی" ہوں جنہیں اقبال نے ہمالہ کے ابلتے ہوئے چشموں سے تشبیہ دی تھی۔ سب کے ساتھ ترقی پسند ادیبوں نے اپنا رشتہ جوڑا جسے میں نے حرف اول میں تحریک کا بین الاقوامی رشتہ کہا ہے۔ اس لئے یہ دانشور فطری طور سے سوویت یونین سے بہت متاثر تھے، جس نے دنیا کے ایک چھٹے حصے میں جاگیرداری، سرمایہ داری اور سامراج کا خاتمہ کر کے اشتراکیت کی تعمیر کر لی تھی اور اپنے ادب، آرٹ اور تہذیب کو بے انتہا ترقی دی تھی۔ ان دانشوروں کے جذبات کا اندازہ پنڈت جواہر لال نہرو کے ان الفاظ سے ہو سکتا ہے جو موصوف نے لکھنؤ کانگریس (۱۹۳۶) کے اجلاس میں اپنے خطبہ صدارت میں استعمال کئے تھے۔

"آج مستقبل بڑی حد تک سوویت روس کے وجود اور ان کارناموں کی وجہ سے امید افزا ہے اور مجھے یقین ہے کہ اگر کسی عالمگیر آفت کا سامنا ہوا تو یہ نیا تمدن دوسرے ملکوں میں بھی پھیلے گا اور کشمکش اور جنگوں کا ہمیشہ کے لئے خاتمہ کر دے گا جنہیں سرمایہ داری پروان چڑھاتی ہے۔"[۴۱]

ٹیگور نے اپنے روسی خطوط میں اس سے بھی بڑا خراج تحسین پیش کیا تھا۔ گاندھی جی نے بھی ان کارناموں کو سراہا تھا۔ پریم چند نے اپنے انتقال سے چند ماہ پہلے لکھا تھا کہ "دھن ہے وہ سبھیتا جو مالداری اور ویکتی گت سمپتی کا انت کر رہی ہے اور جلد یا دیر سے دنیا اس کا پدانوسرن ضرور کرے گی۔ جو شاسن ودھان اور سماج ویوستھا ایک دیش کے

لئے کلیان کاری ہے وہ دوسرے دیشوں کے لئے بھی ہتکاری ہوگی۔ جن سادھارن کو بہکا دیں گے، ان کی آنکھوں میں دھول جھونکیں گے۔ پر جو ستیہ ہے ایک نہ ایک دن اس کی وجے ہوگی اور اوش ہوگی" ۴۲

اور اقبال نے بھی یہ محسوس کر لیا تھا کہ "بے سود نہیں روس کی یہ گرمی رفتار" جبکہ مولانا حسرت موہانی نے صاف صاف کہہ دیا،

لازم ہے یہاں غلبہ آئین سوّیت
وہ ایک برس میں ہو کہ دس بیس برس میں

اس کا ذکر پہلے آچکا ہے کہ ترقی پسند ادب کی تحریک نے پریم چند، جوش، مجنوں گورکھپوری جیسے بزرگ ادیبوں، درمیانی طبقے کے نوعمر مصنفین (جیسے کرشن چندر، بیدی، مجاز، فیض وغیرہ) اور نئے مزدور اور کسان شاعروں کو اپنے حلقہ اثر میں لے لیا اور انجمن کا اعلان نامہ شائع ہوتے ہی ایک طوفان برپا ہو گیا۔

اس تحریک کا کارنامہ یہ ہے کہ اس نے ادب کے فرسودہ سامنتی ڈھانچے کو توڑ دیا اور اس جھوٹے تصور کو ختم کر دیا کہ ادب کا مقصد محض تفریح طبع ہے جو مٹھی بھر پیٹ بھرے آدمیوں کی لطف اندوزی کے لئے تخلیق کیا جاتا ہے۔ اس نے اس اصول کی تبلیغ کی اور اسے منوالیا کہ ادب عوام کا ترجمان ہوتا ہے، ان کی زندگی کی تصویر کشی کرتا ہے اور ان کی آزادی کی جدوجہد میں شریک ہو کر اسے آگے بڑھاتا ہے۔

اس ادب نے مزدوروں، کسانوں اور مظلوم درمیانی طبقے کی زندگی اور مسائل کو اپنا موضوع بنایا اور حقیقت نگاری کی بنیادیں استوار کیں۔ اس نے سرسید، حالی، شبلی، اقبال، پریم چند اور جوش کی بہترین روایات کو ان کی تاریخی معذوریوں کے شکنجے اور طبقاتی کم نگاہی سے آزاد کیا۔ عقل پسندی کو مذہبی تصورات سے، حب وطن کو ماضی پرستی سے،

آزادی کے تصور کو طبقاتی کوڑھ سے اور سامراج دشمنی کو سمجھوتے بازی کی آلائشوں سے پاک کیا اور ایسے ادب کی تخلیق کی جس کا بہترین جوہر طبقاتی شعور اور عوام دوستی ہے اور یہی اعلیٰ ترین دوستی ہے کیونکہ انسان کے جسم کو طبقات اور ذہن کو توہمات کے بندھنوں سے آزاد کرنا مکمل انسان کی تخلیق کرنا ہے اور یہ تخلیق تمام تخلیقوں سے زیادہ عظیم ہے۔

ترقی پسند مصنفین نے سامراجی اور جاگیرداری عناصر کی مخالفت کی اور ان قدروں کو نفرت اور حقارت کے ساتھ ٹھکرایا جو ان کے مکتب خیال سے پیدا ہوئی ہیں۔ یہ انسان دشمن قدریں ہیں جو عوام کو حقارت کی نظر سے دیکھتی ہیں اور کسی نہ کسی شکل میں ظلم اور استحصال کا جواز تلاش کر لیتی ہیں۔ یہ شعور کو جھٹلاتی ہیں اور لاشعور اور جبلت کو علمی حقیقت بنا کر پیش کرتی ہیں۔ یہ رنگ، خون اور نسل کے امتیازات اور طبقاتی تقسیم کی حمایت کرتی ہیں، قومی برتری کے بے ہودہ جذبے اور فرقہ پرستی کو تقویت پہنچاتی ہیں۔ یہ ادب کو انسانوں کی زندگی اور زندگی کی کشمکش سے الگ کرنے کی کوشش میں خواب وخیال کی دنیا بناتی ہیں اور موضوع اور مواد کو اہمیت دیے بغیر ہیئت اور صورت کا طلسم باندھتی ہیں۔ مختصر یہ کہ یہ تاریک اندیش اور رجعت پرست قدریں ہیں۔ ان کے مقابلے میں ترقی پسند مصنفین نے اعلیٰ درجے کی انسانی قدریں پیش کیں۔

ترقی پسند مصنفین نے ادب کے ذریعے سے اس غیر منصفانہ سماج کو تبدیل کرنے کا جذبہ پیدا کیا اور انقلاب کی دعوت دی حالانکہ ابتدا میں بعض ترقی پسند ادیبوں کا انقلاب کا تصور جذباتی اور رومانی تھا۔ وہ طبقات، ان کی کشمکش اور اہمیت کو پوری طرح نہیں سمجھتے تھے۔ پھر بھی یہ اتنی بڑی سچائی تھی کہ انقلاب کا نعرہ اردو ادب پر چھا گیا۔

ترقی پسند مصنفین نے اردو ادب میں طبقاتی شعور کو بیدار کیا اور ایک غیر طبقاتی انسانی سماج کا خواب دیکھا ۴۳، انہوں نے قومیت کے تنگ دائرے سے نکل کر بین

الا قوامیت کے تصور کو فروغ دیا اور دنیا کے ہر گوشے کی آزادی کی جد وجہد کو اپنی آزادی کی جد وجہد سمجھا اور اس کے آئینے میں ہندوستان کی آزادی کی تصویر دیکھی۔ اس نے ان کے نقطہ نظر میں اتنی وسعت اور تخیل میں اتنی بلندی پیدا کر دی جس سے اردو ادب پہلے واقف نہیں تھا۔

ترقی پسند مصنفین نے اردو ادب کو ادب نواز حلقوں کے چھوٹے سے دائرے سے باہر نکال کر عوام کے زیادہ وسیع حلقوں میں پہنچا دیا۔ وہ تہذیب کی روشنی کو عوام تک لے گئے جنہیں اب تک اس دولت سے محروم رکھا گیا تھا۔ اس کوشش میں انہوں نے کتابوں اور رسالوں کی اشاعت پر اکتفا نہیں کی بلکہ جلسوں اور مشاعروں کو بھی استعمال کیا۔ اس طرح انہوں نے مشاعروں کے کردار کو بالکل بدل دیا اور ایک نئے قسم کے انقلابی مشاعروں کی طرح ڈالی۔

ترقی پسند مصنفین نے ادبی اور بول چال کی زبان کی خلیج کو کم کر کے زبان کو سادہ اور آسان بنایا۔ محض روایتی اور فرسودہ انداز بیان کو ترک کر کے سیدھا سادہ، نیا اور شگفتہ انداز بیان اختیار کیا جسے رجعت پرست حلقوں نے اچھا ادب ماننے سے ہی انکار کر دیا۔ حالانکہ اس کوشش میں ابھی پوری کامیابی نہیں ہوئی ہے۔ لیکن یہی کیا کم ہے کہ بنیادیں پڑ گئی ہیں اور نیو گر گئی ہے۔ انہوں نے بہت سے نئے الفاظ کو ادبی زبان میں داخل کر دیا اور زندگی اور سماج کی نئی حقیقتوں سے تشبیہ اور استعارے حاصل کر کے اردو کے ادبی اور فنی خزانے میں اضافہ کیا اور زبان میں اظہار و بیان کے نئے امکانات پیدا کئے۔ اس سلسلے میں بعض کمزور چیزوں کی بھی تخلیق ہوئی ہے جو ناگزیر تھی۔ کیونکہ جب سونا زمین کی گود سے نکالا جاتا ہے تو خالص اور آلائشوں سے پاک نہیں ہوتا، لیکن اسی کے ساتھ بعض ایسی چیزوں کی بھی تخلیق ہوئی ہے جو دنیا کے بہترین انقلابی ادب سے آنکھیں ملا سکتی

ہیں۔

ترقی پسند مصنفین نے اردو ادب میں نئی اصناف اور نئی ہیئتیں رائج کر کے فنی خزانے میں بیش بہا اضافے کئے۔ انہوں نے شاعری میں پرانی روایات کو برقرار رکھتے ہوئے نئی روایات پیدا کیں۔ آزاد نظم اور نظم معرا کو رواج دے کر اردو شاعری کو وسعت عطا کی۔ بعض پرانی اصناف کو نئی زندگی عطا کی مثلاً مثنوی۔ انہوں نے غزل کو سماجی تصور اور عوامی جدوجہد کا موضوع عطا کر کے فروغ دیا۔ نثر میں انہوں نے رپورتاژ کی صنف کو رائج کیا۔ افسانے کے موضوع کو وسعت اور تکنیک کو ترقی دی۔ انہوں نے بعض عوامی ہیئتوں کو بھی استعمال کیا لیکن اردو کے مقابلے میں یہ کام دوسری زبانوں میں زیادہ ہوا ہے۔ عوامی گیتوں اور عوامی شاعری کی بحروں کو انہوں نے اتنا استعمال نہیں کیا ہے جتنا چاہئے تھا۔ پھر بھی اس طرف توجہ دی گئی ہے۔

ترقی پسند مصنفین نے نئی قسم کی علمی تنقید کو پیدا کیا۔ جس کی بنیاد یہ ہے کہ ادب کا جائزہ سماجی، سیاسی اور تاریخی پس منظر میں لیا جائے۔ اس نے تنقید کی سطح کو زیادہ بلند کر دیا ہے اور تنقید کے فن کو سائنس بنا دیا ہے۔ ان اصولوں کی روشنی میں اپنے تہذیبی اور ادبی ورثے کا جائزہ لینے میں آسانی ہوتی ہے اور روایات کے چہرے سے ماضی کے اندھیرے کی بہت سی نقابیں الٹ جاتی ہیں۔ یہ تنقیدی انداز اردو ادب میں ایک انقلاب کی حیثیت رکھتا ہے۔

ترقی پسند ادیبوں نے سیاسی اور سماجی زندگی کے اتنے پہلوؤں پر قلم اٹھایا ہے کہ ان کی تخلیقات سے ہندوستان کی جنگ آزادی کی ہر منزل اور ہر موڑ کی تاریخ مرتب ہو سکتی ہے۔ مجموعی حیثیت سے ترقی پسند ادب کا لہجہ پر وقار، جذبہ ہمت افزا اور انداز فاتحانہ ہے۔ یہ کامیابی آسانی سے حاصل نہیں ہوئی ہے۔ اس کے لئے ترقی پسند مصنفین نے دکھ

جھیل کر، افلاس کی مصیبتیں برداشت کر کے اور قربانیاں دے کر جدوجہد کی ہے۔ کتنے ہی ادیبوں کی کتابیں اور تحریریں ضبط ہوئی ہیں۔ کتنے ہی رسائل پر پابندیاں لگائی گئی ہیں۔ کتنے ہی ادیبوں نے لاٹھیاں کھائی ہیں، بندوقوں کی گولیوں کا مقابلہ کیا ہے اور جیل خانوں میں دن گزارے ہیں۔

سجاد ظہیر، فیض احمد فیض، رشید جہاں، سبط حسن، احمد ندیم قاسمی، مخدوم محی الدین، ممتاز حسین، غلام ربانی تاباں، خلیل الرحمن اعظمی، ہنس راج رہبر، نیاز حیدر، مجروح سلطان پوری، سلیمان اریب، سید مطلبی فرید آبادی، علی جواد زیدی، ظہیر بابر، حمید اختر، ظہیر کاشمیری، پرویز شاہدی، عبداللہ ملک اور بہت سے دوسرے ترقی پسند ادیب اور شاعر اپنے عقائد کی وجہ سے برسوں جیلوں میں پڑے رہے ہیں، تب کہیں جاکر وہ ادب پیدا ہوا ہے جس میں زندگی کے دل کی دھڑکنیں، عوام کے جذبات اور تاریخ کا خون ہے۔

***

۲

لکھنؤ کی پانچ راتیں

پہلی رات : راج سنگھاسن ڈانواڈول

لکھنؤ کی فضا میں ایک نئی آزادی کا احساس تھا، ۱۹۳۷ء میں کانگریس کی پہلی وزارت بنی تھی۔ کھدر کے کپڑوں کی وقعت بڑھ گئی تھی، ہم لوگوں نے اپنے سروں کی گاندھی ٹوپی کو اور زیادہ ترچھا کر لیا تھا۔

جب میں ۱۹۳۸ء میں دہلی سے لکھنؤ آیا تو مجاز وہاں پہلے سے موجود تھے، ان کے والد نے ملازمت سے سبکدوش ہونے کے بعد لکھنؤ میں گھر بنایا تھا، مجاز کے چھوٹے بھائی انصار ہاروانی جو اب پارلیمنٹ کے ممبر ہیں، نیشنل ہیرالڈ میں کام کرتے تھے، وہاں کئی اور بھی احباب تھے، انور جمال قدوائی، سبط حسن، فرحت اللہ انصاری، علی جواد زیدی وغیرہ۔ حیات اللہ انصاری ہفتہ وار ہندوستان کے ایڈیٹر تھے۔ یش پال ہندی اور اردو میں الگ الگ اپنا رسالہ وپلو شائع کرتے تھے۔ روز بروز ترقی پسندوں کا حلقہ وسیع ہوتا جاتا تھا۔ ڈاکٹر علیم اور احمد علی لکھنؤ یونیورسٹی میں پڑھاتے تھے۔ ڈاکٹر رشید جہاں جنہیں ہم سب پیار سے رشید آپا کہتے تھے، ڈاکٹری کرتی تھیں، افسانے لکھتی تھیں، اور تمام نو عمر ادیبوں کے ساتھ شفقت سے پیش آتی تھیں، کبھی کبھی الہ آباد سے سجاد ظہیر، ڈاکٹر اشرف اور ڈاکٹر احمد آجاتے تھے، جو پنڈت نہرو کی سرپرستی میں آل انڈیا کانگریس کمیٹی کے آفس

میں کام کر رہے تھے۔ کان پور میں دو ایک انگریز ترقی پسند پروفیسر تھے۔ وہ بھی لکھنؤ کے چکر لگاتے رہتے تھے۔ اسی سال ڈاکٹر ملک راج آنند ترقی پسند مصنفین کی دوسری کانفرنس میں شریک ہونے کے لئے (جس کا افتتاح ٹیگور نے کیا) انگلستان سے آئے تھے، ان کی زبان پر اسپین کا ذکر تھا، جس کے کے انقلابی کارنامے پہلے ہی ہم تک پہنچ چکے تھے۔ لاپشناریا اور لور کے نام فضاؤں میں گونج رہے تھے، ایک سال بعد ۱۹۳۹ء میں جذبی بھی لکھنؤ آئے اور جوش ملیح آبادی بھی۔ ان کا رسالہ "کلیم" اب نیا ادب میں ضم ہو گیا اور وہ ایک طرح سے ہمارے ادبی سرپرست بن گئے (اسی زمانے میں سکندر علی وجد بھی لکھنؤ آ گئے۔ وہ نظام سرکار کا سول سروس کا امتحان دے کر ٹریننگ لینے لکھنؤ آئے تھے۔ اس لئے آوارہ گردوں اور چاک گریبانوں میں شامل ہوئے، ویسے جذباتی طور سے وہ بھی ہمارے قریب تھے۔) نوعمر ترقی پسندوں کی ٹولی عجیب و غریب زندگی بسر کر رہی تھی، کچھ تو ابھی تک کالج اور یونیورسٹی میں پڑھ رہے تھے لیکن سارے ہندوستان میں مشہور ہو چکے تھے، کچھ ابھی ابھی تعلیم سے فارغ ہوئے تھے۔ ہمارے چار مشغلے تھے۔ تعلیم، ادب، سیاست اور آوارہ گردی۔ اس اعتبار سے ہم مختلف اوقات میں مختلف مقامات پر پائے جاتے تھے۔ ایک سرے پر فرنگی محل تھا، جس کے روشن خیال اور خوش اخلاق علما کے ساتھ نہایت ادب سے انتہائی بے باک بحثیں کی جاتی تھیں، اور دوسرے سرے پر ریڈیو کی مشہور گانے والی گوہر سلطان کا وہ گھر تھا جسے ہم خرابات کہتے تھے۔ ان دونوں سروں کے درمیان نیشنل ہیرالڈ، پائنیر، ہندوستان، وپلو اور نیا ادب کے دفاتر، یونیورسٹی کے وائس چانسلر شیخ حبیب اللہ صاحب کا گھر، پروفیسر ڈی پی مکھرجی کا کتب خانہ، وائی، ڈبلو، سی، اے کا خوبصورت ہال جہاں مایا سرکار شمع محفل ہوا کرتی تھیں۔ یونیورسٹی کی لڑکیوں کا کیلاش ہاسٹل جہاں ہر سال ہولی کھیلنے پر جرمانہ ہوتا تھا اور نہ جانے کتنے کافی ہاؤس،

ریستوراں اور میخانے تھے اور یہ ساری گزر گاہیں کوچہ پار سے ہوتی ہوئی زندانوں کی طرف جارہی تھیں، جن کی دیواروں کے پیچھے آزادی کی خوبصورت صبح کا اجالا دھندلا دھندلا نظر آرہا تھا اور اس کی دلفریبی ہماری نگاہوں کو دعوت نظارہ دے رہی تھی۔ ہمارا سارا گروہ جو ویسے تو ہم خیال تھا، مہاتما گاندھی، جواہر لال نہرو اور سبھاش بوس کے درمیان بٹا ہوا تھا، لیکن سوشلزم سے کسی کو انکار نہیں تھا۔ ہماری بغاوت کا اندازہ رومانی اور انفرادی تھا، جس کا سب سے حسین پیکر مجاز کی دل آویز شخصیت تھی۔ یہ پوری شخصیت اس کی نظم 'آوارہ' اور 'اندھیری رات کے مسافر' میں موجود ہے اور اس کے بکھرے ہوئے جلوے ان راتوں میں نظر آتے ہیں، جن میں سے پانچ راتوں کا انتخاب یہاں پیش کیا جارہا ہے۔ بیشتر ترقی پسند ادیب اس رومانی مزاجی دور سے گزر رہے تھے۔ ہمارا گروپ ایک طرف تو اس بیرونی حکومت کے خلاف تھا، جس نے ڈیڑھ دو سو برس سے ہمارے ملک اور قوم کو غلام بنا رکھا تھا اور دوسری طرف اس خاندانی شرافت اور رسم ورواج کے خلاف، جو ہماری بے باک فطرتوں کو انگڑائی نہیں لینے دیتا تھا۔ چونکہ ہمارا تعلق کسی منظم سیاسی جماعت سے نہیں تھا اور ترقی پسند تنظیم کم اور تحریک زیادہ تھی، اس لئے ہم اپنی من مانی کرنے کے لئے انفرادی راستے اختیار کرتے تھے۔ صاف ستھرے ڈرائنگ روم میں بیٹھ کر بیڑی پینا، شراب خانوں میں نظمیں سنانا، چوراہوں پر کھڑے ہو کر سیاسی تقریریں کرنا، کتابیں اور رسالے شائع کرنا اور پھر علماء اور پروفیسروں سے ٹیڑھے ٹیڑھے مباحثے کرنا بے چین روحوں کی تسکین کا سامان تھا۔ ایک دن دوران گفتگو میں یہ بات نکلی کہ لوگ اپنے کتوں کا نام ٹیپو کیوں رکھتے ہیں۔ میں، سبط حسن اور مجاز تینوں اس نتیجے پر پہنچے کہ انگریزوں نے ٹیپو سلطان سے اپنی نفرت کا اظہار کرنے کے لئے ایک طریقہ اختیار کیا ہے اور ٹوڈی قسم (غلامانہ ذہنیت) کے ہندوستانی ان کی نقل میں بے

سوچے سمجھے اپنے کتوں کا نام بھی ٹیپو رکھ لیتے ہیں۔ اگر محبت سے رکھنے کا سوال ہوتا تو وہ یقیناً اپنے کتے کا نام وکٹوریہ نیلسن وغیرہ رکھتے۔ مجاز نے فوراً مشورہ دیا کہ ہم لوگوں کو ایک کتا پالنا چاہئے اور اس کا نام نیلسن رکھنا چاہئے۔ ابھی گفتگو جاری تھی کہ سبط حسن کہیں اٹھ کر چلے گئے اور جب چند گھنٹوں کے بعد واپس آئے تو ان کی گود میں ایک نہایت خوبصورت سفید کتے کا پلا تھا، ہم لوگوں نے فوراً اس کا نام نیلسن رکھ دیا اور گویا اپنے نزدیک انگریزوں سے ٹیپو سلطان کی توہین کا انتقام لے لیا۔ نیلسن نہایت خوبصورت اور وفادار کتا تھا۔ چند مہینوں میں وہ بڑا ہو گیا، کاٹتا کسی کو نہیں تھا، لیکن بھونکنے میں اپنا جواب نہیں رکھتا تھا، ہم اپنے احباب کی فہرست میں ہمیشہ نیلسن کا نام شامل کر دیتے تھے۔ ہم تینوں لال باغ کے ایک نئے گھر میں رہتے تھے، جسے ڈاکٹر حسین ظہیر کی بیگم صاحبہ نے بنوایا تھا اور اس کا نام ان کی مرضی کے خلاف ہم نے اکتوبر ہاؤس رکھ دیا تھا۔ گھر دو منزلہ تھا اور ہمارے سوا کوئی کرایہ دار ابھی آیا نہیں تھا، اس لئے ہم زمین کی منزل پر رہتے تھے اور نیلسن پہلی منزل پر۔ ایک مہترانی جو باورچی خانے کے باہر کھڑکی کے پاس کھڑی ہو کر لکھنؤ کے لطیف لہجے اور نفیس زبان میں ہمیں کھانے پکانے کی ہدایات دیتی رہتی تھی، روز نیلسن کو نہلاتی تھی، ہم لوگ سارے دن ماہوار نیا ادب اور ہفتہ وار پرچم کی ترتیب اور اشاعت میں لگے رہتے اور شام کے وقت اپنے کتے کو ساتھ لے کر حضرت گنج کی سیر کے لئے باہر نکلتے۔ اس سیر گاہ کا انتخاب ایک خاص غرض سے کیا گیا تھا، شام کے وقت اس کی سڑکیں اور دکانیں یونیورسٹی کے لڑکوں لڑکیوں کے علاوہ گورے سپاہیوں اور ٹامیوں سے بھری ہوتی تھیں اور ہم لوگ ان کی صورتیں دیکھ کر اپنے کتے کو نیلسن کہہ کر ضرور آواز دیتے تھے اور طالب علموں اور ٹامیوں پر اس کا ردعمل دیکھ کر بہت خوش ہوتے تھے، مگر کوئی غیر معمولی واقعہ پیش نہیں آیا۔ آخر ایک شام کو وہ حادثہ ہو گیا، جس کے

لئے ہم بے تاب تھے۔ مے فیر سنیما گھر میں کوئی بہت اچھی تصویر آئی تھی۔ اب نام یاد نہیں ہے۔ شاید واریز تھی، جس میں پال منی، نے میکسیکو کے انقلابی رہنما کا کردار ادا کیا تھا، یا شاید یانوشیک تھی، جس میں چیکو سلواکیہ کے ایک باغی کسان کی ایک کہانی تھی، ایسی فلموں کو دیکھنے کے لئے یونیورسٹی کے طالب علموں کا ہجوم آتا تھا اور فلم کے خاتمے پر عین اس وقت جب انگریزوں کا قومی گیت (ہمارے لئے سامراجی گیت) گاڈ سیو دی کنگ بجتا تھا، بلند آواز سے انقلابی نعرے لگاتا تھا۔ ہم تینوں نہایت شان سے اپنے کتے کو ساتھ لے کر مے فیر پہنچے اور چار ٹکٹ خرید کر ہال کے اندر داخل ہونے لگے۔ اس وقت نیلسن میری گود میں تھا۔ دروازے پر ہمیں روک دیا گیا، بڑی دیر تک اس پر ہنگامہ ہوتا رہا کہ نیلسن بھی تصویر دیکھے گا، آخر ہم نے اس کا ٹکٹ خریدا ہے اور کتا نہیں ہمارا دوست ہے۔ سنیما کے منیجر نے جو ہمیں اچھی طرح جانتا تھا، خوشامد کر کے ہمیں راضی کیا، ٹکٹ کے پیسے واپس کئے، چائے پلائی اور رخصت کر دیا۔ ہم باہر نکلے تو میری ہم جماعت یونیورسٹی کی کچھ لڑکیاں مل گئیں۔ ایک ہجوم سنیما گھر سے نکل رہا تھا اور ایک اندر جا رہا تھا۔ ہم سڑک کے کنارے کھڑے ہوئے اپنے کتے کے کارنامے بیان کر رہے تھے کہ نیلسن کے بھونکنے کی آواز آئی۔ ایک ٹامی جو شراب کے نشے میں دھت تھا اور غالباً تصویر دیکھنے آیا تھا، نیلسن کو اپنے بید سے چھیڑ رہا تھا۔ ہم تینوں نے ایک ساتھ کتے کا نام لے کر اسے آوازیں دیں، نیلسن نیلسن، ٹامی کتے کو چھوڑ ہماری طرف بڑھا۔ ہمارے ساتھ اتنی دیر میں ایک بہت مضبوط قسم کے کشمیری دوست آ گئے تھے، جو اس زمانہ میں غالباً پانیر اخبار میں کام کر رہے تھے۔ ان کے اور ٹامی کے درمیان گھونسے بازی شروع ہو گئی، ہمارا کشمیری دوست چک ہر گھونسے کے ساتھ نیلسن کا نعرہ بلند کرتا تھا اور کتا اپنا نام سن کر اور زیادہ زور سے بھونکتا تھا۔ لڑکیاں تتر بتر ہو گئیں اور یہ گھونسے بازی کوئی آدھے گھنٹے تک

جاری رہی۔ پہلے تو ہم ہنس رہے تھے لیکن جب معاملہ زیادہ سنگین ہو گیا تو میں نے اور سبط حسن نے بیچ بچاؤ کی کوشش کی۔ لیکن نہ تو ٹامی کا ہاتھ رکتا تھا اور نہ چک کا۔ لیکن دیکھنے کے قابل عالم مجاز کا تھا۔ وہ گھونسے بازی کی گت پر چٹکی بجا بجا کر ناچ رہا تھا اور لہک لہک کر اپنے نامکمل گیت کے دو مصرعے گا رہا تھا، بول اری او دھرتی بول راج سنگھاسن ڈانو اڈول (اس گیت کی ابتدا چند ماہ پہلے گوہر سلطان کے گھر پر سبط حسن اور فرحت اللہ کے باہمی جھگڑے میں ہوئی تھی) اب مجاز کے گیت، گھونسے بازی کے پینتروں، کتے کی بھوں بھوں اور چک کی زبان سے بلند ہوتے ہوئے نیلسن کے نعروں کے ساتھ ہم لوگ لڑتے لڑتے می فیر سے جنرل پوسٹ آفس تک چلے گئے۔ خیریت ہوئی کہ اس آدھے گھنٹے کے عرصے میں کوئی ٹامی ادھر سے نہیں گزرا اور کوئی پولس والا گوری چمڑی کی امداد کے لئے نہیں آیا، آخر ٹامی تھک کے بے دم ہو گیا اور اس نے جنرل پوسٹ آفس کے پاس پہنچ کر صلح کی پیش کش کر دی، طے ہوا کہ کل شام کو اس جگہ پھر گھونسے بازی کا مقابلہ ہو گا، چک نے اس کی زمین پر پڑی ہوئی ٹوپی اٹھا لی اور کہا کہ یہ کل شام کو لڑائی کے بعد واپس کی جائے گی۔ ہم لوگ ہنسنے لگے اور ٹامی لڑکھڑاتا ہوا واپس چلا گیا۔ سبط حسن نے بڑھ کر نیلسن کو اپنی گود میں لے لیا اور اسے اس پیار سے تھپکا جیسے چک کے بجائے اس کتے نے ٹامی سے بازی جیتی ہو۔ مجاز نے ٹامی کی ٹوپی چک سے مانگ لی اور اپنے سر پر پہن لی۔ دوسرے دن شام کو وہ ٹامی وہاں نہیں آیا، ہم لوگ بڑی دیر انتظار کر کے کافی ہاؤس چلے گئے اور نیلسن کو ٹامی کی ٹوپی پہنا کر ایک کرسی پر بٹھا دیا۔ اس واقعے کے سات آٹھ برس بعد جب ۱۵ اگست ۱۹۴۷ء کو میں اور مجاز بمبئی کے مسرت سے سرشار شہریوں کے ساتھ اوپیرا ہاؤس کے چوراہے پر آزادی کی خوشی میں ناچ رہے تھے تو یکا یک مجاز نے اپنی جیب سے اس ٹامی کی میلی کچلی، پرانی ٹوپی باہر نکالی اور اسے اپنے سر پر رکھ کر ترچھا کر لیا، اب وہ

پھر چٹکی بجا بجا کر ناچ رہا تھا، اور گا رہا تھا، بول اری او دھرتی بول راج سنگھاسن ڈانوا ڈول گیت مکمل ہو چکا تھا اور سارا مجمع مجاز کے ساتھ گا رہا تھا۔

***

۳

غالب: تمنا کا دوسرا قدم

ہوں گرمیٔ نشاطِ تصور سے نغمہ سنج

میں عندلیبِ گلشنِ نا آفریدہ ہوں دگر خواہی کہ بنی چشمۂ حیواں بتاریکیسواد نظم ونثر غالب سمعجز بیاں بینیبسومناتِ خیالم در آئی تابینیر واں فروز بر ودوشہائے زنّار یمیستیم عام مدان وروشم سہل نگیر ناقۂ شوقم وجبریل حدی خوانِ منستغالبآسمانوں کی بلندی کو بلا کا ناز تھاپست ہمت جس سے ذوق رفعت پرواز تھارہ گزارِ ماہ وانجم تک کوئی جاتانہ تھاکوئی شاخ کہکشاں پر زمزمے گاتانہ تھاعرش پر جبریل کا دمساز ہو سکتا تھاکونطائرِ سدرہ کا ہم آواز ہو سکتا تھاکونجو لگادے آگ کوئی نغمہ زن ایسانہ تھاتجھ سے پہلے کوئی داوٗد سخن ایسانہ تھاتونے چھیڑے ہیں وہ نغمے شاعری کے ساز پرلحنِ داوٗدی کو رشک آئے تری آواز پرتیرا ابربط کہکشاں، ناہید ہے تیرا ربابآسماں کیا ہے ترے بحر تخیل کا حبابتیرا نغمہ ساحری، تیرا بیاں پیغمبریتیرے قبضے میں ہے اقلیمِ سخن کی داوریتیری فکرِ نکتہ رس، حسنِ تخیل کی شبابشعر تیرا معجزہ، تیری کتاب، اُم الکتابوہ صداقت، وہ حقیقت وہ جمالِ برق پاشزندگی جس کے لئے قرنوں سے سرگرم تلاشوہ صداقت عکس افگن ہے تری تقریر میں وہ حقیقت جلوہ فرما ہے تری تحریر میں حسن کے جلووں سے جب محروم ہو جاتے ہیں ہمکذب کے ظلمت کدے میں جاکے کھو جاتے ہیں، ہمجب کہ ہوتا ہے شبِ غم میں بلاؤں کا ہجومجب نگاہیں پھیر لیتے

ہیں مہ و مہر و نجو مشعر تیرے جگمگا اٹھتے ہیں اس ظلمات میں جس طرح جگنو چمکتے ہیں بھری برسات میں تو نے دل کو گرم سینوں کو فروزاں کر دیا روح کو روشن دماغوں کو چراغاں کر دیا تو مثالِ شمع ماضی کے سیہ خانے میں ہے نور تیرا حال و مستقبل کے کاشانے میں ہے تیرے گلشن کی بدولت گل بداماں ہم بھی ہیں تیرے نغموں کے اثر سے نغمہ ساماں ہم بھی ہیں تمنا کا دوسرا قدم انسانی ذہن کی وسعتیں لامحدود ہونے کے باوجود ایک فرد کا ذہن کتنا ہی وسیع کیوں نہ ہو پھر بھی محدود رہتا ہے۔ بڑے سے بڑا شاعر اور مفکر بھی اس کلیے سے آزاد نہیں۔ لیکن اس کی تخلیق، شعر یا خواب جسے وہ اپنی ذات سے الگ کر کے آئینے کی طرح دنیا کے سامنے رکھ دیتا ہے، انسانی ذہن کی لامحدود وسعتیں اختیار کر لیتا ہے۔ آنے والی نسلوں کا ہر پڑھنے والا اپنی ذہنی استعداد اور جذباتی شدت کے اعتبار سے اس تخلیق میں نئے معنوں اور کیفیتوں کا اضافہ کر دیتا ہے۔ چنانچہ غالب یا شیکسپیر کا ایک مصرع ہزار مواقع پر ہزار معنی پیدا کر سکتا ہے۔ اس کے دامن میں اتنی وسعت ہوتی ہے کہ وہ آنے والی زندگی کے ہنگاموں کو سمیٹ سکے۔ اس کو تنقید کی زبان میں تعمیم، ہمہ گیری اور تہ داری کے نام دیے جاتے ہیں۔ جو جذبات سے عاری اور خیالات سے خالی، لفظی بازی گری سے مختلف چیز ہے اور صرف اس وقت پیدا ہوتی ہے جب شاعر اپنے عہد پر حاوی ہونے کے ساتھ ساتھ لفظوں کے صوتی آہنگ اور معنوی کیفیات سے بھی پوری طرح واقف ہو اور ان کو اس طرح چھیڑ سکے جیسے مطرب ساز کے تاروں کو چھیڑتا ہے۔ ادب کی تاریخ میں چند گنی چنی شخصیتیں اس معیار پر پوری اترتی ہیں۔ غالبؔ ان میں سے ایک ہے۔ غالبؔ اردو کا محبوب ترین شاعر ہے جسے اقبالؔ نے گوئٹے کا ہم نوا قرار دیا ہے۔ گزشتہ سو سال میں دیوان غالبؔ کے متعدد ایڈیشن شائع ہوئے ہیں اور بے شمار مضامین لکھے گئے ہیں۔ ہر نقاد اور پڑھنے والے نے اپنے مذاق اور مزاج کے لیے غالبؔ کے اشعار

میں گنجائش دیکھی۔ کبھی خراجِ تحسین نے عقیدت کی شکل اختیار کی، کبھی سنجیدہ تجزیہ کی اور کبھی اس مبالغے کی جو آرٹ کا حسین زیور ہے۔ غالبؔ کی شخصیت انتہائی دل آویز اور ہمہ گیر تھی۔ نسلی اعتبار سے وہ ایبک ترک تھا، جس کا دادا اس کی پیدائش (۲۷ دسمبر ۱۷۹۷ء) سے تقریباً نصف صدی پہلے سمرقند سے ہندوستان آیا تھا۔ اس خاندان نے غالب کو چوڑا چکلا ہاڑ، لانبا قد، سڈول جسم، بھرے بھرے ہاتھ پاؤں، کتابی چہرہ، کھڑا نقشہ، چوڑی پیشانی، گھنی لانبی پلکیں اور بڑی بڑی بادامی آنکھیں اور سرخ و سفید رنگ دیا تھا جس میں شراب نوشی نے چمپئی دمک پیدا کر دی تھی (مالک رام) غالبؔ کا مزاج ایرانی تھا۔ مذہبی عقائد عربی، تہذیب و تربیت ہندوستانی، اور زبان اردو جس کو غالبؔ نے بارہا ہندی اور ریختے کے نام سے یاد کیا ہے۔ ذہانت، طباعی اور سخنوری کا ملکہ پیدائشی تھا اور زندہ دلی، آزادہ روی اور خوش اخلاقی نے سونے پر سہاگے کا کام کیا جس کی وجہ سے لوگ اس کی انانیت اور خود پرستی کو بھی برداشت کر لیتے تھے۔ شعر کہنا بچپن سے شروع کر دیا تھا اور پچیس برس کی عمر سے پہلے اردو کے بعض بہترین قصائد اور غزلیں کہہ لی تھیں اور تیس بتیس برس کی عمر میں کلکتے سے دہلی تک ایک ہنگامہ برپا کر دیا تھا۔ تعلیم کے متعلق کافی معلومات اب تک فراہم نہیں ہو سکی ہیں، لیکن غالبؔ اپنے عہد کے مروجہ علوم پر حاوی تھا اور فارسی زبان، شعر اور ادب پر گہری نگاہ رکھتا تھا اور پھر زندگی کا مطالعہ اتنا وسیع تھا کہ خود لکھتا ہے کہ "ستر برس کی عمر میں عوام سے نہیں خواص سے ستر ہزار آدمی نظر سے گزر چکے ہیں۔ میں انسان نہیں ہوں انسان شناس ہوں۔" (ایک خط سے اقتباس) بادشاہوں اور امیروں سے لے کر مے فروشوں تک اور دہلی کے علما اور فضلا سے لے کر انگریز حاکموں تک بے شمار لوگ غالبؔ کے ذاتی دوستوں میں تھے۔ جوانی کی رنگ رلیوں کا ذکر بارہا کیا ہے۔ رقص، سرود، شراب، شاہد بازی، جوا، کسی چیز سے پرہیز نہیں کیا (اس

سلسلے میں اوباشوں کی صحبت بھی ملی ہوگی) اور جب بیس پچیس برس کی عمر میں رنگ رلیوں سے دل ہٹ گیا تو صوفیانہ آزادہ روی اختیار کی اور ہندو، مسلمان، عیسائی، ہندوستانی اور انگریز سب سے یکساں سلوک کیا۔ نماز پڑھی نہیں، روزہ رکھا نہیں، شراب کبھی ترک نہیں کی، ہمیشہ اپنے آپ کو گنہگار کہا، لیکن خدا، رسول اور اسلام پر پورا پورا ایمان تھا۔ چند چیزوں کا شوق ہوس کی حد تک تھا۔ علم اور عزت کی طلب ایک شدید پیاس بن کر عمر بھر ساتھ رہی۔ کڑوے کریلے، املی کے کھٹے پھول، چنے کی دال، انگور، آم، کباب، شراب، خوبصورت راگ اور حسین مکھڑے ہمیشہ دل کو کھینچتے رہے۔ یوں تو غالبؔ عمر بھر ان چیزوں کے لیے ترستا رہا لیکن اگر کبھی چند چیزیں ایک ساتھ جمع ہو گئیں تو اس وقت غالبؔ کا دماغ آسمان پر پہنچ گیا اور اس نے اپنے آپ کو ہفت اقلیم کا بادشاہ سمجھ لیا۔ اس کی نشاط پرور اور عیش پرست طبیعت کا پورا اندازہ ایک فارسی اور ایک اردو غزل سے ہو سکتا ہے۔ اتنی حسین غزلیں حافظ کے بعد صرف غالبؔ نے کہی ہیں اور آج تک کوئی اور شاعر اس کیف و نشاط، لطف و سرور کو الفاظ میں اتنی شدت اور حسن کے ساتھ اسیر نہیں کر سکا ہے۔ فارسی غزلبیا کہ قاعدۂ آسماں بگردانیمقضا بگردشِ رطلِ گراں بگردانیمز چشم و دل بہ تماشا تمتع اندوزیمز جان و تن بمدارا، زیاں بگردانیمبگوشۂ بہ نشینیم و در فراز کنیمبہ کوچہ بر سر رہ پاسباں بگردانیماگر ز شحنہ بود گیر و دار نندیشیماگر ز شاہ رسد ارمغاں، بگردانیماگر کلیم شود ہم زباں، سخن نہ کنیموگر خلیل شود میہماں، بگردانیمگل افگنیم و گلابے بہ رہ گزر پاشیممے آوریم و قدح در میاں بگردانیمندیم و مطرب و ساقی ز انجمن رانیمبکار و بار زن کاواں بگردانیمگہی بہ لابہ سخن با ادابیا میزیمگہی بہ بوسہ زباں درد ہاں بگردانیمنہیم شرم بیک سو د باہم آویزیمبشوخی کہ رخِ اختراں بگردانیمز جوشِ سینہ، سحر را نفس فرو بندیمبلائے گرمیِ روز از جہاں بگردانیمبو ہم شبِ ہمہ را در غلط بیند ازیمز نیمہ رہ

رمہ راباشباں بگر دانیمبجنگ باج ستانانِ شاخساری راتہی سبد زدرِ گلستاں بگر دانیمبہ صلح بال نشانانِ صبح گاہی راز شاخسار سوئے آشیاں بگر دانیمز حیدریم من توزما عجب نہ بود گر آفتاب سوئے خاوراں بگر دانیمبمن وصالِ تو باور نمی کند غالبیا کہ قاعدۂ آسماں بگر دانیماردو غزلمدت ہوئی ہے یار کو مہماں کیے ہوئے جوشِ قدح سے بزمِ چراغاں کیے ہوئے کرتا ہوں جمع پھر جگرِ لخت لخت کو عرصہ ہوا ہے دعوتِ مژگاں کیے ہوئے پھر وضعِ احتیاط سے رکنے لگا ہے دمبرسوں ہوئے ہیں چاک گریباں کیے ہوئے پھر گرم نالہ ہائے شرر بار ہے نفسمدت ہوئی ہے سیر چراغاں کیے ہوئے پھر پرسشِ جراحتِ دل کو چلا ہے عشقساماں صد ہزار نمک داں کیے ہوئے پھر بھر رہا ہے خامۂ مژگاں بخونِ دلسازِ چمن طرازیِ داماں کیے ہوئے باہم دگر ہوئے ہیں دل و دیدہ پھر رقیبنظارۂ و خیال کا ساماں کیے ہوئے دل پھر طواف کوئے ملامت کو جائے ہے پندار کا صنم کدہ ویراں کیے ہوئے پھر شوق کر رہا ہے خریدار کی طلبعرضِ متاعِ عقل و دل و جاں کیے ہوئے دوڑے ہے پھر ہر ایک گل و لالہ پر خیالصد گلستاں نگاہ کا ساماں کیے ہوئے پھر چاہتا ہوں نامۂ دل دار کھولناجاں نذرِ دل فریبیِٔ عنواں کیے ہوئے مانگے ہے پھر کسی کو لبِ بام پر ہوسزلفِ سیاہ رخ پہ پریشاں کیے ہوئے چاہے ہے پھر کسی کو مقابل میں آرزوسرمے سے تیز دشنۂ مژگاں کیے ہوئے اک نوبہارِ ناز کو تاکے ہے پھر نگاہچہرہ فروغِ مے سے گلستاں کیے ہوئے پھر جی میں ہے کہ در پہ کسی کے پڑے رہیں سر زیرِ بار منّتِ درباں کیے ہوئے جی ڈھونڈتا ہے پھر وہی فرصت کہ رات دنبیٹھے رہیں تصورِ جاناں کیے ہوئے غالبؔ ہمیں نہ چھیڑ کہ پھر جوشِ اشک سے بیٹھے ہیں ہم تہیۂ طوفاں کیے ہوئے چند واقعات غالبؔ کی زندگی میں بہت اہم ہیں۔ بچپن کی یتیمی، دہلی کا قیام اور کلکتے کا سفر اور ان کا اثر اس کی شخصیت اور شاعری پر بڑا گہرا ہے۔ اس کی ابتدائی زندگی اور شاعری کی بے راہ روی مشہور ہے۔ جو بچہ پانچ برس کی عمر میں

باپ کی شفقت سے محروم ہو گیا ہو اور جسے کوئی معقول تربیت نہ ملی ہو وہ اپنی ذہانت اور طبیعت ہی کے زور پر آگے بڑھ سکتا تھا اور اس راہ میں بے راہ روی بڑی اہم منزل ہے، جہاں ٹھوکریں استاد کا کام کرتی ہیں۔ کہا جاتا ہے کہ میر تقی میرؔ نے غالبؔ کا ابتدائی کلام سن کر کہا تھا کہ کوئی استاد کامل مل گیا تو اچھا شاعر ہو جائے گا، نہیں تو مہمل بکنے لگے گا۔ ایک ایرانی ملا عبد الصمد کے سوا (جس کا وجود مشکوک ہے) زندگی کے تجربات ہی غالبؔ کے استاد رہے۔ غالبؔ کی ابتدائی مشکل اور گنجلک شاعری پر جس کے بعض نمونے مروجہ منتخب دیوان میں بھی باقی رہ گئے ہیں، جب آگرہ والے ہنسے تو غالبؔ کی انانیت انہیں خاطر میں نہ لائی لیکن جب شادی کے بعد قیام دہلی کے دوران میں بڑے بڑے عالموں اور مستند استادان فن سے سابقہ پڑا تو غالبؔ ان کی رائے کو نظر انداز نہ کر سکا اور پچیس برس کی عمر تک پہنچتے پہنچتے طبیعت صحیح شعر کی طرف مائل ہو گئی۔ اپنی جاگیر اور پنشن کے سلسلے میں غالبؔ کو تیس برس کی عمر میں (۱۸۲۷ء) کلکتے کا جو سفر کرنا پڑا اس کی زندگی کا بہت بڑا موڑ ہے۔ وہاں اس نے صرف نئی زندگی کی جھلکیاں ہی نہیں دیکھیں بلکہ اپنی ناکامی کے آئینے میں اپنا منہ بھی دیکھا۔ اس طرح غالب نے مغل تہذیب کی آخری بہار اور نئی صنعتی تہذیب کے ابھرتے ہوئے نقوش اور ان کی کیفیتوں کو اپنی شخصیت میں جذب کر لیا۔ لیکن ان میں سب سے بڑا واقعہ عمر بھر کا افلاس ہے جس نے ہمیشہ غالبؔ کو بے چین اور بے قرار رکھا۔ اب نہ تو آبا واجداد کی شان و شوکت باقی تھی، جن کے قدیم رشتے ایرانی بادشاہوں سے ملتے تھے اور نہ بو علی سینا کا علم تھا۔ اس لیے اپنے قلم کو غالبؔ نے عَلَم بنا لیا اور اپنے آبا واجداد کے ٹوٹے ہوئے نیزوں کو قلم۔ زندگی نے غالب کے ساتھ کچھ اچھا سلوک نہیں کیا اور ہمیشہ اس کی روح میں ریگزار ہی انڈیلتی رہی۔ لیکن غالبؔ کی روح نے زندگی کو لالہ زار بخشے۔ اس کی طبیعت کی یہ فیاضی اردو زبان اور ادب کو مالا مال کر

گئی۔ یہ سوال اہم ہے کہ غالبؔ کے سامنے کوئی نظریۂ کائنات اور فلسفۂ حیات تھا یا نہیں۔ وہ کسی خاص نظریے کا بانی نہیں ہے۔ اس لیے اس کے یہاں منظم فکر اور پیام کی جستجو غلط ہو گی لیکن غالبؔ کی شاعری کے فکری عناصر اور فلسفیانہ مزاج سے انکار نہیں کیا جا سکتا۔ اس لیے رسمی خیالات اور غزل کے روایتی موضوعات کے پیدا کیے ہوئے تضادات کے باوجود کائنات اور انسان کے متعلق غالبؔ کے حاوی رجحانات کا اندازہ کرنا دلچسپی سے خالی نہیں ہے۔ اس میں کوئی شک نہیں کہ اردو کا یہ عظیم المرتبت شاعر قدیم صوفیانہ خیالات سے متاثر تھا جو اس کے علمی مطالعے کے علاوہ اسے فارسی اور اردو شاعری سے ورثے میں ملے تھے۔ یہ کہنے کے بعد بھی کہ "تصوف نہ زیبد سخن پیشہ را۔" غالبؔ نے کائنات کو سمجھنے کے لیے اور مذہب کی ظاہر داریوں سے بچنے کے لیے تصوف کے بعض خیالات سے مدد لی اور انھیں سے اپنی آزاد خیالی اور کج اندیشہ فطرت کی تربیت کی۔ وہ وحدت الوجود کا قائل تھا۔ اس نے اپنی فارسی مثنوی "ابر گہر بار" میں کائنات کو "آئینہ آگہی" کہا ہے جس کی فضا میں بکھرے ہوئے حسن حقیقت (وجہ اللہ) کے جلوے نگاہوں کو دعوتِ نظارہ دے رہے ہیں، نہ محض یہ کہ انسان جس سمت رخ کرتا ہے اس سمت وہی وہ نظر آرہا ہے بلکہ جس رخ کو انسان چاروں طرف موڑ رہا ہے وہ خود اسی کا رخ ہے،

جہاں چیست، آئینہ آگہیفضائے نظر گاہِ وجہ اللہینہ ہر سو کہ رو آورد سوئی او ستخوں آں را کہ آوردہ ٔ روئی اوستدوسری جگہ فارسی نثر میں یہ کہا ہے کہ ذرّے کی ہستی اس کے اپنے پندار کے سوا کچھ نہیں۔ جو کچھ ہے آفتابِ حقیقت کا نور ہے۔ دریا ہر جگہ بہہ رہا ہے اور اس میں موج اور حباب اور گرداب ابھر رہے ہیں۔ یہ صورتیں اصل دریا ہیں یا اسی کے پیکر سے وجود میں آئی ہیں؟ اگر اس کا علم ہو تو بھی "ہمہ اوست" اور علم نہ ہو تو بھی "ہمہ اوست" یعنی ہر طرف "وہی وہ ہے۔" اپنی ایک اردو غزل میں بھی انہیں علامتوں

کے ساتھ اس خیال کی تکرار کی ہے، اصلِ شہود و شاہد و مشہود ایک ہے حیراں ہوں پھر مشاہدہ ہے کس حساب میں ہے مشتمل نمود صور پر وجود بحریاں کیا دھرا ہے قطرۂ و موج و حباب میں اور ایک دوسری غزل میں اسی نظریے کو ایک سوال کی شکل میں پیش کیا ہے، جب کہ تجھ بن نہیں کوئی موجود پھر یہ ہنگامہ اے خدا کیا ہے یہ پری چہرہ لوگ کیسے ہیں غمزۂ و عشوۂ و ادا کیا ہے شکنِ زلفِ عنبریں کیوں ہے نگہِ چشم سرمہ سا کیا ہے سبزۂ و گل کہاں سے آئے ہیں ابر کیا چیز ہے، ہوا کیا ہے چونکہ وجود ایک وحدت ہے اور اصل حقیقت یا اصل ذات یا خدا حادث اور فانی نہیں ہے اس لیے کائنات بھی حادث اور فانی نہیں ہو سکتی۔ غالبؔ نے اس بات کو اتنا کھل کر اور ان الفاظ میں کہیں نہیں بیان کیا ہے۔ لیکن اپنی فارسی تصنیف "مہرِ نیم روز" میں اس عقیدے کا ضرور اظہار کیا ہے کہ عالم کا کوئی خارجی وجود نہیں (یعنی خدا کی ذات سے الگ عالم کا تصور محض وہم و خیال ہے۔ "ہر چند کہیں کہ ہے، نہیں ہے۔") اس لیے قدم اور حدوث، نوی اور کہنگی کا سوال پیدا نہیں ہوتا۔ صفات عین ذات ہیں اور پرتو آفتاب سے جدا نہیں۔ اس لیے "ہر عالم از اعیانِ ثانیہ تا صورِ محشورہ از خویشتن بر خویشتن جلوہ گستر است۔" قیامت کے بعد نیا آدم پیدا ہوگا اور ایک آدم کے بعد دوسرا آدم ظہور کرے گا اور دنیا یوں ہی چلتی رہے گی۔ غالبؔ کے اس شعر سے بھی اس خیال کی کسی قدر تصدیق ہوتی ہے، آرائش جمال سے فارغ نہیں ہنوز پیشِ نظر ہے آئینہ دائم نقاب میں یہیں سے دوسرا سوال پیدا ہوتا ہے۔ اگر عالم پرتو ذات ہے تو وہ چیزیں جنھیں بدی، گناہ، مصیبت، تکلیف، درد اور غم کہا جاتا ہے، کہاں سے آتی ہیں۔ تضادات کہاں سے ابھرتے ہیں۔ اس کا بندھا ٹکا جواب تو یہ ہے کہ پرتو اصل ذات سے جتنا دور ہوتا جاتا ہے اتنی ہی اس میں کثافت آتی جاتی ہے مگر اس جواب کی منطقی کمزوری یہ ہے کہ فاصلہ ذات سے الگ چیز بن جاتا ہے اور "ہمہ اوست" کے ہمہ

گیر دائرے کو توڑ دیتا ہے۔ اگر پر تو بھی وہی ہے جو اصل ذات ہے اور فاصلہ بھی وہی جو نقطۂ حقیقت تو پھر قرب اور بُعد برابر ہیں۔ غالبؔ نے یہ سوال اٹھایا ضرور لیکن اس کا تسلی بخش جواب نہ دے سکا۔ خود صوفیا اور فلسفیوں سے یہ سوال نہیں سنبھل سکا تو ایک شاعر سے کیا توقع کی جا سکتی ہے۔ اپنی فارسی مثنوی "ابرِ گہر بار" کے مناجات والے حصے میں غالبؔ صرف یہ کہہ سکا "صفات کمال" کے ایک نقطہ سے تمام متضاد چیزیں پیدا ہوئی ہیں۔ ان بیس بائیس شعروں کا لب لباب یہ ہے کہ اسی ایک نقطے سے سیاہ و سپید ابھرتے ہیں اور ہراس اور امید پیدا ہوتے ہیں۔ اسی سے خوشبو ہے اور اسی سے پھول۔ وہیں سے نگاہ میں روشنی آتی ہے اور نفس میں نغمہ، وہیں سے انتہائی شوخی کے ساتھ موجِ رنگ اچھلتی ہے اور وہیں سے موجِ خوں مچلتی ہے۔ وہیں سے سود وزیاں اور کفر ودیں پیدا ہوتا ہے اور وہیں سے داغِ گمان اور فروغ یقین اور یہ ہست وبود جو کچھ ہے صرف اسی کے جمال وجلال کی نمود کے لیے ہے۔ آسمان کا سورج اور دریا کی موج اور انسان کا نطق اور طائروں کا خروش اور نادانوں کا وہم اور داناؤں کا ہوش اور آہو کا رم اور چنگ کی نوا اور باغ کی بہار اور گیسو کا پیچ اور ابرو کی شکن ہر چیز اس کے جمال و جلال کو آشکارا کر رہی ہے۔ لیکن یہ جادو بیانی جو "ہمہ اوست" کی تفصیل ہے اصل سوال کا جواب نہیں ہے (بدی کہاں سے آئی ہے؟) اس سے زیادہ شاعرانہ اور تسکین بخش جواب فارسی کے پہلے قصیدے میں ملتا ہے جس میں غالبؔ خدا سے مخاطب ہو کر کہتا ہے کہ تو نے "وہم غیر" سے دنیا میں ہنگامہ بپا کر رکھا ہے۔ خود ہی ایک حرف کہا اور خود ہی گمان میں مبتلا ہو گیا۔ یہ خود اور غیر خود کی تقسیم ایسی ہے کہ دیکھنے والا اور دیکھا جانے والا ایک ہوتے ہوئے بھی دو معلوم ہو رہے ہیں اور ان کے درمیان پرستش کی رسم کا پردہ پڑا ہوا ہے۔ حالانکہ وحدت میں دوئی کی سمائی نہیں ہے۔ پھر آگے چل کر وہ رازِ نہاں سے پردہ اٹھاتا ہے اور کہتا ہے کہ دکھ درد بھی

وہیں سے آتے ہیں مگر اس لیے کہ راحت کی لذت بڑھادیں۔ خزاں کا جواز غالبؔ نے "تجدید طرب" میں ڈھونڈا ہے جو دراصل "تجدید بہاراں" ہے، مصائب ایک طرح کا امتحان ہیں تاکہ دوست دشمن کی نظروں سے پوشیدہ رہے اور مہمان کے راستے میں کانٹے اس لیے بچھائے گئے ہیں کہ جب خستگی کا علاج کیا جائے تو آسائش کا نیا مزہ ملے۔ گویا خود اور غیر خود کی تقسیم ایک ایسے تضاد کا باعث ہے جو زندگی کو زندگی بناتا ہے۔ یہ وحدت ہے دوئی نہیں ہے، لطافت بے کثافت جلوہ پیدا کر نہیں سکتی چمن زنگار ہے آئینۂ باد بہاری کا یہاں غالبؔ ہیگل کی جدلیت کے قریب پہنچ جاتا ہے اور اقبالؔ کے فلسفۂ خودی کے ابتدائی نقوش قائم کرتا ہے۔ یہاں پہنچ کر بدی نیکی کا حصہ بن جاتی ہے۔ ناقص اور کامل کا امتیاز ختم ہو جاتا ہے۔ مادہ اور روح، زندگی اور موت سب یکساں ہو جاتے ہیں۔ مذہب اور مذہبی عقائد کی حیثیت "سرابستان" سے زیادہ نہیں رہتی۔ ترکِ رسوم اور ترک ملت اجزائے ایمان بن جاتے ہیں۔ مسرت اور غم کی تقسیم بے معنی ہو جاتی ہے۔ بہار و خزاں ایک دوسرے کے گلے میں بانہیں ڈال دیتی ہیں۔ بہار اس کا ایک رنگ ہے اور خزاں دوسرا۔ دن اور رات ایک دوسرے کے پیچھے دوڑ رہے ہیں۔ یہ سب وحدت کا جوش و خروش ہے۔ ایک نقطہ ہے جو تیزی سے گردش کر رہا ہے اور اپنی سرعتِ پرواز سے ناچتا ہوا شعلہ بن گیا ہے۔ یہ وجود زحمت اور راحت کے تصور سے بے نیاز ہے۔ ڈوبنے والے نے موج کا طمانچہ کھایا اور پیاسے نے پانی پی لیا۔ ویسے دریا نے نہ خود کسی کو ڈبونا چاہا اور نہ پانی پلانا چاہا۔ وہ اپنے آپ میں محو ہے۔ عمل اور رد عمل اس کی موجیں ہیں، جن سے امروز و فردا بن رہے ہیں، ہے طلسم دہر میں صد حشر پاداشِ عمل آگہی غافل، کوئی امروز بے فردا نہیں وحدت وجود کے ڈانڈے کہیں تو ویدانت سے جا ملتے ہیں اور کہیں تو فلاطونیت سے۔ یہ فلسفہ اپنے ہزاروں الجھاوؤں کے ساتھ ذاتِ مطلق، نفی صفات اور ترک دنیا

سے لے کر تشبیہ سے آراستہ اور صفات سے سجی ہوئی ذات کے تصور تک پھیلا ہوا ہے اور جب اس میں ایرانی اور تاتاری پیگن ازم (کفر) کی آمیزش ہو جاتی ہے تو لذّت طلبی کا پہلو بھی پیدا ہو جاتا ہے۔ اب یہ اپنی اپنی ہمت پر منحصر ہے کہ آدمی اس منزل پر پہنچ کر دنیا کو تج دے (کبیر داس) یا شوق کا ہاتھ بڑھا کر اس رنگ و نور اور صوت و آہنگ سے ابھرے ہوئے ناچتے کھلونے کو اٹھا لے (حافظ اور غالب) غالبؔ نے یقیناً اس عقیدے سے ایک بڑا رجائی نقطۂ نگاہ اختیار کیا ہے، جو اس کی شاعری میں خون بہار کی طرح دوڑ رہا ہے۔ رنج و غم "تجدیدِ طرب" کی بنیادیں ہیں، اس لیے ان سے گریز کرنا موت اور کھیلنا زندگی کی دلیل ہے۔ خود موت زندگی کا مزہ بڑھا دیتی ہے اور نشاطِ کار کا حوصلہ بخشتی ہے۔ دہر کی سختیاں اس لیے ہیں کہ انسانیت کی تلوار سان پر چڑھ جائے اور جوہر چمک اٹھیں۔ غالبؔ نے اپنے ایک اور فارسی قصیدے میں کہا ہے کہ میرا جنون مجھے بیکار نہیں بیٹھنے دیتا۔ آگ جتنی تیز ہے اتنی ہی میں اسے ہوا دے رہا ہوں۔ موت سے لڑتا ہوں اور ننگی تلواروں پر اپنے جسم کو پھینکتا ہوں۔ شمشیر و خنجر سے کھیلتا ہوں اور ساطور و پیکان کو بوسے دیتا ہوں۔ یہی وجہ ہے کہ غالبؔ کے غم اتنے دل آویز ہیں۔ ان میں جو بھرپور نشاط کی کیفیت ہے، وہ اردو کے کسی اور شاعر کے یہاں نہیں ملے گی۔ صرف اقبالؔ اس میں غالبؔ کے قریب آتا ہے لیکن وہاں بھی رجائیت کا فکری پہلو، غالبؔ والی نشاطِ ہستی کی جذباتی کیفیت پر حاوی ہے۔ غالبؔ کی شاعری میں غم و نشاط کو الگ الگ کرنا تقریباً ناممکن ہے اس لیے اس کو صرف غم یا صرف نشاط کا شاعر سمجھنا غلطی ہے۔ وہ دراصل نشاطِ غم کا شاعر ہے یعنی وہ بلاؤں سے دست و گریبان ہو کر سامان طرب حاصل کرتا ہے جیسے شراب کی تلخی گوارا کر کے سرور کی منزل حاصل کی جاتی ہے۔ پھر وہ تلخی خود سرور بن جاتی ہے۔ کبھی کبھی یہ گمان گزرتا ہے کہ غالبؔ نے اپنے احساسِ غم کا حسین و جمیل پیکر اپنے نوبہار

ناز معشوق کے پیکر سے ناپ کر تراشا ہے۔ معشوق کے جسم میں رنگ ونور کا ایک طوفان ہے اور احساسِ غم میں خون کی موجیں بل کھارہی ہیں اور شاعر ان دونوں سے بیک وقت کھیل رہا ہے، اٹھلا رہا ہے اور ہنس ہنس کر بادۂ عیش ونشاط طلب کر رہا ہے۔ سر پر مصیبتوں کے پہاڑ ٹوٹ رہے ہیں لیکن وہ کسی طرح اس آستانۂ ظلم وناز سے اٹھنے کے لئے تیار نہیں ہے۔ دیوان غالبؔ کے ہر صفحے پر ایسے اشعار مل جائیں گے جو اس خیال کی تصدیق کرتے ہوئے معلوم ہوں گے۔ اس کے بعد یہ سمجھنے میں دشواری باقی نہیں رہ جاتی کہ غالبؔ کی کائنات میں انسان کی کیا جگہ ہے۔ یوں تو وہ بھی اور مخلوق کی طرح پرتو ذات ہے لیکن انسان اور کائنات کی باقی چیزوں میں فرق ہے اور یہ بہت بڑا فرق ہے۔ انسان کے پاس آرزو ہے، جذبہ ہے، شوق ہے، تڑپ ہے، اس کے ضمیر میں ایک ہنگامہ ہے جو بحرِ وجود میں پانی کے نم کی طرح ہے اور ریشم کے لچھے میں تار کی طرح۔ اور سب سے بڑی بات یہ کہ اس کے پاس عقل ہے۔ وہ اپنے ہاتھوں اور دل کے تعاون سے اپنا کردار حاصل کرتا ہے۔ اور عقل و جان کی آمیزش سے گفتار۔ اس کی عقل محدود سہی لیکن لامحدود عقل کا حصہ ہے۔ غالبؔ نے اپنی مشہور مثنوی "مغنی نامہ" میں اس کو دنیا کی آراستہ کرنے والی قوت کہا ہے جو روحانیوں کی صبح کا نور اور یونانیوں کے شبستاں کا چراغ ہے۔ دنیا کی ساری رونق اس انسان کی وجہ سے ہے، زما گرم است ایں ہنگامہ بنگر شورِ ہستی راقیامت میدمد از پردۂ خاکی کہ انساں شد غالبؔ کی نظروں میں ایک انسان کی عظمت اتنی زیادہ ہے کہ وہ اسے کائنات کا محور سمجھتا ہے اور دنیا کی تخلیق کا باعث قرار دیتا ہے، ز آفرینشِ عالم، غرض جز آدم نیستبگرد نقطۂ مادورِ ہفت پرکار استپردۂ خاک سے اٹھنے والے اس قیامت کے فتنے کی ساری کاوش یہ ہے کہ اس کائنات کو جس میں وہ چاروں طرف سے گھرا ہوا ہے دیکھے اور سمجھے۔ ہر وقت اور ہر رنگ میں گرم تماشا رہے اور اپنی چشمِ تنگ کو نظاروں کی

کثرت سے واکرتا رہے۔ اپنے گردو پیش بکھرے ہوئے جلوؤں کے حجاب اٹھائے اور ان کے معنی تک پہنچنے کے لیے دل و جگر کا خون کر ڈالے اور اگر معنی کی گہرائیوں تک پہنچنے کی توفیق نہ ہو تو بھی حسن صورت کے تماشے میں محو ہو جائے۔ ممکن ہے کہ اس مشتاقِ جمال اور تشنۂ دیدار کے لیے بہار کو فرصت نہ ہو اور نگار کو اس سے الفت نہ ہو۔ نہ سہی، بہار پھر بہار ہے، نگار پھر نگار ہے۔ ان کے وجود سے انکار ممکن نہیں ہے۔ آرزو کا آتش کدہ تو بہر حال روشن رکھا جا سکتا ہے۔ اور انتظار کا لطف اٹھایا جا سکتا ہے کیونکہ جب تک تخیل، تصور اور تمنا کی دولت پاس ہے اس وقت تک، ہرچہ در مبادء فیاض بود آنِ من استگل جدا ناشدہ از شاخ بداماںِ من استاس لیے غالبؔ کی شاعری میں ترکِ دنیا، ترکِ لذت اور ترکِ طلب کے مضامین شاذ و نادر ہی ملیں گے اور وہ بھی وہ ہوں گے جو روایتی طور سے چلے آئے ہیں لیکن غالبؔ کے اپنے مزاج کا حصہ نہیں ہیں۔ غالبؔ کا ذوق اپنی لذت کوشی اور لذت اندوزی میں حدود انتہا کا قائل ہی نہیں ہے، وہ حسن کو اس طرح جذب کر لینا چاہتا ہے کہ نگاہوں کو بھی اپنے اور معشوق کے درمیان حائل سمجھتا ہے اور انہیں کانٹے سمجھ کر آنکھوں سے نکال پھینکنا چاہتا ہے۔ اس عالم میں ظاہر ہے کہ نگاہ کی کامیابی اور جلووں کی فراوانی بھی اسے سکون نہیں بخش سکتی اور وہ اپنے نامراد دل کی تسلی کے لیے تڑپتا رہ جاتا ہے۔ جب پینے پر آتا ہے تو خم کو ساغر بنالینا چاہتا ہے اور جب گناہوں پر اترتا ہے تو گناہوں کے سمندر میں اتنا پانی بھی نظر نہیں آتا کہ اس کے پورے دامن کو بھگو سکے۔ صرف دامن کے کنارے ہی تر ہوتے ہیں۔ سمندر سوکھ جاتا ہے۔ گناہ جرأتوں کی منزل ہے اور غالبؔ اس جرأت رندانہ کے ساتھ شوقِ فضول کو بھی ضروری سمجھتا ہے اور ایک نہایت لطیف "ہوسناکی" کی منزل میں پہنچ جاتا ہے۔ شاید یہ نکتہ جوانی کے بے راہ روی نے سمجھا دیا تھا کہ آوارگی میں رسوائی سہی لیکن طبیعت سان پر چڑھ جاتی ہے۔

غالبؔ کی "آوارگی" اور "ہوسناکی" پر شاہد اس کے دلچسپ پیمانے ہیں۔ گریہ کا پیمانہ حسرتِ دل اور حسرت کا پیمانہ ناکردہ گناہ۔ ماندگی کا پیمانہ پورے بیابان کی وسعت بھی نہیں۔ کیونکہ جب بیابان کے بیابان تھکن سے بھر جاتے ہیں تو رفتارِ شوق کی لہروں پر نقش قدم حبابوں کی طرح تیرنے لگتے ہیں اور اس کی تسکین کے لیے دوجہاں بھی کافی نہیں ہیں۔ سارا دشتِ امکان تمنا کا صرف ایک قدم ہے اور غالبؔ کی شاعری دوسرے قدم کی جستجو۔ جو ایک مسلسل اضطراب، تڑپ، جلن، کسک اور حرکت میں تبدیل ہوگئی ہے۔ "شوق عناں گسیختہ دریا کہیں جسے۔" ایسا مزاج ترکِ دنیا پر مائل ہی نہیں ہو سکتا۔ ہجوم غم سے گھبرا کر وہ چیخ سکتا ہے اور اس کی زندگی پر دوزخ کو ترجیح دے سکتا ہے۔ اور اتنا گستاخ ہو سکتا ہے کہ خدا کی خدائی کو نمرود کی خدائی قرار دے دے۔ اور یہاں تک کہہ جائے کہ "ہم بھی کیا یاد کریں گے خدا رکھتے تھے۔" لیکن اس کی افتادِ طبع یہ کہنے پر مجبور کرتی ہے کہ، جادادبادہ نوشی رنداں ہے شش جہت غافل گماں کرے ہے کہ گیتی خراب ہے "شوق" غالبؔ کا نہایت محبوب لفظ ہے اور اس خاندان کے دوسرے الفاظ تمنا، آرزو اور خواہش سے اس کی شاعری چھلک رہی ہے۔ جنون جو شوق کی انتہا ہے، اس کو ہمیشہ اکساتا رہتا ہے۔ اس کو معلوم ہے کہ شوق انتہائی عاجزی میں بھی انسان کو سربلند کر دیتا ہے اور ذرے کو صحرا کی وسعت اور قطرے کو دریا کا تلاطم عطا کرتا ہے۔ اس لیے شوق اور طلب کی راہ میں وہ ایک لمحے کے لیے بھی آسودہ نہیں ہونا چاہتا۔ منزل سے کہیں زیادہ لذت منزل کی جستجو میں ہے کیونکہ منزل آسودگی ہے اور آسودگی روح و دل کی موت۔ جب میں بہشت کا تصور کرتا ہوں اور سوچتا ہوں کہ اگر مغفرت ہوگئی اور ایک قصر ملا اور ایک حور ملی، اقامت جاودانی ہے اور اس ایک نیک بخت کے ساتھ زندگی ہے۔ اس تصور سے جی گھبراتا ہے اور کلیجہ منہ کو آتا ہے۔ ہے ہے وہ حور اجیرن ہو جائے گی۔ طبیعت

کیوں نہ گھبرائے گی وہی زمردیں کاخ اور وہی طوبیٰ کی ایک شاخ۔ (خط بنام مرزا حاتم علی بیگ ہنرؔ۔ خطوط غالبؔ مرتبہ غلام رسول مہرؔ صفحہ ۲۲۹) اور غالبؔ کے استاد نے ابتدائے جوانی میں یہ نکتہ سکھا دیا تھا کہ شہد کا مزہ چکھ لینا مگر مکھی بن کر شہد پر کبھی نہ بیٹھنا۔ نہیں تو طاقت پرواز باقی نہیں رہے گی۔ اس لیے غالبؔ منزل کا نہیں راہِ منزل کا، آسودگی کا نہیں لذتِ تشنگی کا شاعر ہے، رشک بر تشنۂ تنہاروِ وادی دارمنہ بر آسودہ دلانِ حرم وزمزم شاں نیشِ آرزو کی لذت ہی رہگزاروں کی لذت سے آشنا کرتی ہے اور اس چیز نے غالبؔ کی شاعری کو حرکت کے تصور سے سرشار کر دیا ہے جس کا اظہار موج، تلاطم، طوفان، شعلہ، سیماب، برق اور پروانہ کے الفاظ کی بہتات سے ہوتا ہے۔ یہ تصور رچ بس کر غالبؔ کے جمالیاتی ذوق کا اہم جزو بن گیا ہے۔ چنانچہ غالبؔ کا معشوق بھی برق وشرر ہے اور غالبؔ اس کی رفتار کا پرستار، دیکھو تو دل فریبیٔ اندازِ نقشِ پا موجِ خرامِ یار بھی کیا گل کتر گئی یا سی کے ساتھ غالبؔ کی متحرک اور رقصاں امیجری ہے جو تصویر گری کی معراج ہے۔ جب وہ اپنی اچھوتی تشبیہوں اور نادر استعاروں کا جادو جگاتا ہے تو اک ایک حرف نرت کرنے لگتا ہے، ٹھہرے ہوئے نقوش سیّال ہو جاتے ہیں، مجرد خیال ایک پیکر رنگ و بو بن کر سامنے آ جاتا ہے، دشت گرمیِ رفتار سے جلنے لگتے ہیں۔ بیاباں رہرو کے قدموں کے آگے آگے بھاگنے لگتے ہیں۔ صحرا کے جسم میں راستے نبضوں کی طرح دھڑکنے لگتے ہیں۔ بے جان پتھروں کے سینے میں ناتراشیدہ بت ناچنے لگتے ہیں۔ آئینوں کے جوہروں میں پلکیں لرزنے لگتی ہیں۔ شراب کے پیالے اٹھائے ہوئے ہاتھوں کی لکیروں میں خون دوڑنے لگتا ہے۔ معشوق کی گفتار سے دیواروں میں جان پڑ جاتی ہے۔ اور قد کی دل کشی دیکھ کر سرو وصنوبر سائے کی طرح ساتھ گھومنے لگتے ہیں۔ پھولوں کی ڈالیاں انگڑائی لے کر بلند ہونے لگتی ہیں اور پھول خود بخود گوشۂ دستار کے پاس پہنچ جاتے ہیں۔ غرض ایک

صاعقہ وشعلۂ وسیماب کا عالم ہوتا ہے اور عمر اضطراب کی راہوں پر چلتی ہے اور ماہ وسال کی پیمائش آفتاب کی گردش کے بجائے بجلی کی چمک اور تڑپ سے کی جاتی ہے اور جب جوشِ جنوں اپنی انتہا کو جاتا ہے تو آرام حرام ہو جاتا ہے اور جنگل کے سایہ دار درخت وحشی چڑیوں کی طرح اڑ جاتے ہیں اور تخیل کے سامنے صرف تپتا ہوا ریگستان رہ جاتا ہے۔ غالبؔ کے یہاں تخیل کے چھلاوے بھی اسی حقیقت کی غمازی کرتے ہیں۔ تخیلی جست کہنے کے لئے ایک فنی خصوصیت ہے لیکن حقیقت میں یہ ایک باطنی اضطراب کی ظاہری صورت ہے۔ چونکہ وہ بہت سی باتیں ان کہی چھوڑ دیتا ہے اس لیے شعر مشکل ضرور ہو جاتا ہے لیکن اس سے شعر کا حسن بڑھ جاتا ہے اور معنی کا دامن زیادہ وسعت اختیار کر لیتا ہے، تو اور آرائشِ خمِ کاکلمیں اور اندیشہ ہائے دور دراز یہ نشاط انگیزی اور لذت اندوزی اور غم نوشی اور آرزو مندی جو سمٹ کر جنبش و حرکت کے تصور اور تخیل کے چھلاوؤں میں تبدیلی ہو گئی ہے، اتفاقی چیز نہیں ہے۔ یقیناً اس میں غالبؔ کی افتادِ طبع اور صوفیانہ شاعری کی ان روایات کو بڑا دخل ہے جو صحت مند ہیں۔ لیکن بات صرف اتنی نہیں ہے۔ غالب کا نفسیاتی تجزیہ بھی یہ تقاضا کرتا ہے کہ ماحول کے اثرات کو نظر انداز نہ کیا جائے۔ دنیا کو "آئینۂ آگہی" کہنے والا اور اس کے تماشے پر زور دینے والا شاعری کو قافیہ پیمائی کے بجائے معنی آفرینی کا درجہ دینے والا اور قلم کی جنبش پر عقل کی پابندیاں عاید کرنے والا شاعر اپنے گرد وپیش سے بے خبر رہ کر صرف اپنا خونِ دل اچھالنے پر اکتفا نہیں کر سکتا تھا، چاک مت کر جیب بے ایامِ گلکچھ ادھر کا بھی اشارا چاہیے جب وہ کہتا ہے کہ انجمن آرزو سے باہر سانس لینا بھی حرام ہے۔ تو یہ محض چند سکوں، چند پیالوں اور چند بوسوں کی آرزو نہیں ہے بلکہ ایک ناآفریدہ گلشن کی تمنا ہے جس کے نشاطِ تصور نے نغمہ سنجی پر مجبور کر دیا ہے اور اس کے ناآفریدہ گلشن کو صرف ذاتی خواہشات کا گلشن سمجھ لینا غالبؔ کی

توہین ہے۔ اس میں سماجی امکانات کا تصور اس لیے شامل ہے کہ غالبؔ کے پاس سماجی ارتقا کا ایک معقول تصور تھا اور حسرتِ تعمیر اس کے سینے میں سب سے بڑا درد۔ غزل کے کسی شعر کے متعلق یہ کہنا کہ اس کا اصل محرک کیا تھا، مشکل ہے۔ کیوں کہ اس پر استعاروں کے حجاب پڑے ہوئے ہیں۔ لیکن غالبؔ نے اپنے خطوط میں غدر ۱۸۵۷ء کی تباہی کے بعد دہلی کے جو دل دوز مرثیے لکھے ہیں، انہیں میں ایک جگہ حسرتِ تعمیر کا یہ شعر بھی لکھا ہوا نظر آتا ہے۔ دلی کا حال تو یہ ہے،

گھر میں کیا تھا کہ ترا غم اسے غارت کرتا وہ جو رکھتے تھے ہم اک حسرتِ تعمیر سو ہے

(ایک خط) ان چھ لفظوں اور دو مصرعوں کے پیچھے غالبؔ کے خیالات اور جذبات کی ایک دنیا آباد ہے جو غالب کے خطوط میں دیکھی جا سکتی ہے۔ ۱۸۵۷ء سے بہت پہلے غالبؔ نے یہ اندازہ کر لیا تھا کہ مغل تہذیب اور سماج کا چراغ اب ہمیشہ کے لیے گل ہونے والا ہے، حالانکہ اس کی قدیم قدریں غالبؔ کو بہت عزیز تھیں لیکن اس کو یہ بھی علم تھا کہ اب عمارت بے بنیاد ہو چکی ہے اور جڑیں کھوکھلی ہیں۔ ہوا کا کوئی بھی جھونکا اسے گرا سکتا ہے۔ غالبؔ کے ذاتی حالات بھی اس سے ملتے جلتے تھے۔ جو سوگ گھر میں تھا وہی آگرے اور دہلی پر طاری تھا اور دونوں نے مل کر غالبؔ کو ابتدائے جوانی ہی سے اداس کر دیا تھا۔ لیکن اسی کے ساتھ غالبؔ نے اس نئی دنیا کی بھی جھلک دیکھ لی تھی جو سائنس اور صنعت کے ترقی کے ساتھ آ رہی تھی۔ وہ انگریزی سرمایہ داری کی استحصالی طاقت کا اندازہ نہ کر سکا (اور اگر کیا ہو تو اس کا ثبوت نہیں ملتا) لیکن انگریزوں کی لائی ہوئی سائنس اور صنعت نے اسے اتنا متاثر کیا کہ جب غدر سے کئی سال پہلے سر سید احمد خاں نے آئینِ اکبری کی تصحیح کی اور غالبؔ سے اس پر تقریظ لکھنے کی خواہش ظاہر کی تو غالبؔ نے غزل کے استعاروں کے سارے محابات چاک کر کے صاف صاف لفظوں میں کہہ دیا کہ، آنکھیں کھول کر

صاحبانِ انگلستان کو دیکھو کہ وہ اپنی ہنرمندی میں اگلوں سے آگے بڑھ گئے ہیں۔ انھوں نے ہوا اور موج کو بے کار کرکے آگ اور دھوئیں کی طاقت سے اپنی کشتیاں سمندروں میں تیرا دی ہیں۔ وہ بغیر مضراب کے نغمے پیدا کر رہے ہیں اور ان کے جادو سے الفاظ چڑیوں کی طرح اڑتے ہیں۔ ہوا میں آگ لگ جاتی ہے اور بغیر چراغ کے شہر روشن ہو جاتے ہیں۔ اس زمین کے آگے سارے آئین فرسودہ ہو چکے ہیں۔ جب موتیوں کا خزانہ سامنے ہو تو پرانے کھلیانوں سے خوشہ چینی کی کیا ضرورت ہے۔ یہ کہنے کے بعد غالبؔ نے جو نتیجہ نکالا ہے وہ اہم ہے۔ آئینِ اکبری کے اچھے ہونے میں کیا شبہ ہے۔ لیکن مبدأ فیاض کو بخیل نہیں سمجھنا چاہئے کیوں کہ خوبی کا کوئی انت نہیں ہے۔ خوب سے خوب تر کا سلسلہ جاری رہتا ہے۔ اس لیے مردہ پرستی مبارک کام نہیں۔ اس کے بعد کوئی شبہ باقی نہیں رہ جاتا کہ غالبؔ کے پاس سماجی ارتقا کا ایک معقول تصور تھا۔ اب یہاں اگر مہر نیم روز کی یہ بات دہرائی جائے کہ ایک آدم کے بعد دوسرا آدم ظہور کرے گا تو یقین کے ساتھ کہا جا سکتا ہے کہ یہ محض تصور و تخیل کی پرواز نہیں تھی۔ یہی وجہ ہے کہ وہ اکبری عہد کے آئین کے مقابلے میں نئے صنعتی نظام کو ترجیح دیتا تھا اور سائنس کی ایجادات اور تصورات کو شاعری میں جگہ دینے کے حق میں تھا۔ غالبؔ کے لیے یہ اندازہ کرنا مشکل تھا کہ اس نئے نظام کے سماجی رشتے کیا ہیں اور اس کی فطرت میں کس قسم کی غارت گری ہے لیکن اس کا ایک شعر ایسا ضرور ہے جو ایک لمحے کے لیے چونکا دیتا ہے، غارتِ گر ناموس نہ ہو گر ہوسِ زر کیوں شاہدِ گل باغ سے بازار میں آوے غزل غنائی اور داخلی شاعری کی معراج ہے۔ اس لیے اس کے اشعار میں ذاتی جذبے اور سماجی اضطراب کے درمیان حد کھینچنا مشکل ہے۔ پھر یہ محسوس کر لینا مشکل نہیں کہ غالبؔ اپنے عہد سے بے انتہا مایوس تھا۔ اس مایوسی میں ذاتی نارسائیوں اور سماجی معذوریوں نے مل کر ایک کیفیت پیدا کر دی

ہے۔ غالبؔ کو زندگی جس طرح بھگتنی پڑی وہ ایک حساس دل کا خون کر دینے کے لیے کافی ہے۔ پانچ برس کی عمر میں باپ کا اور آٹھ برس کی عمر میں چچا کا سایہ سر سے اٹھ گیا۔ ایک خوشحال ننہال میں ماں کے بے رنگ آنچل کے نیچے بچپن گزارا اور ابتدائی جوانی کی چند روزہ فرصت گناہ کے بدلے عمر بھر کی ناکامی اور نامرادی، تپش اور جلن ملی۔ اٹھارہ انیس برس کی عمر سے زندگی کی سفاکیوں کا مقابلہ کرنے کے لیے تنہا میدان میں اترنا پڑا۔ آمدنی کا کوئی ذریعہ نہیں تھا۔ باپ اور چچا کی موت کے بعد جو جاگیر پرورش کے لیے ملی تھی، اس کا زیادہ حصہ لوگ کھا گئے اور غالبؔ عمر بھر ہاتھوں میں عرضیاں اور قصیدے لیے ہوئے دہلی، لکھنؤ، کلکتہ، رام پور، دربدر ٹھوکریں کھاتا پھرا نااہل اہل دولت اور انگریز افسران کی جھوٹی تعریف میں خونِ دل اگلا اور اس کے بعد بھی قرض کی شراب پی اور بھیک پر زندگی گزاری۔ مرتے وقت بھی یہ تلخ احساس ساتھ تھا کہ بیوہ بیوی پر مفلسی وناداری میں کیا بیتے گی۔ یہ بھی ہوا کہ قرض خواہوں کی نالش اور ڈگریوں کے ڈر سے گھر میں چھپ کر بیٹھنا پڑا اور کسی دشمن کی سازش سے جوئے (شطرنج اور چوسر) کی لت میں قید خانے کی ذلت برداشت کرنی پڑی۔ مغل دربار میں، جس کی بہار لٹ چکی تھی وہ قدر ومنزلت بھی نہ ملی جو کمتر قسم کے شاعروں کو مل رہی تھی اور آخر عمر میں ایک علمی بحث کے جرم میں برسوں مسلسل ماں بہن کی گالیاں کھانی پڑیں۔ جوانی میں جوان محبوبہ کا جنازہ آنکھوں کے سامنے اٹھ گیا جس کی یادیں عمر بھر تڑپاتی رہیں۔ گھر میں بچوں کے کھیل کود کے بجائے ان کی لاشیں نظر آئیں، جس بھانجے (عارف) کو گود لیا تھا۔ وہ جوان مر گیا۔ دلی آنکھوں کے سامنے اجڑی۔ دوست احباب آنکھوں کے سامنے قتل ہوئے۔ ہم عصر شعرا اور علما پھانسیوں پر چڑھا دیے گئے اور کالے پانی بھیج دیے گئے اور غالبؔ کے لیے ماتم یک شہر آرزو کے سوا کچھ باقی نہیں رہ گیا۔ ان حالات میں وہ یہی کہنے پر مجبور تھا، نہ گلِ

نغمہ ہوں، نہ پردۂ ساز میں ہوں اپنی شکست کی آواز غالبؔ کو یہ دکھ تھا کہ "قلندری وآزادگی وایثار وکرم" کے جو جوہر اس کو ودیعت ہوئے تھے، وہ ظہور میں نہ آئے۔ اگر تمام عالم میں نہ ہوسکے نہ سہی، جس شہر میں رہوں اس شہر میں تو بھوکا ننگا نظر نہ آئے۔ خدا کا مقہور، خلق کا مردود، بوڑھا، ناتواں، بیمار، فقیر، نکبت میں گرفتار، میرے اور معاملات کلام وکمال قطعِ نظر کرو، وہ جو کسی کو بھیک مانگتے نہ دیکھ سکے اور خود دربدر بھیک مانگے وہ میں ہوں۔ (ایک خط سے اقتباس) اس خط کے پیچھے غالبؔ کا تصور انسان کارفرما ہے جس کو اس نے اپنے ایک فارسی قصیدے میں پیش کیا ہے۔ ایک اور جگہ کہتا ہے کہ خدا نے صرف ایمان کا شعلہ روشن کیا ہے۔ تمدن اور شہروں کی نمائش تو انسان سے ہے، آتش افروزیِ یک شعلہ ایماں تجھ سے چشمک آرائی صد شہر چراغاں مجھ سے جب اس انسان کی رسوائی غالبؔ سے برداشت نہ ہوسکی تو کبھی خدا سے فریاد کی، ہیں آج کیوں ذلیل کہ کل تک نہ تھی پسند گستاخیِ فرشتہ ہماری جناب میں اور کبھی یہ کہہ کر دل کو تسکین دے لی، آرائشِ زمانہ زبیداد کردہ اند ہر خون کہ ریخت غازۂ روئے زمین شناش مایوسی کا آہنگ غالبؔ کی بے شمار غزلوں اور شعروں میں ملتا ہے۔ وہ اس کی انتہائی سادہ اور مؤثر تخلیقات ہیں جو دل سے ایک چیخ بن کر باہر نکلی ہیں۔ یہ آہوں کی طرح ظاہری آرائش سے پاک ہیں۔ لیکن غالبؔ کی عظیم شخصیت اس کی مایوسی کو جذبے کی سطح سے بلند کرکے ذہن کی سطح پر لے آتی ہے اور غالبؔ لڑنے کے لیے اپنے ہتھیار سنبھال لیتا ہے اور اپنی تلخ نوائی کو طنز میں تبدیل کر دیتا ہے، کیا وہ نمرود کی خدائی تھی بندگی میں مرا بھلا نہ ہوا وہ انتہائی مشکل حالات میں بھی جی کھول کر ہنسنا جانتا ہے۔ اس پر غالبؔ کے ان گنت لطیفے اور خطوط گواہ ہیں کہ اس نے بھوک، موت، تذلیل ہر چیز کا مقابلہ ایک مردانہ زہر خند سے کیا۔ طنز کے تیر ناداری اور بیزاری کے زہر میں بجھائے جاتے ہیں اور خود اعتمادی

اور انانیت کی کمان سے پھینکے جاتے ہیں۔ بہ ظاہر یہ خوش دلی کا معمولی سا عمل معلوم ہوتا ہے لیکن دراصل یہ ایک سپر تھی جسے غالبؔ نے زمانے کے واروں سے بچنے کے لیے تیار کیا اور اس کی چھوٹ غالبؔ کی شاعری پر پڑ رہی ہے۔ وہ طنز اور ظرافت کی چھلنی میں آنسوؤں کو چھان دیتا ہے اور چھلنی کے بھیگے ہوئے چھیدوں پر بے شمار مسکراتے ہوئے ہونٹوں کا گمان ہوتا ہے، کی مرے قتل کے بعد اس نے جفا سے توبہہائے اس زود پشیماں کا پشیماں ہونا یہ فتنہ آدمی کی خانہ ویرانی کو کیا کم ہے ہوئے تم دوست جس کے دشمن اس کا آسماں کیوں ہو یہ بڑا لطیف مگر انتہائی تیکھا طنز ہے جو ہنس ہنس کر زخم کھانے کی توفیق عطا کرتا ہے اور اس توفیق ہی میں غالبؔ کی خود داری اور انفرادیت کا راز پوشیدہ ہے جسے زمانے کے مصائب نے انانیت اور خود پرستی میں تبدیل کر دیا ہے، زمانہ سخت کم آزار ہے بجان اسدؔ و گرنہ ہم تو توقع زیادہ رکھتے ہیں یہ زیادہ مضبوط سپر تھی۔ اس کے بغیر آشوبِ دہر کا مقابلہ ممکن نہیں تھا۔ غالبؔ کی انانیت کبھی کسی کو خاطر میں نہیں لائی، نہ غمِ عشق کے سامنے اس کا سر جھکا نہ غم روزگار کے، مجنوں ہو یا فرہاد، خضر ہو یا سکندر، زمانہ ہو یا خوبان دل ازار، کوئی غالبؔ کی آنکھوں میں نہیں سماتا۔ وہ خدا کی بندگی میں بھی آزادۂ و خود بین رہا اور بے وفاؤں کے عشق میں بھی۔ اس کا سب سے زیادہ خوبصورت اظہار اس غزل میں ہے۔ "بازیچۂ اطفال ہے دنیا مرے آگے۔" یہ شان قصیدوں میں بھی برقرار رہتی ہے، حالانکہ یہ غالبؔ کی شاعری کا کمزور پہلو ہے لیکن اس کا اعتراف نہ کرنا غلط ہو گا کہ حالات زمانہ سے مجبور ہو کر اس نے اپنا ہاتھ ضرور پھیلایا لیکن اس کو ہمیشہ ذلیل پیشہ سمجھتا رہا۔ ("غیر کیا خود مجھے نفرت مری اوقات سے ہے۔") اور پھر کلیات فارسی کی دیباچے میں اس پر افسوس کیا ہے کہ آدھی شاعری نااہلوں کی قصیدہ خوانی پر صرف ہو گئی۔ یہی وجہ ہے کہ قصیدوں کا مدحیہ حصہ کمزور ہے اور تشبیب کا حصہ نہایت زوردار اور

شاعرانہ۔ اس کو یہ احساس بڑی شدت سے تھا کہ جس کی قصیدہ خوانی کر رہا ہوں اس سے میرا درجہ بلند ہے اور بعض قصیدوں میں اس کا اظہار کرنے کے لئے غالبؔ نے اپنی تعریف کا پہلو نکال لیا ہے۔ غالبؔ کی آخری پناہ گاہ اس کا تصور اور تخیل ہے۔ کیونکہ "مفلسوں کا مدارِ حیات خیالات پر ہے۔" (ایک خط) اس دنیا میں پہنچ کر وہ کائنات پر حکمرانی کرنے لگتا ہے اور زندگی کی ہر کمی کو پورا کرلیتا ہے۔ یہ خوابوں کی دنیا ہے اور یہاں خوابوں کی تخلیق کرنے والے کے سوا کسی کی حکمرانی نہیں چلتی۔ یہاں بادشاہ اژدہے معلوم ہونے لگتے ہیں اور شاعر پیغمبر ہو جاتا ہے اور جبریل اس کے ناقہ شوق کا حدی خواں۔ یہاں سفاکی نہیں ہے، صرف دردمندی ہے۔ حسرتیں نہیں ہیں صرف نشاطِ کامرانی ہے۔ قدح سازی اور ساقی تراشی ہے۔ پیاس جتنی بڑھتی ہے دریا کا جوش اتنا ہی زیادہ ہوتا ہے۔ برے حالات میں جینے کا حوصلہ ہوتا ہے اور خونِ جگر پی کر چہرے کی تازگی بڑھ جاتی ہے۔ (مغنی نامہ) تصور نا آفریدہ گلشنوں سے گل چینی کرتا ہے اور بہاروں کے گیت گاتا ہے۔ اس دنیا میں صرف جنبش اور پرواز ہے اور آگے بڑھے جانے کا مستانہ عمل۔ "تا بازگشت سے نہ رہے مدعا مجھے۔" غالب کی یہ ساری خصوصیات مل کر اس کے تصورِ عشق کو ایک ایسا روپ دیتی ہیں جس سے اردو پہلے ناآشنا تھی۔ حسن کی بے پناہ کشش کے سامنے، جس میں افلاطونیت کم ہے اور جسمانیت زیادہ، انتہائی سپردگی اور نیاز مندی کے باوجود غالبؔ کا عشق خوددار اور سربلند ہے۔ زندگی کے لیے اگر یہ اصول ہے کہ جو نالہ ہونٹوں تک نہیں آیا وہ سینے کا داغ بن گیا۔ اس لیے ضبطِ غم کا حوصلہ تنگ ہونا چاہیے اور غصے کی شدت زیادہ (فارسی شعر) تو عشق کے لیے یہ اصول کہ، عجز و نیاز سے تو نہ آیا وہ راہ پر دامن کو اس کے آج حریفانہ کھینچئے اور غزل کی اشاریت کا تقاضہ یہ ہے کہ صرف معشوق کو نہیں بلکہ ہر آدرش کو چاہے وہ نئی زندگی کی تمنا ہی کیوں نہ ہو، اسی طرح دامن

کھینچ کر لایا جا سکتا ہے۔ شاید یہی وجہ ہے کہ غالبؔ نے اپنے آپ کو آئینِ غزل خوانی میں گستاخ کہا ہے۔ اس سے اردو شاعری کو ایک نیا مزاملا جس کی خودداری میں ہلکی سی بغاوت کی آمیزش تھی۔ یہ کبھی تشکیک کی شکل میں ابھرتا ہے، کبھی طنز کی اور کبھی تخیل کی کمندیں بن جاتا ہے۔ غالبؔ کے ہم عصر اس مزاج کو نہ سمجھ سکے جو خون پی کر مسکراتا ہے اور زندگی اور انسان کو نئی عظمت عطا کرتا ہے۔ غالبؔ سے پہلے خدا اور معشوق پر کس نے طنز کیا تھا۔ ضبط غم کے بند کس نے توڑے تھے، ظلم و ستم کی چلتی ہوئی تلوار کو اپنے دریائے بے تابی کی موج خون کس نے بنایا تھا، کس نے غزل کے جذبے میں فکر کی اتنی شدید آمیزش کی تھی، کس نے غزل اور قصیدے کی زبان کا فرق مٹا کر نئی نظم کی بنیادیں استوار کی تھیں، اسی لیے غالبؔ کی غزل کا آہنگ میرؔ کے آہنگ سے اونچا ہے۔ انیسویں صدی کے آخر اور بیسویں صدی کی ابتدا میں غالبؔ کی مقبولیت میں جو اضافہ ہوا ہے اس میں اور باتوں کے علاوہ اس نئے مزاج کا بھی دخل ہے۔ یہ احساس آزادی سے بیدار ہونے والے نئے ہندوستان کے مزاج سے ہم آہنگ ہے جسے عظمت رفتہ پر ناز بھی ہے اور دکھ بھی ہے اور نئی عظمت کی تلاش بھی ہے۔ غالبؔ نے سیاسی شاعری نہیں کی لیکن نئے عہد کے مزاج کو سمو لیا اور جب نئے طوفان سے کھیلنے والے آئے تو انھوں نے بلاخیز موجوں سے لڑنے کے لیے غالبؔ کی شاعری سے تقویت حاصل کی۔ "غالبؔ کے آرٹ کی وجہ سے غزل حدیث دلبری بنتی ہے اور زندگی کے مختلف دوروں، کروٹوں اور انقلابات کا ساتھ دینے لگتی ہے۔" (آل احمد سرور) یہ اتفاقی بات نہیں ہے کہ اردو کی پرانی شاعری سے بغاوت کرنے والا حالیؔ غالبؔ کا شاگرد تھا اور نئی تعلیم پر زور دینے والا سرسید غدر سے پہلے نئی سائنس اور صنعت کی تعریف غالبؔ سے سن چکا تھا اور یہ بھی اتفاقی بات نہیں ہے کہ وطن پرست شبلی کی غزلوں میں غالبؔ کی صدائے بازگشت ہے

اور اقبال کے فکر و فن پر غالبؔ کے فکر و فن کے آفتاب کی کرنیں پڑ رہی ہیں۔ جوش ملیح آبادی سے لے کر نئے دور کے شاعروں تک کوئی ایسا نہیں جو کسی نہ کسی شکل میں غالبؔ کا خوشہ چیں نہ ہو۔ غالبؔ کے بے شمار اشعار شمالی ہندوستان میں ضرب المثل بن چکے ہیں اور اردو جاننے والا شاید ہی کوئی گھر دیوانِ غالبؔ سے خالی ہو۔ آج ہمارے ہاتھ میں غالبؔ کی شاعری دو زبانوں کی ترجمان بن کر آئی ہے۔ اس میں ایک عہد کا خمار اور دوسرے عہد کا نشہ ہے۔ جاتی ہوئی رات کا کرب اور طلوع ہوتی ہوئی سحر کا نشاط حل ہو گیا ہے۔ غالبؔ کی عظمت صرف اس میں نہیں ہے کہ اس نے اپنے عہد کے باطنی اضطراب کو سمیٹ لیا بلکہ اس میں کہ اس نے نیا اضطراب پیدا کیا۔ اس کی شاعری اپنے عہد کے شکنجوں کو توڑ دیتی ہے اور ماضی اور مستقبل کی وسعتوں میں پھیل جاتی ہے۔ اس نے اپنے ہر تجربے کو، جو ایک انتہائی لطیف جمالیاتی ذوق رکھنے والے ذہن کی کار فرمائی تھی انسانی نفسیات کی آگ میں تپا کر پگھلایا ہے، کلیے کی کسوٹیوں پر کسا ہے اور پھر شعر کی شکل میں ڈھالا ہے، تب اس کے یہاں ایک عالمگیر اور آفاقی شاعر کا لہجہ پیدا ہوا ہے اور وہ زندگی کے ہر لمحے کا شاعر بن گیا ہے۔ وہ انسانی روح کی رنگا رنگ کیفیات سے آشنا ہے، انتہائی نشاط ہو یا انتہائی مایوسی، تشکیک کا عالم ہو یا تصور کی کرشمہ سازی، دقیق فلسفیانہ مسائل ہوں یا حد درجہ عامیانہ چیزیں، بوسوں کی سرشاری ہو یا ہم آغوشی کی لذت، ہر کیفیت میں غالبؔ کی شاعری ساتھ دے گی۔ کمتر درجے کے شعرا اس کی کسی ایک ادا کو اپنا فلسفہ بنا سکتے ہیں لیکن غالبؔ بیک وقت اپنی ساری اداؤں کا جادو ڈالتا ہے۔ اس شاعری سے لطف اندوز ہونے کے لئے صرف لفظی معنوں سے واقف ہونا کافی نہیں ہے۔ شعروں کو بار بار پڑھنا بھی ضروری ہے۔ پھر لفظ حرفوں کے مجموعے کی شکل میں نہیں بلکہ تصویروں کی شکل میں پہچانے جائیں گے، آدمیوں کے چہروں کی طرح وہ آہستہ آہستہ مانوس ہوں گے اور اپنی شخصیت

ظاہر کریں گے۔ لفظوں کا صوتی لوچ محسوس ہو گا اور ان کے باہمی ٹکراؤ کی جھنکار سے کان آشنا ہوں گے، تب جا کر معنوی ترنم اور داخلی آہنگ کے دروازے کھلیں گے۔ اس طرح لفظی مفہوم سے گزر کر شاعرانہ مفہوم تک پہنچنے کا راستہ ملے گا اور وہ وجدانی کیفیت پیدا ہو گی جہاں وفا کا لفظ محبوب کی زلفوں کی طرح مہک اٹھے گا اور سرو چراغاں رقص کرتا نظر آئے گا، عشق ذوق اور عمل بن جائے گا، حسنِ محبوب حسنِ کائنات میں تبدیل ہو جائے گا۔ نازدہ آدرش بن جائے گا جس کے حصول کے لئے دل و جان کی بازی لگانا خوش مذاقی کی دلیل ہے۔ شمشیر وسناں کا جلال اور انداز واداکا جمال جلوہ گر ہو گا، فراق کا درد، آرزو کی لطافت میں تبدیل ہو جائے گا اور وصال لذتِ طلب کی سرشاری میں، شوق ایک قوت تخلیق بن کر ابھرے گا اور دشت وصحرا امکانات کی وسعتیں اختیار کر لیں گے، جنون جستجو بن جائے گا، جس کی راہیں کبھی زنداں کی زنجیریں روکیں گی اور کبھی دیر وحرم کی دیواریں جنھوں نے اپنے اندر شوق کی واماندگی کو کب سجا رکھا ہے اور میخانہ مکمل انسانیت اور مکمل آزادی کی منزل بن کر سامنے آئے گا۔ پھر دیوان غالبؔ کے ہر ورق پر اس کے تخیل کی مخلوق انگڑائیاں لینے لگے گی۔ اس کے سراپا ناز محبوب آنکھوں کے سامنے مسکرائیں گے اور دنیا زیادہ خوبصورت ہو جائے گی اور انسان زیادہ قابلِ احترام۔

***

۴

میر تقی میر کی شاعری

میر ان معنوں میں عشقیہ شاعر نہیں ہیں جن معنوں میں بعض نقاد یا نیم رومانی شاعر اردو کی ساری شاعری کو جنسیات تک محدود کر دینا چاہتے ہیں۔ غالب نے بھی ایسی عشقیہ شاعری سے پناہ مانگی ہے اور لکھا ہے کہ عاشقانہ شاعری سے مجھے وہی بعد ہے جو کفر سے ایمان کو ہو سکتا ہے۔ (خطوط غالب، غلام رسول مہر، ص، ۵۶) میر کے یہاں عشق ایک دریائے بیکراں ہے جس کی بہت سی موجیں ہیں۔

قرون وسطی میں انسان دوستی کی سب سے بڑی تحریک تصوف کی شکل میں ابھری۔ بھگتی اور مسٹی سزم (Mysticism) اس کی غیر اسلامی شکلیں ہیں۔ ان تحریکوں کا رشتہ دستکاروں اور کسانوں کی بغاوت سے بھی رہا ہے، لیکن میر کے عہد تک پہنچتے پہنچتے صرف ایک فکری نظام باقی رہ گیا تھا جو جاگیر داری نظام کی قدروں سے مختلف قدریں رکھتا تھا اور ان میں سب سے زیادہ اہم وحدت زمانی کا تصور تھا جو مذہب، ذات پات اور پیشوں کی بنیاد پر تقسیم ہو جانے والے انسانوں کو ایک ہی رشتہ میں پرو لیتا تھا۔

عشق اور دل دو لفظ ہیں جو اس تصور کا پوری طرح احاطہ کر لیتے ہیں۔ عشق سب سے بڑا جذبہ ہے اور دل سب سے بڑی چیز۔ کعبہ ہو یا مندر اور مسجد، یہ اگر ٹوٹ جائیں تو پھر بن سکتے ہیں لیکن "دل وہ نگر نہیں کہ پھر آباد ہو سکے۔" اس لئے دل ڈھا کر کعبہ بنانے سے

کچھ حاصل نہیں ہو سکتا۔ حج، نماز یا روزے سے کوئی آدمی نہیں بنتا۔ یہ ظاہری عبادتیں ہیں۔ آدمی دل سے بنتا ہے اور دل پیر و مرشد ہے۔ عشق کا مرکز ہے اور عشق خدا ہے۔ عشق اس کائنات کا خالق ہے، اس کا رنگ و روپ ہے، عشق ہی جلاتا ہے، عشق ہی مارتا ہے۔

اس طرح انسان اور خدا کا براہ راست رشتہ قائم ہوتا ہے، اس لئے ظاہری عبادت خانوں، ملاؤں اور پنڈتوں کی ضرورت باقی نہیں رہ جاتی۔ ان کی وہی حیثیت ہے جو عام انسان اور بادشاہ کے درمیان محتسب اور قاضی کی ہے۔ ایک ریاستی نوکرشاہی ہے اور دوسری مذہبی اور دونوں فضول ہیں۔ اس لئے شیخ، زاہد، محتسب، ملا اور قاضی پر پھبتیاں کسی گئی ہیں۔ دونوں عام انسانوں کا استحصال کرنے والے گروہ ہیں۔ ایک بادشاہ کے نام پر لوٹتا ہے اور دوسرا خدا کے نام پر۔

صرف انسانوں سے محبت کر کے خدا تک پہنچا جا سکتا ہے۔ اس لئے آنکھیں بند کر کے مراقب ہونا، بندے کے درد دل کو بھول کر خدا رسیدہ بننا بے کار ہے۔ انسانوں میں کھو جانا اور دنیا کو برتنا نجات کا صحیح راستہ ہے۔ برتنے میں گناہ بھی شامل ہے جو رحمت کو برسر کار آنے کی دعوت دیتا ہے۔ اس طرح جنسی محبت، بنی نوع انسان کی محنت، خدا کی محبت، تینوں مل کر ایک ہو جاتی ہیں۔ جتنے محبوب کے جلوے ہیں اتنے ہی عشق کے روپ ہیں۔

میر کی شاعری ان ہی پردوں میں حقیقت کی ترجمانی کرتی رہی ہے۔ اس کو انہوں نے اپنے عہد کی ایک بہت بڑی اور اہم دستاویز بنا دیا ہے۔ ان کا اپنا بیان یہ ہے کہ "میری شاعری خواص کی پسند کی ہے، پر مجھے گفتگو عوام سے ہے۔" انہوں نے اپنے دیوان کو درد و غم کا مجموعہ بتایا ہے۔ کیوں کہ جہاں سارا عالم خاک ہو چکا ہو وہاں صرف اپنے آپ پر رونا

بے سود ہے۔ اس لئے میر کے یہاں دل اور دلی کی خرابی کا ذکر ایک ساتھ آتا ہے اور عاشق اور آدمی ہم معنی الفاظ ہیں۔ کلیات میر میں تکرار مضامین کے دو بڑے دلچسپ شعر ہیں۔ ایک میں انہوں نے یہ کہا ہے،

مارنا عاشقوں کا گر ہے ثواب
تو ہوا ہے تمہیں ثواب بہت

اور دوسرے میں یہ،

کشتن مرداں اگر ہے ثواب
تو ہوا ہے اسے ثواب بہت

میر کے زمانہ کی طرح میر کی شاعری کا عاشق بھی ایک کچلی ہوئی شخصیت ہے جو اپنا کھویا ہوا وقار واپس مانگ رہی ہے۔ اس میں انانیت کا دور دور پتہ نہیں ہے۔ صرف بے دماغی ہے۔ انانیت، دولت، طاقت یا صلاحیت کے غرور سے پیدا ہوتی ہے اور بے دماغی سب کچھ کھونے کے بعد آتی ہے۔ (غالب اور میر میں یہی فرق ہے)

حسن عسکری نے اپنے ایک مضمون میں بڑے پتے کی بات کہی ہے کہ میر کی شاعری کا عاشق محبوب سے محبت کا طالب نہیں۔ بس اتنا چاہتا ہے کہ اس کے ساتھ انسانوں جیسا برتاؤ کیا جائے۔ اس کے عالم و فاضل ہونے کی وجہ سے نہیں بلکہ انسان ہونے کی وجہ سے۔ (دیباچہ "گل نغمہ" فراق گورکھپوری) اس تصور میں میر کا بچپن، جوانی اور دلّی کی تباہی اور بربادی ایک ہی تصویر کے کئی رخ ہیں اور میر نے اس تصویر میں اتنے ہی مختلف انداز سے رنگ بھرا ہے۔ میر کی غزلوں میں ایسے اشعار کی تعداد بہت زیادہ ہے جن میں انہوں نے براہ راست سماجی، معاشی اور سیاسی مضامین کو ڈھال دیا ہے۔ انہوں نے کبھی بھی یہ خیال نہیں کیا کہ یہ مضامین غزل کی طبع نازک پر گراں

گزریں گے،

قوت کو پیرانہ سر دلّی میں حیرانی ہوئی
اب کی جو آئے سفر سے خوب مہمانی ہوئی
رہتے ہیں داغ اکثر نان و نمک کی خاطر
جینے کا اس سمے میں اب کیا مزا رہا ہے
محتاج کو خدا نہ نکالے کہ جوں ہلال
تشہیر کون شہر میں ہو، پارہ نان پر
جن کو خدا دیتا ہے سب کچھ، وے ہی سب کچھ دیتے ہیں
ٹوپی لنگوٹی پاس اپنے ہم اس پر کیا انعام کریں
چور اچکے سکھ مرہٹے، شاہ گدا زر خواہاں ہیں
چین میں ہیں جو کچھ نہیں کرتے، فقر ہی اک دولت ہے اب
اے حب جاوالو، جو آج تاجور ہے
کل اس کو دیکھو تم، نے تاج ہے نہ سر ہے
سبز ان تازہ رو کی جہاں جلوہ گاہ تھی
اب دیکھیئے تو واں نہیں سایہ درخت کا
جوں برگ ہائے لالہ پریشان ہو گیا
مذکور کیا ہے اب جگر لخت لخت کا
دلّی میں آج بھیک بھی ملتی نہیں انہیں
تھا کل تلک دماغ جنہیں تاج و تخت کا
خاک سیہ سے میں جو برابر ہوا ہوں میر

سایہ پڑا ہے مجھ پہ کسو تیرہ بخت کا
جو ہے سو پائمال غم اے میر
چال بے ڈول ہے زمانے کی
نہ مل میر اب کے امیروں سے تو
ہوئے ہیں فقیر ان کی دولت سے ہم
کب شہر میں گنجائش مجھ بے سروپا کو ہو
اب بڑھ گئے ہیں میرے اسباب کم اسبابی
غیر از خدا کی ذات میرے گھر میں کچھ نہیں
یعنی کہ اب مکان مرا لامکاں ہوا

اس براہ راست انداز بیان کے علاوہ میر نے اپنے عہد کے مظالم اور انسانی شخصیت کی شکست و ریخت کو محبوب کے پردے میں بھی بیان کیا ہے اور پردے کو اٹھانے کی خود ہی ترغیب بھی دی ہے۔

ہو گا ستم و جور سے تیرے ہی کنایہ
دو شخص یہاں شکوہ ایام کریں گے
دہر کا ہو گلہ کہ شکوہ چرخ
اس ستم گر ہی سے کنایہ ہے

اس طرح کی شاعری میں انہوں نے محبوب کو ظالم، سفاک، گھٹیا، کمینہ، اوباش، بدمعاش، خون خوار، خون ریز، جھوٹا، مکار سبھی کچھ کہا ہے۔ محبوب کی کالی آنکھوں کی سبھی نے تعریف کی ہے لیکن میر نے ان کو "سیہ رو" اور "سیہ کاسہ" کہہ کر گالی بھی دی ہے۔ سیہ رو کے معنی بدچلن اور بدنام کے ہیں اور سیہ کاسہ کنجوس کو کہتے ہیں۔ میر کے

عہد کی ایک لغت (مرتبہ شیکسپئر) میں اس کے معنی چنڈال بھی لکھے ہیں اور میر یقیناً اس مفہوم س واقف ہوں گے۔ اس شاعری میں صرف آسمان ہی نہیں (جو تقدیر اور وقت کا کنایہ ہے اور سماجی نظام کا مفہوم بھی اختیار کرلیتا ہے) بلکہ محبوب کی آنکھ بھی سیہ کاسہ اور سیہ رو ہے،

جام خوں بن نہیں ملتا ہے ہمیں صبح کو آپ
جب سے اس چرخ سیہ کاسہ کے مہمان ہوئے
گردش چشم سیہ کاسہ سے، جمع نہ رکھو خاطر تم
بھوکا پیاسا مار رکھا ہے تم سے ان نے ہزاروں کو
جب سے دیکھا اس کو ہم نے جی ڈوہا جاتا ہے میر
اس خرابی کی یہ چشم روسیہ بانی ہوئی

یہی محبوب معشوق حقیقی یعنی خدا کی ذات میں بھی گم ہو جاتا ہے اور دنیا میں ہوتے ہوئے بھی لاپتہ رہتا ہے اور نہ دیر والوں کو ملتا ہے اور نہ حرم والوں کو۔ کسی نے اس کا رخ دیکھا ہے اور کسی نے زلف اور اس ادھوری سچائی پر شیخ و برہمن لڑ رہے ہیں۔ اس محبوب کی راہ وروش کی شکایت کرتے وقت میر بے باک ہو جاتے ہیں اور کہہ دیتے ہیں کہ "پردے میں بدسلوکی ہم سے خدا کرے ہے۔" اور یہ وہ خدا ہے جس کی بارگاہ کی بے نیازی کے خوف سے میر اپنے کام اس کو سونپتے ہوئے گھبراتے ہیں۔ وہ دنیا کے کاروبار پر ایک نظر ڈالتے ہیں اور پھر اس سے مخاطب ہو کر سوال کرتے ہیں،

کوئی ہو محرم شوخی ترا تو میں پوچھوں
کہ بزم عیش جہاں کیا سمجھ کے برہم کی

اور پھر یہی محبوب ظالم اور سفاک بادشاہوں، حکمرانوں اور فاتحوں کی ذات میں

تبدیل ہو جاتا ہے۔ اب اس کی آمد تباہی کا باعث ہوتی ہے، اس کی راہوں میں خون کے دریا موجیں مارتے ہیں، لاشیں پڑی رہتی ہیں اور دھرتی کے سینے پر فوجوں کے قدموں کی چاپ سنائی دیتی ہے،

جہاں کو فتنے سے خالی کبھو نہیں پایا
ہمارے وقت میں تو آفت زمانہ ہوا
نیمچہ ہاتھ میں مستی سے لہو سی آنکھیں
سج تری دیکھ کے اے شوخ حذر ہم نے کیا
سنا جاتا ہے اے گھتیے ترے مجلس نشینوں سے
کہ تو دارو پیے ہے رات کو مل کر کمینوں سے
سواری اس کی ہے سرگرم گشت دشت مگر
کہ خیرہ تیرہ نمودار اک غبار ہے آج
مارا ہوا ایک دو کو تو ہو مدعی کوئی
کشتوں کا اس کے روز جزا میں شمار کیا
جفائیں دیکھ لیاں، بے وفائیں دیکھیں
بھلا ہوا کہ تری سب برائیاں دیکھیں
تری گلی سے سدا اسے کشندہ عالم
ہزاروں آئی ہوئی چارپائیاں دیکھیں
صد خانماں خراب ہیں ہر ہر قدم پہ دفن
کشتہ ہوں یار، میں تو ترے گھر کی راہ کا
ظالم زمیں سے لوٹتا دامن اٹھا کے چل

ہو گا کمیں میں ہاتھ کسو داد خواہ کا
کس تازہ مقتل پہ کشندے تیرا ہوا ہے گزارا آج
زہ دامن کی بھری ہے لہو سے، کس کو تونے مارا آج
حنا سے یار کا پنجہ نہیں ہے گل کے رنگ
ہمارے ان نے کلیجوں میں ہاتھ ڈالا ہے
نہ ہو کیوں غیرت گلزار وہ کوچہ خدا جانے
لہو اس خاک پر کن کن عزیزوں کا بہا ہو گا
فتنے فساد اٹھیں گے گھر گھر میں خون ہو گا
گر شہر میں خراماں وہ خانہ جنگ آیا
کاٹ کر سر عاشق کا ان نے اور بھی پگڑی پھیر رکھی
فخر کی کون سی جا گہ تھی یاں، ایسا کیا رستم مارا
حاکم شہر حسن کے ظالم کیوں کہ ستم ایجاد نہیں
خون کسو کا کوئی کرے واں داد نہیں فریاد نہیں
کیا کیا مردم خوش ظاہر ہیں عالم حسن میں نام خدا
عالم عشق خرابہ ہے یاں، کوئی گھر آباد نہیں
جس راہ ہو کے آج میں پہنچا ہوں تجھ تلک
کافر کا بھی گزار الٰہی ادھر نہ ہو
یک جا نہ دیکھی آنکھوں سے ایسی تمام راہ
جس میں بجائے نقش قدم چشم تر نہ ہو
ہر اک قدم پہ لوگ ڈرانے لگے مجھے

ہاں ہاں کسو شہید محبت کا سر نہ ہو
چلیو سنبھل کے سب یہ شہیدان عشق میں
تیرا گذار تا کہ کسی نعش پر نہ ہو
دامن کشاں ہی جا کہ طپش پر طپش ہے دفن
زنہار کوئی صدمے سے زیر وزبر نہ ہو
لیکن عبث، نگاہ جہاں کرلے اس طرف
امکان کیا کہ خون مرے تا کمر نہ ہو
حیراں ہوں میں کہ ایسی یہ مشہد ہے کون سی
مجھ سے خراب حال کو جس کی خبر نہ ہو
آتا ہے یہ قیاس میں اب تجھ کو دیکھ کر
ظالم جفا شعار تراہ گزر نہ ہو

یہ جفا شعاری شہروں ہی کی نہیں دل کی خرابی کا بھی باعث ہے،

دل کی آبادی کی اس حد ہے خرابی کہ نہ پوچھو
جانا جاتا ہے کہ اس راہ سے لشکر نکلا
شام سے کچھ بجھا سا رہتا ہے
دل ہوا ہے چراغ مفلس کا

محبوب کے اس تصور کے پیچھے حالات زمانہ کا ایک سماجی شعور ہے اور ان بظاہر سادہ شعروں کی تہہ میں دبا ہوا ایک احتجاج ہے۔ اپنے بعض دوسرے شعروں میں میر نے بادشاہوں کے جلوس کے مقابلے میں مظلوموں کی مظلومیت کو شان و شکوہ عطا کیا ہے،

ہم بھی چلتے ہیں یک چشم لے کر

دستہ داغ فوج و غم لے کر
دست کش نالہ، پیش رو گریہ
آہ چلتی ہے یاں علم لے کر

اور یہ قافلے دوبارہ اٹھنے کے لئے موت کی منزل میں پڑاؤ ڈالتے ہیں،

مرگ اک ماندگی کا وقفہ ہے
یعنی آگے چلیں گے دم لے کر

اس کے بعد ہی میر کی اس عجیب و غریب امیجری کا مفہوم سمجھ میں آتا ہے جو کسی اردو یا فارسی شاعر کے یہاں کم سے کم میری نظر سے نہیں گزری ہے۔

اگتے تھے دست بلبل و دامان گل بہم
صحن چمن نمونہ یوم الحساب تھا
تڑپ کے خرمن دل پر کبھی گرا ے بجلی
جلانا کیا ہے مرے آشیاں کے خاروں کا

کسی شاعر نے اپنے محبوب کو اس طرح نہیں کوسا ہے اور کسی عاشق نے معشوق کے لئے اتنے سخت الفاظ استعمال نہیں کئے ہیں۔ لیکن ہم اس غزل کے ابتدائی اشعار دیکھتے ہیں (جو میر کی اور بھی کئی غزلوں کی طرح مسلسل ہے) تو گل کے چہرے سے معشوقیت اور محبوبیت کی نقاب اٹھ جاتی ہے اور جسے میر نے گل کہا ہے وہ زندگی کے پہلو کا کانٹا معلوم ہونے لگتا ہے،

سنا ہے حال تیرے کشتگاں بچاروں کا
ہوا نہ گور گڑھا ان ستم کے ماروں کا
ہزار رنگ کھلے گل چمن کے ہیں شاید

کہ روزگار کے سر خون ہے ہزاروں کا
ملا ہے خاک میں کس کس طرح کا عالم یاں
نکل کے شہر سے ٹک سیر کر مزاروں کا
تڑپ کے خرمن گل پر کبھی گرا ے بجلی
جلانا کیا ہے مرے آشیاں کے خاروں کا

ان شعروں میں غالب کی شاعری کے عاشق کی انانیت اور خود پرستی نہیں ہے بلکہ ایک مظلوم اور جھنجھلائے ہوئے بے دماغ آدمی کا جذبہ انتقام ہے۔ بعض دوسرے اشعار میں میر اور بھی کھل جاتے ہیں۔

اس دشت میں اے سیل سنبھل ہی کے قدم رکھ
ہر سمت کو یاں دفن مری تشنہ لبی ہے
کوئی تجھ سا بھی کاش تجھ کو ملے
مدعا ہم کو انتقام سے ہے
ہاتھ دامن میں ترے مارتے جھنجھلا کے نہ ہم
اپنے جامے میں اگر آج گریباں ہوتا
گیا حسن خوبان بد راہ کا
ہمیشہ رہے نام اللہ کا

شیکسپیئر کے مشہور ڈرامے میکبتھ میں جب اپنے مجرم ضمیر کی ستائی ہوئی لیڈی میکبتھ خواب میں چلتی ہے تو وہ اپنے ہاتھوں کو اس انداز سے ملتی رہتی ہے جیسے انہیں دھونے کی کوشش کر رہی ہو۔ لیکن خون بے گناہ کے دھبے کسی طرح نہیں چھوٹتے اور وہ بڑبڑاتی ہے کہ عرب کا عطر بھی اس کے ہاتھوں سے خون کی بو کو دور نہیں کر سکتا۔ میر کا

وہ محبوب بھی جو سفاک بادشاہوں اور خون ریز فاتحوں کا کنایہ ہے، اپنے ہاتھ ملتا رہتا ہے۔ اس نے اپنی آرائش مظلوموں کے خون سے کی ہے۔ انسانوں کے کلیجوں میں ہاتھ ڈالا ہے تب ہتھیلیوں نے حنا کا رنگ اختیار کیا ہے۔ اور یہ خون ہے کہ کسی طرح نہیں چھوٹتا،

کیا ہے خوں مرا پامال یہ سرخی نہ چھوٹے گی
اگر قاتل تو اپنے ہاتھ سو پانی سے دھووے گا
جم گیا خوں کف قاتل پہ ترا میرؔ زبس
ان نے رو رو دیا کل ہاتھ کو دھوتے دھوتے

یہ جنون کی کیفیت ہے جسے عام اصطلاح میں خون چڑھنا کہتے ہیں اور میر نے اس کو ایک جگہ یوں بیان کیا ہے،

خون کم کر اب کہ کشتوں کے تو پشتے لگ گئے
قتل کرتے کرتے تیرے تئیں جنوں ہو جائے گا

اور جب ہم میر کا یہ شعر پڑھتے ہیں تو آج بھی دو سو برس پہلے کی خون میں لتھڑی ہوئی دلّی کی یاد تازہ ہو جاتی ہے،

شش جہت سے اس میں ظالم بوئے خوں کی راہ ہے
تیرا کوچہ ہم سے تو کہہ کس کی بسمل گاہ ہے

غالباً میر کے وہ اشعار جن میں عاشقانہ نیاز مندی کی کمی ہے محبوب کے اس تصور سے تعلق رکھتے ہیں،

وجہ بے گانگی نہیں معلوم
تم جہاں کے ہو واں کے ہم بھی ہیں
اپنا شیوہ کجی نہیں یوں تو

یار جی ٹیڑھے بانکے ہم بھی ہیں
رکھا ہے اپنے تئیں روک روک کرورنہ
سیاہ کر دیں زمانے کو ہم جو آہ کریں
اگر اٹھیں گے اسی حال سے تو کہیو میر
جو روز حشر تجھی کو نہ عذر خواہ کریں

بہت ممکن ہے اس تصور نے میر کو واسوخت لکھنے پر اکسایا ہو۔ یہ بات اہم ہے کہ اردو میں واسوخت کی ابتدا میر نے کی ہے اور واسوخت اس وقت تک نہیں لکھا جاتا جب تک محبوب کے لئے جذبہ احترام میں کمی نہ ہو اور یہ عاشق پیشہ شاعروں کا شیوہ نہیں ہے جب کہ حافظ نے کہا ہے کہ "ہیچ عاشق سخن سخت بہ معشوق نہ گفت۔"

محبوب کے احترام میں کمی کے جذبے کی غمازی وہ اشعار بھی کرتے ہیں جن میں میر نے وصال کے مضمون کو مبتذل بنا دیا ہے۔ ان کے یہاں وصال کی تین کیفیتیں ملتی ہیں۔ ایک تو وہ ہلکی کیفیت جس میں وہ محبوب کے گال کاٹتے ہیں اور نشے میں دھت معشوق کی راتوں کو اٹھ اٹھ کر خبر لیتے ہیں۔

دوسری کیفیت وہ ہے جہاں وصل کی لذت درد و غم کے اتھاہ سمندر رمیں ڈوب جاتی ہے اور عاشق کی مفلسی اور مظلومی کی غمازی کرتی ہے،

آج ہمارے گھر آیا تو کیا ہے یاں جو نثار کریں
الا کھینچ بغل میں تجھ کو دیر تلک ہم پیار کریں
بھری آنکھیں کسو کی پونچھتے گر آستیں رکھتے
ہوئی شرمندگی کیا کیا ہمیں اس دست خالی سے

تیسری کیفیت خالص نشاط کی ہے اور یہ اشعار بہت کم تعداد میں ہیں،

سب مزے در کنار عالم کے
یار جب ہم کنار ہوتا ہے
برافروختہ رخ ہے اس کا کس خوبی سے مستی میں
پی کے شراب شگفتہ ہوا ہے اس نو گل پہ بہار ہے آج
اس بحر حسن سراسر اوجِ موج و تلاطم ہے
شوق کی اپنے نگاہ جہاں تک جاوے بوس و کنار ہے آج
قربان پیالہ مئے ناب
جس سے کہ ترا حجاب نکلا

یہ بات بھی غور طالب ہے کہ میر کے یہاں وصال کا ابتذال، درد و کرب اور خالص نشاط سب کچھ ہونے کے بعد بھی ان کا کلام وصال کی اس سادہ لذت اور معشوق نوازی کی کیفیت سے خالی ہے جس کی مثال پیش رو ولی دکنی کی غزلوں یں ملتی ہے، جیسے،

سجن تم مکھ ستی الٹو نقاب آہستہ آہستہ
کہ جیوں گل سے نکستا ہے گلاب آہستہ آہستہ
عجب کچھ لطف رکھتا ہے شب خلوت میں گلرویوں
خطاب آہستہ آہستہ جواب آہستہ آہستہ

اور ان کے یہاں غالب کا یہ انداز ملتا ہے کہ محبوب کے ساتھ مل کر زمین اور آسمان کو تہ وبالا کر دیں۔ (بیا کہ قاعدہ آسماں مگر وادانیم) اس کے برعکس میر اپنے جفا پیشہ محبوب کو تبدیل کرنے کے لئے زمانے سے انقلاب کے خواہش مند ہیں اور اس دنیا کی نئ بنیادیں رکھنا چاہتے ہیں،

شاید کہ قلب یار بھی ٹک اس طرف پھرے

میں منتظر زمانے سے ہوں انقلاب کا

سر دور فلک بھی دیکھوں اپنے روبرو ٹوٹا

کہ سنگ محتسب پائے خم دست سبو ٹوٹا

یہ دور تو موافق ہوتا نہیں مگر اب

رکھیے بنائے تازہ اس چرخ چنبری کی

اوپر کے شعر میں انقلاب کا منظر آج کے زمانے کے مطابق سیاسی اور سماجی تبدیلی کے لئے استعمال نہیں ہوا ہے۔ اس کا مطلب صرف غلبہ اور انتشار کے دور کا خاتمہ ہے۔ یہ انداز اور رجحان دراصل عاشق اور معشوق کی دوئی کا پتہ دیتا ہے اور فرد اور سماج، انسان اور زمانے کے ٹکراؤ کو ظاہر کرتا ہے۔

میر کی شاعری میں دو اور محبوب جھلکتے ہیں اور یہ دونوں ایک دوسرے سے قریب ہیں۔ ایک تو میر کا ذاتی محبوب معلوم ہوتا ہے اس کا نام انہوں نے کچھ نہیں لیا اور کبھی کبھی وہ ان اشعار میں جلوہ گر ہوتا ہے جن میں بظاہر محبوب کا کوئی ذکر بھی نہیں ہے۔ یا تو محبوب کی آمد ہے، یا رخصت ہے۔ عاشق کا اس کی گلی سے نکلنا ہے یا اس کی محفل میں پہنچنا ہے۔ ان شعروں میں وہ کیفیت ہے جو عظیم عشقیہ شاعری کی جان ہے۔ ایک مہذب درد، ایک لذت سے بھری ہوئی کسک اور دل کی ایک ایسی دھڑکن جو لفظوں میں منتقل ہو جاتی ہے،

رات مجلس میں تری ہم بھی کھڑے تھے چپکے

جیسے تصویر لگا دے کوئی دیوار کے ساتھ

وے تو کھڑے کھڑے مرے گھر آ کے پھر گئے

میں بے دیار و بے دل و بے خانماں ہوا

ترے فراق میں جیسے خیال مفلس کا
گئی ہے فکر پریشاں کہاں کہاں میری
کچھ گل سے ہیں شگفتہ کچھ سرو سے ہیں قد کش
اس کے خیال میں ہم دیکھیں ہیں خواب کیا کیا
جیسے حسرت لیے جاتا ہے جہاں سے کوئی
آہ یوں کوچہ دلبر سے سفر ہم نے کیا
کچھ نہ دیکھا پھر بجز اک شعلہ پر پیچ و تاب
شمع تک تو ہم نے دیکھا تھا پروانہ گیا
گل ہو، آئینہ ہو مہتاب ہو خورشید ہو میر
اپنا محبوب وہی ہے جو ادا رکھتا ہو
پھول، گل، شمس و قمر سارے ہی تھے
پر ہمیں ان میں تمہیں بھائے بہت
چلانا اٹھ کے وہیں چپکے چپکے پھر تو میر
ابھی تو اس کی گلی سے پکار لایا ہوں
نہیں ہے چاہ بھلی اتنی بھی، دعا کر میر
کہ اب جو دیکھوں اسے میں بہت نہ پیار آوے

اس محبوب کا سراپا فطرت سے ہم آہنگ ہے۔ اس کے جسم کی ترکیب برگ گل سے ہے۔ اس کا منہ کھلنے سے چاندنی چھٹکتی ہے۔ کلیوں نے کم کم کھلنا اس کی نیم باز آنکھوں سے سیکھا ہے۔ گل کی شاخوں نے اس کے قامت سے انگڑائیاں لینے کا انداز اختیار کیا ہے اور اس سے ہم آغوشی زمین و آسمان کو بوس و کنار میں غرق کر دیتی ہے۔ یہ فطرت کا اتنا

نکھرا ہوا روپ ہے کہ اس کے سامنے پھول کے منہ سے باس آنے لگتی ہے اور سرو بھونڈا اور بھداد کھائی دینے لگتا ہے۔ اس کی پاکیزگی اور لطافت کا یہ عالم ہے کہ بدن ہاتھ لگتے میلا ہوتا ہے۔ یہ فطرت کا کنایہ ہے اور اس سے ہم آغوشی فطرت سے ہم آہنگ ہونے کی خواہش ہے جو صوفیانہ طرز فکر میں، جس کے وارث اردو کے تمام کلاسیکی شعرا ہیں، نہایت اہم درجہ رکھتی ہے۔

فطرت سے ہم آہنگی کے جذبے نے کبھی کبھی موت کی خواہش کی شکل بھی اختیار کی ہے۔ یہ بڑی حسین صورت میں ظاہر ہوتی ہے۔ زندگی کے اختصار کو میر نے بار بار بوئے گل اور نوائے بلبل سے تشبیہ دی ہے۔ اس کا ثبات کلی کے تبسم کے برابر ہے۔ دنیا کسی شوخ کی قدم گاہ ہے، جس میں گل کے چراغوں سے روشنی ہو رہی ہے۔ اس سے منہ پھیر کے چلے جانے کو کس کا جی چاہے گا۔ پھر بھی فطرت سے ہم آہنگی کی خواہش ہے جس کی تکمیل صرف موت کے ذریعے ہو سکتی ہے،

رنگ گل و بوئے گل ہوتے ہیں ہوا دونوں
کیا قافلہ جاتا ہے، جو تو بھی چلا چاہے
برنگ بوئے گل اس باغ سے ہم آشنا ہوتے
کہ ہمراہ صبا ٹک سیر کرتے اور ہوا ہوتے
آہ کی میں دل حیران و خفا کو سونپا
میں نے یہ غنچہ تصویر صبا کو سونپا

صوفیانہ طرز فکر میں موت کے دو اور پہلو بھی ہیں اور وہ بھی میر کے یہاں نمایاں ہیں۔ معشوق حقیقی سے وصال یا فطرت سے ہم آہنگی جو رنگ و بوئے گل اور باد صبا کے ہم سفر ہونے کے برابر ہے۔ اس کے ساتھ ساتھ موت ایک فطری عمل بھی ہے اور اس کی

اس فطری خصوصیت سے ظالموں اور امیروں کو عبرت دلائی گئی ہے،

منعم نے بنا ظلم کی رکھ گھر تو بنایا
پر آپ کوئی رات ہی مہمان رہے گا
بے زری کا نہ کر گلہ غافل
رہ تسلی کہ یوں مقدر تھا
اتنے منعم جہان میں گزرے
وقت رحلت کے کس کنے زر تھا
صاحب جاہ و شوکت و اقبال
اک ازاں جملہ اب سکندر تھا
تھی یہ سب کائنات زیر نگیں
ساتھ مور و ملخ سا لشکر تھا
لعل و یاقوت ہم زر و گوہر
چاہیے جس قدر میسر تھا
آخرِ کار جب جہاں سے گیا
ہاتھ خالی کفن سے باہر تھا
کل پاؤں ایک کاسہ سر پر جو آگیا
یکسر وہ استخوان شکستوں سے چور تھا
کہنے لگا کہ دیکھ کے چل راہ بے خبر
میں بھی کبھو کسو کا سر پر غرور تھا

یہ وہ منزل ہے جہاں پہنچ کر امیر اور غریب برابر ہو جاتے ہیں چونکہ اس عہد میں

معاشی مسائل اور طریق پیداوار اتنے ترقی یافتہ نہ تھے کہ مساوات کا تصور زندگی میں ممکن ہوتا۔ اس لئے موت اس خواہش کی تکمیل کرتی تھی۔ یہ تصور بھگتی کی کویتا اور مسٹک (MYSTIC) شاعری میں بھی عام ہے۔ چیکوسلواکیہ میں ایک مقام تابور ہے۔ اس کے میوزیم میں قرون وسطی کی عیسائی صوفی تحریک مسٹی سزم (MYSTICISM) کے ایک رہنما جان ہس (JAN HUSS) کی یادگاریں محفوظ ہیں اور اس دور کے بعض شعرا کی نظمیں بھی رکھی ہوئی ہیں۔ ایک شاعر کی نظم میں یہ شعر پڑھ کر کہ "موت عصائے شاہی اور کسان کے ہل کو ایک ہی قبر میں سلا دیتی ہے۔" مجھے بے ساختہ میر کا شعر یاد آ گیا،

سب ہیں یکساں جب فنا اک بارگی طاری ہوئی
ٹھیکرا اس مرتبے میں کیا سر فغفور کا

اس سے ملتا جلتا موت کا یہ پہلو بھی ہے کہ وہ دکھ درد کو ختم کر دیتی ہے جس کا خاتمہ زندگی میں ممکن نہیں۔ اس لئے یہ سکون و آرام کی تلاش ہے،

کیا سیر اس خرابے کا بہت اب چل کے سو رہیے
کسو دیوار کے سائے میں منہ پر لے کے داماں کو

فکر معاش یعنی غم زیست تابہ کے
مر جایئے کہیں کہ ٹک آرام پایئے

غالباً زیر زمیں میر ہے آرام بہت
پھر نہ آئے جو ہوئے خاک میں جا آسودہ

میر کے یہاں بہت سے اشعار میں یہ احساس بھی ملتا ہے کہ موت حرکت اور تبدیلی کا نام ہے،

چشم ہو تو آئینہ خانہ ہے دہر
منہ نظر آتا ہے دیواروں کے بیچ
ہیں عناصر کی یہ صورت بازیاں
شعبدے کیا کیا ہیں ان چاروں کے بیچ
ہر جزر و مد سے دست و بغل اٹھتے ہیں خروش
کس کا ہے راز بحر میں یارب کہ ہیں یہ جوش
ابروئے کج ہے موج کوئی چشم ہے حباب
موتی کسی کی بات ہے سیپی کسی کا گوش
یاں بلبل اور گل پہ تو عبرت سے آنکھ کھول
گل گشت سرسری نہیں اس گلستان کا
گل یادگار چہرہ خوباں ہے بے خبر
مرغ چمن نشاں ہے کسو خوش زبان کا
چراغان گل سے ہے یاں روشنی
گلستاں کسو کی قدم گاہ ہے
گل و سنبل ہیں نیرنگ قضا، مت سرسری گزرے
کہ بگڑے زلف و رخ کیا کیا بنائے اس گلستاں کو
خاک آدم ہی ہے تمام زمیں
پاؤں کو ہم سنبھال رکھتے ہیں
تھے ماہ وشاں کل جو ان کوٹھوں پہ جلوے میں
ہے خاک سے آج ان کی ہر صحن میں مہتابی

اس میں یہ تصور شامل ہے کہ حقیقت ایک ہے، تصویر بہت سی ہیں۔

جلوہ ہے اسی کا سب گلشن میں زمانے کے
گل پھول کو ہے ان نے، پردہ سا بنا رکھا
گہہ گل ہے گاہ رنگ گہے باغ کی ہے بو
آتا نہیں نظر وہ طرح دار ایک طرح
نیرنگ حسن دوست سے کر آنکھیں آشنا
ممکن نہیں وگرنہ ہو دیدار ایک طرح
جاکے پوچھا جو میں نے یہ کارگہ مینا میں
دل کی صورت کا بھی اے شیشہ گراں ہے شیشہ
کہنے لاگے کہ کہاں پھرتا ہے بہکا اے مست
ہر طرح کا جو تو دیکھے ہے کہ یاں ہے شیشہ
دل ہی سارے تھے یہ اک وقت میں جو کر کے گداز
شکل شیشے کی بنائی ہے کہاں ہے شیشہ

اور اس تبدیلی کی وجہ سے فطرت کا حسن ہمیشہ تازہ اور جوان رہتا ہے،

کیا خوبی اس چمن کی موقوف ہے کسو پر
گل گر گئے عدم کو مکھڑے نظیر آئے

پھول چہروں میں بدل جاتے ہیں، چہرے پھولوں میں، خاک سے آدمی بنتا ہے اور آدمی خاک ہو جاتا ہے۔ اس طرح موت اور زندگی ایک سلسلے کی کڑیاں بن جاتی ہیں اور ساری کائنات ایک وحدت میں تبدیل ہو جاتی ہے اور میر کی شاعری کے تمام بکھرے ہوئے جلوے ایک صدرنگ گلستاں کی شکل اختیار کر لیتے ہیں۔ اس میں پھول بھی ہیں اور

کانٹے بھی، بلبل بھی اور صیاد بھی۔ نشیمن بھی ہے اور بجلی بھی، زندہ رہنے کی امنگ بھی ہے اور مر جانے کا حوصلہ بھی اور یہی وجہ ہے کہ یہ شاعری آج بھی عظیم ہے اور زمانے کے بدل جانے کے بعد بھی دو سو برس پرانی زبان میں ہمارے جذبات اور احساسات کا ساتھ دے رہی ہے۔

(رسالہ شاہکار، الہ آباد ۱۹۶۱ء)

* * *

۵

میر: صبا در بدر

لے سانس بھی آہستہ کہ نازک ہے بہت کام
آفاق کی اس کارگہ شیشہ گری کا

تمہید شاعر کو تلمیذ رحمانی بھی کہا گیا ہے اور پیغمبر کا بھی درجہ دیا گیا ہے لیکن میر تقی میر تنہا شاعر ہیں جن کو خدائے سخن کہا جاتا ہے۔ ولی دکنی، سودا، نظیر اکبر آبادی، انیس، غالب اور اقبال کے ہوتے ہوئے میر اردو شاعری میں عظمت کے تنہا مسند نشین نہیں ہیں اور نہ یہ کہنا صحیح ہو گا کہ وہ اردو کے سب سے بڑے شاعر ہیں۔ پھر بھی اس حقیقت سے انکار نہیں کہ اردو کے تمام شعرا میں سر فہرست میر ہی کا نام رہے گا۔ حالانکہ آج عام مقبولیت کے اعتبار سے غالب اور اقبال میر سے کہیں آگے ہیں اور ان کی کتابیں کلیات میر کے مقابلہ میں بہت زیادہ فروخت ہوتی ہیں۔ ان کے اشعار زیادہ زبان زد ہیں۔ ان کے اثرات جدید شاعری پر زیادہ نمایاں ہیں۔ پھر بھی غالب اور اقبال کی شاعرانہ عظمت کے منکر موجود ہیں۔ مگر میر کی استادی سے انکار کرنے والا کوئی نہیں ہے۔ ہر عہد میں بڑے سے بڑے شاعر نے اپنا سر میر کی بارگاہ میں جھکا دیا ہے۔ ان کا مقام شاعری ہی میں نہیں بلکہ زبان کے ارتقا کی تاریخ میں بھی بہت اہم ہے۔ کھڑی بولی جس پر جدید ہندی اور اردو زبان کی بنیاد ہے، اتنے نکھرے ہوئے روپ میں میر کے ہاں نظر آتی ہے کہ اس کے بعد کا ہر روپ میر کی دین معلوم ہوتی ہے۔ اسلوب

اور انداز کے اعتبار سے بھی میر کی حیثیت ایک ایسے شاعرانہ سرچشمے کی سی ہے جس سے تمام ندیاں پھوٹتی ہیں۔ وہاں غالب کے رنگ کے بھی ابتدائی نقوش ملتے ہیں (اور اس سے جدید شاعری کا رنگ پیدا ہوا ہے) اور مومن اور داغ کے رنگ کے ساتھ ساتھ خارجیت کا وہ انداز بھی ملتا ہے جسے لکھنؤ اسکول کے نام سے یاد کیا جاتا ہے۔ لطف یہ ہے کہ جس کو آج اقبال کی غزل کا نیا اسلوب سمجھا جاتا ہے اور جس کی روانی میں فکر کی عظمت کی وجہ سے ایک بھاری پن آگیا ہے اور گمبھیر کیفیت پیدا ہو گئی ہے، اس کے نشانات بھی میر کے یہاں موجود ہیں اور بعض مقامات پر علامتوں ہی کی نہیں بلکہ خیالات کی حیرت انگیز یکسانیت ہے، حالانکہ فکری اور جذباتی اعتبار سے میر اور اقبال کے درمیان دو صدیوں کا فاصلہ حائل ہے۔ اس سے بھی زیادہ دلچسپ بات یہ ہے کہ پورے دو سو برس بعد جب ۱۹۴۷ء میں دہلی ایک بار پھر خون کی ہولی میں نہائی اور پنجاب اور دہلی کی سرزمین پر ہندو مسلم سکھ عیسائی فسادات نے نادر شاہی قتل عام اور احمد شاہی لوٹ کھسوٹ کی یاد تازہ کر دی تو اردو کے جدید تر نوجوان شاعروں نے غالب، اقبال اور جوش کا دامن چھوڑ کر میر کے دامن میں پناہ لی۔ ڈیڑھ سو برس سے اردو کے عظیم شعراء میر کو خراج عقیدت پیش کرتے آئے ہیں اور یہ بات ایک مسلمہ حقیقت بن چکی ہے کہ "آپ بے بہرہ ہے ہے جو معتقد میر نہیں۔" پھر بھی میر کا مطالعہ اسکولوں اور کالجوں کے نصاب کی کتابوں تک محدود رہا، اور میر شاعروں اور نقادوں کے شاعر بنے رہے لیکن ۱۹۴۷ء کے زخمی اور لہولہان ہندوستان اور پاکستان نے دوبارہ کلیات میر کو کلیجے سے لگایا اور اس کے اوراق میں اپنے زخموں کا مرہم ڈھونڈنا چاہا۔ صدیوں کی فرسودگی کے بعد بھی تازہ رہنے والا یہ کام یقیناً عظیم قدروں کا حامل ہے۔ وقت کے ہاتھ اسے چھو نہیں سکتے اور تاریخ کی گرد اسے دھندلا نہیں سکتی۔ اردو شاعری کی جدید تحریک کے بانی اور مشہور

تذکرہ نگار محمد حسین آزاد (۱۸۳۳ء تا ۱۹۱۰ء) نے اپنی دلچسپ کتاب "آب حیات" میں میر کی تعریف اس طرح کی ہے کہ، "قدردانی نے ان کے کلام کو جوہر اور موتیوں کی نگاہوں سے دیکھا اور نام کو پھولوں کی مہک بنا کر اڑا دیا۔ ہندوستان میں یہ بات انہیں کو نصیب ہوئی ہے کہ مسافر غزلوں کو تحفے کے طور پر شہر سے شہر میں لے جاتے تھے۔" پھولوں کی یہ مہک آج بھی آوارہ ہے۔ اب اسے میر کی بدنصیبی سمجھا جائے یا اردو والوں کی بدمذاقی کہ کلیات میر کا کوئی صحیح اور خوبصورت ایڈیشن آج تک شائع نہیں ہوا ہے اور بیشتر انتخابات ناقص ہیں۔ اب یہ اور بات ہے کہ میر کے چند اشعار زبان زد رہے ہیں اور زندگی کی مشکل گھڑیوں میں تسکین کا باعث بنے ہیں۔ یہ اشعار صاحبان ذوق کے درمیان سوغات کی طرح تقسیم ہوتے رہے ہیں۔ اکثر بچوں نے اسکولوں اور کالجوں میں پڑھنے سے پہلے یہ کلام جستہ جستہ بڑے بوڑھوں کی زبانی سنا ہے۔ اس کی وجہ سے یہ بھی ہوا ہے کہ بعض اشعار کے الفاظ بدل گئے ہیں اور بعض دوسرے اور کمتر شعراء کے اشعار میر کے نام سے منسوب ہو گئے ہیں اور حد یہ ہے کہ بڑے بڑے صاحب نظر نقاد اس فریب میں آ گئے ہیں۔ اس طرح میر کو سمجھنے کا ایک آسان طریقہ بھی رائج ہو گیا۔ وہ بہتر نشتروں کے شاعر مشہور ہو گئے جن کا کلام صرف آہ ہے۔ کیونکہ کسی نے کبھی یہ کہہ دیا تھا کہ سودا کی شاعری واہ ہے اور میر کی شاعری آہ۔۔۔ کیجے کیا میر صاحب، بندگی، بے چارگی۔ چنانچہ تنقید بھی اسی ڈگر پر چل کھڑی ہوئی اور لوگوں کی توجہ ایسے اشعار کی طرف سے ہٹ گئی جن میں آہوں کا گزر نہیں تھا اور سپردگی و فتادگی معصومیت اور سادگی کے بجائے میر کی بے دماغی بول رہی تھی۔ میر کی شاعری جتنی سادہ اور دلنشیں ہے اتنی ہی ٹیڑھی، بانکی، ترچھی، تیکھی بھی ہے۔ اس میں جتنی نرمی اور گداز ہے اتنی ہی تلخی اور صلابت بھی ہے۔ مثال کے طور پر یہ شعر بہت مشہور ہے، ہم فقیروں سے بے ادائی

کیا آن بیٹھے جو تم نے پیار کیا لیکن مزاج کی ایک دوسری ہی کیفیت اس شعر میں ملتی ہے، اپنا شیوہ کجی نہیں یوں تو یار جی، ٹیڑھے بانکے ہم بھی ہیں اگر ایک طرف میر صاحب یہ کہتے ہیں، دور بیٹھا غبار میر اس سے عشق بن یہ ادب نہیں آتا تو دوسری طرف اس بے ادبی کی بھی ہمت رکھتے ہیں، ہاتھ دامن میں ترے مارتے جھنجھلا کے نہ ہم اپنے جامے میں اگر آج گریباں ہوتا میر کے اعلیٰ درجے کے اشعار صرف یہی نہیں ہیں، الٹی ہو گئیں سب تدبیریں کچھ نہ دوا نے کام کیا دیکھا اس بیماری دل نے آخر کام تمام کیا ناحق ہم مجبوروں پر یہ تہمت ہے مختاری کی چاہتے ہیں سو آپ کرے ہیں ہم کو عبث بدنام کیا ہم خاک میں ملے تو ملے لیکن اے سپہر اس شوخ کو بھی راہ پہ لانا ضرور تھا تلخ اور شیریں، نرم اور گرم کے اس امتزاج میں میر کی شخصیت کا سارا جادو ہے اور یہ شخصیت اپنے عہد کے ساتھ ہم آہنگ ہو کر ایک ہو گئی ہے اور اس کی وجہ سے اس شاعری میں دل اور دلّی ہم معنی الفاظ بن گئے ہیں۔ کبھی کبھی یہ خیال پیدا ہوتا ہے (اور یہ خیال ہی ہے) کہ میر نے حافظ اور غالب کی طرح اپنے عہد کے شکنجوں کو توڑنے میں کامیابی حاصل نہیں کی اور وقت اور تاریخ کے بنائے ہوئے بھیانک قید خانے کی ساری آہنی سلاخیں میر کے جسم وجان میں پیوست ہو گئیں۔ میر کے ہندوستان کی طرح حافظ کا ایران بھی خانہ جنگیوں کا شکار تھا اور اس نیم مردہ جسم کو تیمور کی فوجوں نے اپنے گھوڑوں کی ٹاپوں سے روند ڈالا اور غالب کی دلی ۱۸۵۷ء کے غدر کی نذر ہو گئی۔ یہ دونوں فتنے کسی طرح نادر شاہی اور احمد شاہی فتنوں سے کم نہیں تھے۔ پھر بھی ایک کے یہاں نشاط سرشاری ہے اور دوسرے کے یہاں سرکشی اور انانیت۔ اس کے برعکس میر کے یہاں وہ نشاط و سرشاری، وہ شگفتگی اور بالیدگی مفقود ہے۔ ان کی شاعری غم کا ایک اتھاہ سمندر ہے جس میں آہوں کی کچھ موجیں ہیں اور احتجاج کے کچھ طوفان۔ ہنس کر طنز کرنا ان کے لئے مشکل ہے۔ جھنجھلا کے

گالی دینا آسان۔ (سودا کے بعد سب سے زیادہ گالیاں میر کے کلام میں ملیں گی۔ اسی لئے کسی نے کہا تھا کہ میر کا بلند کلام بے انتہا بلند اور پست کلام بے انتہا پست ہے۔) میر کے یہاں عشق ظہور عالم کا باعث ہونے کے باوجود جان لیوا ہے۔ شوق کی افراط ذرے کو صحرا اور قطرے کو دریا بنانے کے بجائے رونے اور مرنے پر آمادہ کرتی ہے۔ آوارگی آزادہ روی نہیں ہے بلکہ پریشاں حالی اور پریشاں روزگاری ہے۔ اس میں تڑپ نہیں ہے، افسردگی اور بے چارگی ہے۔ اسی لئے میر نے آوارگی کو نسیم وصبا سے نہیں بگولوں سے تشبیہ دی ہے۔ میر معشوق سے کھیل نہیں سکتے۔ وہ یا تو شکوہ کرتے ہیں یا پرستش اور ان کی طبیعت واسوخت کی طرف مائل ہو جاتی ہے۔ وصال اور ہم آغوشی کی منزل ذرا کم ہی آتی ہے۔ انتظار کا درد بڑی حد تک لذت سے نا آشنا ہے۔ وہ کرب ہی کرب ہے۔ رقص اور نغمے کے الفاظ تو درکنار، اس تصور کی پرچھائیں بھی میر کی غزلوں پر نہیں پڑی۔۔۔ کبھی زمزمہ پردازی کا ذکر ضرور کرتے ہیں مگر اس اہتمام کے ساتھ کہ یہ اسیری کا مژدہ ہے۔ لیکن یہ غم غم ذات نہیں، غم کائنات ہے۔ یہ اپنے دل کی اندرونی فضا میں محدود ایک فرد کی شکست نہیں ہے بلکہ ایک پوری دنیا، ایک پورے عہد کی شکست ہے جس کو اس فرد نے اپنی ذات میں سمیٹ لیا ہے۔ میر ایک ہارے ہوئے عاشق ضرور ہیں لیکن یہ زمانے کی نہیں خدا کی ہار معلوم ہوتی ہے۔ اس لئے بے بسی اور بیچارگی کے ساتھ ساتھ اس میں ایک عجیب وغریب عظمت ہے اور انسان کے کھوئے ہوئے وقار کو حاصل کرنے کا بلند حوصلہ۔ یہ ایک کربلا ہے جس میں قتل حسین مرگ یزید کی بشارت دیتا ہے۔ ٹریجڈی کے ہیرو کی جسمانی شکست، بدی کے مقابلے میں نیکی کی روحانی فتح ہوتی ہے۔ دنیا کا عظیم آرٹ شکست وفتح، غم اور نشاط کی متضاد کیفیتوں کو اسی طرح ملا کر دو رنگوں سے ہزار رنگ پیدا کرتا ہے۔ میر کے بعد ایسا پر شکوہ غم کسی دوسرے شاعر کو نصیب نہیں

ہوا۔ وہ ایک بامقصد اور باشعور شاعر ہیں۔ ان کی غزل سرائی صرف گرمی محفل کے لئے نہیں ہے۔ اس کا مرتبہ ان کی نظروں میں بہت بلند ہے۔ انہوں نے بعض امیروں اور بادشاہوں کی مصاحبت اور نوکری ضرور کی اور کبھی کبھی قصیدوں اور مثنویوں سے خوش بھی کیا لیکن اپنی غزل کو آلودہ نہیں ہونے دیا۔ ان کی غزل میں ایک شعر بھی کسی "تجمل حسین خاں' (غالب کا ممدوح) یا کسی "حاجی قوام" (حافظ کا ممدوح) کی تالیف قلب کے لئے نہیں ہے۔ قدر جیسی مرے شعروں کی امیروں میں ہوئیویسی ان کی بھی ہو گی مرے دیوان کے بیچو یسے ان کے ہم عصروں میں بعض ایسے شعرا موجود تھے جنھوں نے ندیم اور مصاحب بن کر اپنے فن کا گلا گھونٹ دیا (جیسے انشا) یوں تو میر کی بے دماغی کے بہت سے افسانے مشہور ہیں لیکن انہوں نے خود اپنی آپ بیتی "ذکر میر" میں ایک واقعے کا ذکر کیا ہے۔ یہ ان کی جوانی کا زمانہ تھا اور وہ رعایت خاں کے نوکر تھے لکھتے ہیں، "ایک چاندنی رات میں خان کے سامنے ڈوم کالڑ کا چبوترے پر بیٹھا گا رہا تھا (خان نے) مجھے دیکھا تو کہنے لگا کہ میر صاحب، اسے اپنے دو تین شعر ریختے کے یاد کرا دیجئے تو یہ اپنے ساز پر درست کر لے گا۔ میں نے کہا، یہ مجھ سے نہیں ہو سکتا۔ کہنے لگا میری خاطر سے۔ چونکہ ملازمت کا پاس تھا۔ طوعا! وکرہاً تعمیل کی اور پانچ شعر ریختے کے اسے یاد کرائے۔ مگر یہ بات میری طبع نازک پر بہت گراں گزری۔ آخر دو تین دن کے بعد گھر بیٹھ رہا۔ اس نے ہر چند بلایا نہیں گیا، اور اس کی نوکری چھوڑ دی۔" (میر کی آپ بیتی۔ نثار احمد فاروقی صفحہ ۱۰۳) انہوں نے بار بار یہ بتایا ہے کہ ان کی شاعری ان کے عہد کی ترجمان ہے۔ ان کا دیوان صرف ان کے اپنے نہیں بلکہ سارے زمانے کے درد و غم کا مجموعہ ہے۔ درہمی حال کی ہے ساری مرے دیواں میں سیر کر تو بھی یہ مجموعہ پریشانی کا (غزل نمبر ۵۔ شعر نمبر ۳) انہوں نے غزل کے شعروں ہی میں اس بات کا اعتراف نہیں کیا ہے کہ جہاں

ہزاروں طرف کا عالم خاک میں مل چکا ہو، وہاں صرف اپنے آپ رونا بے سود ہے۔ (غزل نمبر ۴۶۶) بلکہ اپنی نثر کی تحریروں میں بھی اس انداز کو برقرار رکھا ہے۔ چنانچہ ان کی آپ بیتی ان کی اپنی زندگی سے زیادہ ان کے عہد کی خانہ جنگیوں کی داستان ہے۔ اس میں میر کی سیاسی اور سماجی بصیرت جھلکتی ہے۔ وہ تفصیلات میں نہیں گئے ہیں۔ لیکن رواداری میں ان کے قلم سے بعض ایسے جملے نکل گئے ہیں جو ان کے شعور کو ظاہر کرتے ہیں۔ شاہ عالم کا ذکر انہوں نے ان الفاظ میں کیا ہے کہ، "عالی گہر جس پر اب بادشاہ ہونے کی تہمت ہے، مگر فرنگیوں کے ہاتھوں میں کٹھ پتلی بنا ہوا ہے۔ (آپ بیتی صفحہ ۱۱۰) پانی پت کی تیسری لڑائی (۱۷۶۱ء) میں احمد شاہ ابدالی کے فوجوں کے ہاتھوں مرہٹوں کی شکست کا سبب یہ بیان کیا ہے کہ، "مرہٹے اگر اپنے قدیم دستور کے مطابق جنگ سے گریز کرتے تو عین ممکن تھا کہ غالب آجاتے۔ وہ توپ خانہ کو گھیر کر بیٹھ گئے اور شاہی فوج اس فکر میں لگ گئی کہ رسد نہ آنے دے۔ (آپ بیتی صفحہ ۴۔ ۱۲۳) میر نے امیروں اور بادشاہوں کے دربار بھی دیکھے تھے اور ان کی فوج کے ساتھ ساتھ جنگ کے میدانوں میں بھی گئے تھے۔ وہ فتح اور شکست دونوں سے واقف تھے۔ انہوں نے صرف شاعری نہیں کی بلکہ ایلچی اور سفیر کا کام بھی کیا۔ انہیں درباریوں کی سازشوں سے سابقہ پڑا تھا۔ بادشاہوں کی تخت نشینی اور ان کا قتل آئے دن کی بات تھی۔ اس لئے یہ نتیجہ نکالنا مشکل نہیں تھا کہ،

جس سر کو غرور آج ہے یاں تاج وری کا کل اس پہ یہیں شور ہے پھر نوحہ گری کا

آفاق کی منزل سے گیا کون سلامت اسباب لٹا راہ میں یاں ہر سفری کا

لے سانس بھی آہستہ کہ نازک ہے بہت کام آفاق کی اس کارگہ شیشہ گری کا چونکہ وہ اپنے عہد کے المناک ڈرامے میں ذاتی طور سے شریک تھے، اس لئے وہ سیاسی اور سماجی آویزشوں کو سمجھتے تھے۔ یہ اتفاقی بات نہیں ہے کہ انہوں نے دنیا کے مال و دولت سے

زیادہ اخلاقی قدروں کو قیمتی سمجھا اور اپنی غزلوں کے علاوہ فقیروں اور درویشوں کی کہانیوں کی صورت میں انہیں قلم بند کیا (فیض میر۔) بعض لوگ غلطی سے ان اخلاقی افسانوں کو جھوٹ یا خیالی واقعات کا نام دیتے ہیں۔ اخلاقی قدروں کی طرح فنی اور شاعرانہ قدروں کو بھی میر نے دنیاوی جاہ و جلال سے زیادہ اہمیت دی ہے۔ جس غزل میں انہوں نے یہ شعر کہا، منعم نے بنا ظلم کی رکھ گھر تو بنایا پر آپ کوئی رات ہی مہمان رہے گا اسی میں یہ شعر بھی ہے، جانے کا نہیں شور سخن کا مرے ہر گز تا حشر جہاں میں مرا دیوان رہے گا (غزل نمبر ۱۰)

اور یہی بات مرتے وقت وصیت کے طور پر اپنے بیٹے سے کہی۔ حیدرآباد کے ادارہ ادبیات اردو میں میر کا ایک قلمی فارسی دیوان ہے۔ اس کی ایک مثنوی میں انہوں نے دلّی سے بچھڑنے کے بعد دلّی کو پیام بھیجا ہے اور باد صبا سے مخاطب ہو کر کہا ہے کہ اگر دلّی کی طرف تیرا گزر ہو تو میری طرف سے ہر قدم پر بوسہ دینا۔ ہر مقبرے پر آیہ رحمت پڑھنا۔ ہر مسجد کو میرا اسلام کہنا۔ نئی نئی پیشانیاں پیدا کر کے ہر دروازے پر سجدہ کرنا۔ ہر گلی کے سامنے ٹھہر کر در و بام پر حسرت کی نگاہ ڈالنا۔ ہر مصیبت زدہ کو میری طرف سے یاد کرنا۔ ہر دیوار کے نیچے رک کر فریاد کرنا۔ میرے دوستوں کو تلاش کرنا اور حسن نظر آئے تو اس تک میرا عشق پہنچا دینا اور اس کے بعد ان سب کو میری داستان سنانا۔ اس مثنوی میں آگے چل کر میر نے اپنی شاعری کا ذکر اس انداز سے کیا ہے کہ میرا دل وطن کے شوق میں زخمی ہے۔ ورنہ ایک عمر ہو گئی کہ زبان بند ہی رہتی ہے۔ اب گفتگو کا یارا کس کو ہے۔ سارے شہر میں میری بے نیازی مشہور ہے اور چاروں طرف میری بے دماغی کے چرچے ہیں۔ مگر کیا کروں کہ دل درد و غم کے جوش سے خون ہو جاتا ہے اور مصرع خود بخود موزوں ہو جاتا ہے۔ اس کی وجہ سے اگر کوئی مجھے شاعر کہتا ہے تو وہ بدمذاق (ناشاعر)

ہے۔ میں تو عشق کا مارا ہوا ہوں اور اپنے غموں میں مبتلا ہوں۔ رفتہ عشقم غم من وافر استہر کہ داند شاعرم نا شاعر است (اقتباس از "میر تقی میر" خواجہ احمد فاروقی) یہی خیال اردو غزل کے دو شعروں میں بھی ملتا ہے، مصرع کوئی کوئی کبھی موزوں کروں ہوں میں کس خوش سلیقگی سے جگر خوں کروں ہوں میں (غزل نمبر ۳۰۰) مجھ کو شاعر نہ کہو میر کہ صاحب میں نے درد و غم کتنے کئے جمع سو دیوان کیا (غزل نمبر ۳۔ شعر نمبر ۲) یہ بات یاد رکھنے کے قابل ہے کہ جدید ہندی اور اردو زبان کی تشکیل کی تاریخ میں اٹھارہویں صدی، جو میر کی صدی ہے، سب سے زیادہ اہم ہے۔ اس وقت تک زبان کا نام صرف ہندی تھا، کبھی کبھی اسے ریختہ اور زبان دہلوی بھی کہا جاتا تھا۔ اس کا سب سے زیادہ قابل اعتبار اور قابل توجہ روپ اردو رسم خط میں اور اردو شاعری کی شکل میں نکھر رہا تھا (نثر کے لئے فارسی ہی استعمال ہوتی تھی۔) اس صدی میں یہ زبان جاگیر داری عہد کی مقامی بولیوں کی حد بندی سے آزاد ہو کر ایک مستند اور ہندوستان گیر زبان بن گئی اور اس کی ادبی حیثیت مسلم ہو گئی، جس پر میر کی استادی کی مہر لگی ہوئی ہے۔ انہوں نے اپنی شاعرانہ تعلی کے زور میں اس حقیقت کو یوں بیان کیا ہے، سارے عالم پر ہوں میں چھایا ہوا مستند ہے میرا فرمایا ہوا مغل عہد اور اس سے پہلے کے زمانے میں اعلیٰ طبقے اظہار و بیان کے لئے سنسکرت اور فارسی کا استعمال کرتے تھے، حالانکہ مغل حرم میں پنجابی اور برج بھاشا بولی جاتی تھی۔ لیکن دربار میں فارسی کا رواج تھا۔ اس کے برعکس ہندی کے سنت، کویوں اور اردو کے صوفی شعراء نے عوامی بولیوں کو اپنایا اور کبیر، میرا، ملک محمد جائسی، سورداس، تلسی داس، ولی دکنی، سودا اور میر نے اعلیٰ درجے کے شاہکار پیش کئے جو دنیا کی زبانوں کی اعلیٰ درجے کی شاعری سے آنکھیں ملا سکتے ہیں۔ روایت نے امیر خسرو کے سر ابتدا کا سہرا باندھا ہے لیکن ان کی ہندی تخلیقات نایاب ہیں اور جو چیزیں دوہوں اور مکرنیوں کی شکل

میں ان کے نام سے منسوب ہیں وہ مشکوک ہیں۔ کبیر، ملک محمد جائسی اور تلسی داس نے مختلف سطحوں سے اودھی میں نغمہ سرائی کی۔ میرا نے اپنی راجستھانی میں برج بھاشا کا میل کیا اور سورداس نے خالص برج استعمال کی۔ ولی دکنی کے یہاں پہلی بار کھڑی بولی نکھرنے لگتی ہے لیکن مراٹھی اور تیلگو کے دکنی الفاظ کی آمیزش کے ساتھ سودا اور میر نے اس کی صفائی و آرائش کر کے اسے جدید عہد کی مستند زبان بنا دیا (سودا کے یہاں اس ٹکسالی زبان کے علاوہ برج بھاشا، اودھی اور پنجابی بھی استعمال ہوئی ہے) ان دو استادوں کے علاوہ زبان کی تشکیل میں کچھ اور شاعروں کے نام بھی لئے جاتے ہیں۔ مگر وہ کمتر درجے کے شاعر ہیں۔ خود میر کے استاد خان آرزو بھی جنہوں نے ایک پوری نسل کی تربیت کی تھی اور سودا کو فارسی چھوڑ کر ریختہ کی طرف مائل کیا تھا اردو شاعری میں کوئی بلند مقام نہیں رکھتے۔ ان کی عالمانہ حیثیت شاعرانہ حیثیت سے بڑی ہے۔ ان شعرا کی جادو بیانی کے زیر اثر امرا کے طبقے میں بھی ہندی اور ریختے کا رواج ہونے لگا اور وہ بھی اپنے غزلیں لے کر مشاعروں میں آنے لگے۔ بادشاہوں نے بھی طبع آزمائی کی اور ریختہ گو شاعروں کو درباروں میں استادوں کی جگہ ملنے لگی۔ قصیدہ گوئی کی روایت فارسی سے چلی آرہی تھی۔ اس لئے وہ غزل کے ساتھ قصیدہ بھی کہنے لگے۔ اس میں سودا نے بڑا نام پیدا کیا۔ چونکہ یہ زبان عام بازاروں اور گلی کوچوں سے نکل کر دربار تک پہنچی، اس لئے اس کا معیار عوامی ہی رہا اور محاورہ اہل دہلی اور جامع مسجد کی سیڑھیوں کو کسوٹی سمجھا جاتا رہا (جامع مسجد سے لال قلعہ کی دیواروں تک گھنی آبادی اور بارونق بازار تھے) سند کے لئے چونکہ کتابوں اور لغتوں کا وجود نہیں تھا اس لئے بول چال ہی کو سند سمجھا جاتا تھا (اردو ہندی کی ابتدائی لغتیں اٹھارہویں صدی میں انگریز مستشرقین نے تیار کی ہیں جو ایسٹ انڈیا کمپنی کے عہدیداروں کی حیثیت سے ہندوستان آئے تھے اور حکمرانی کے لئے یہاں کی زبان سیکھ

رہے تھے۔) تشکیل اور ارتقا کا عمل دہرا تھا۔ میر اور ان کے ہم عصر شعرا ایک طرف عام بول چال کی زبان کو شعروں میں ڈھال کر خوبصورت اور ادبی بنا رہے تھے اور الفاظ کے نئے نئے جوڑ بٹھا کر اظہار و بیان کے لئے وسعتیں پیدا کر رہے تھے اور دوسری طرف فارسی کی ادبی روایتوں سے استفادہ کر رہے تھے اور محاوروں کا ترجمہ کر کے ہندی اور ریختہ میں کھپاتے جاتے تھے۔ آج زبان میں کتنے ایسے محاورے استعمال ہو رہے ہیں اور کسی کو یہ شبہ بھی نہیں ہوتا کہ یہ کسی زمانے میں دوسری زبان سے ترجمہ کر کے بنائے گئے تھے۔ محمد حسین آزاد نے آب حیات میں بہت سے محاوروں، لفظوں اور ترکیبوں کی مثالیں پیش کی ہیں۔ مثلاً درآمدن (گھس آنا) سے در آنا بنایا گیا۔ عرق عرق شدن۔ آب شدن (شرمندہ ہونا) سے پانی پانی ہونا (آگ دوزخ کی بھی ہو جائے گی پانی پانی) حرف آمدن (اعتراض ہونا) سے حرف آنا۔ دل خون شدن سے دل کا خون ہونا یا دل کا لہو ہونا۔ چشمک زدن سے چشمک زنی کرنا۔ پیمانہ پُر کردن (مار ڈالنا) سے پیمانہ بھرنا (پیمانہ میری عمر کا ظالم تو بھر چلا) دامن افشاندہ برخاستن (بے راز ہو کر اٹھنا) سے دامن جھاڑنا، دامن جھٹکنا۔ از جامہ بیروں شدن (بے قابو ہونا) سے جامے سے باہر ہونا۔ دل از دست رفتن (بے اختیار ہو جانا) سے دل کا ہاتھ سے جانا (ہاتھ سے جاتا رہا دل دیکھ محبوباں کی چال۔) دل دادن (عاشق ہونا) سے دل دینا۔ از جان گذشتن (جان پر کھیلنا) سے جان سے گزرنا وغیرہ وغیرہ۔ اسی طرح تر دامن (بھیگا ہوا دامن) یعنی گناہ سے بھرا ہوا اور چراغ سحری (صبح کا چراغ جو بجھنے کے قریب ہو) کی طرح کی ترکیبوں نے بھی زبان میں اپنی جگہ بنالی۔ میخانہ، شراب، صراحی، ساغر، مینا، ساقی اور پیر مغاں، غرض سارے لوازمات کے ساتھ اردو شاعری میں داخل ہو گیا اور آتش گل، دستِ سبو، گردنِ مینا اور پائے خم کی ترکیبیں شاعری میں عام ہو گئیں۔ بسنت کے ساتھ بہار کا تصور آیا۔ بھیم اور ارجن کے ساتھ

رستم و سہراب اور سوہنی مہیوال، ہیر رانجھا کے ساتھ شیریں فرہاد، لیلی مجنوں اردو کی دنیا میں آباد ہو گئے۔ محمد حسین آزاد کے الفاظ میں، "ان باتوں پر فصاحت کے اصول عامہ کے بموجب بہت اعتراض ہوئے۔" مگر حقیقت یہ تھی کہ "بولنے والوں کی نسلیں اور اصلیں اور گھر اور گھرانے فارسی سے شیر و شکر ہو رہے تھے۔ جتنا اس کا دخل زیادہ ہوتا تھا اتنا ہی مزہ زیادہ ہوتا تھا۔ اور آج دیکھتے ہیں تو اور ہی رنگ ہے۔ ہمارے قادر الکلام انشا پرداز ترجمے کر کے انگریزی کے خیال کے چربے اتارتے ہیں اور ایسا ہی چاہئے، جہاں اچھا پھول دیکھا چن لیا اور دستار نہیں تو کوٹ میں زیب گریباں کر لیا۔" (آب حیات صفحہ ۳۶) وہ زمانہ دراصل فارسی کے انحطاط اور ہندی و ریختہ کے عروج کا تھا اور جس طرح سمندر کی واپس ہوتی ہوئی لہریں ساحل پر سیپیوں کے ڈھیر چھوڑ جاتی ہیں، فارسی اپنے پیچھے بہت سے جواہر پارے چھوڑ گئی۔ ان میں محاوروں، ترکیبوں اور لفظوں کے علاوہ وہ بحریں تھیں جو آج اردو ہی نہیں بلکہ ہندی، گجراتی اور مراٹھی شاعری تک میں مقبول ہو چکی ہیں اور زیادہ تر غزل کے ذریعے سے رائج ہوئی ہیں۔ کئی بحریں تو سنسکرت کی بحروں سے قریب ہیں مگر جو بحریں خالص فارسی کی ہیں، ان میں بھی یہ خصوصیت ہے کہ وہ بڑی آسانی کے ساتھ ہندی اور اردو کے لفظوں کو اپنے دامن میں سمیٹ لیتی ہیں اور ہندوستانی سنگیت کے سانچے میں پوری طرح ڈھل جاتی ہیں اور گائی جا سکتی ہیں۔ یہ امتزاج صرف اس لئے ممکن ہوا کہ قدیم فارسی اور سنسکرت زبان کی اصل ایک ہے۔ میر اور سودا نے اس امتزاج سے جو زبان شعر کو عطا کی وہ خوبصورت ہے، ساون کے بادلوں کی طرح سے بھرے ہوئے یہ وہ نین ہیں جن سے کہ جنگل ہرے ہوئے

سودا جاتے ہیں دن بہار کے اب کے بھی باؤ سے دل داغ ہو رہا ہے چمن کے سبھاؤ سے

میر اس زمانے میں یا اس سے ذرا قبل ایک نیا ادارہ مشاعرے کی شکل میں قائم ہوا جو شاعری اور زبان کا سب سے بڑا اسکول تھا۔ یہ مشاعرے آج کی طرح جلسوں کی شکل میں نہیں ہوتے تھے۔ ان کا نام شروع شروع میں مراختہ تھا، جو ریختے کے لفظ سے بنا تھا۔ ان میں دلّی کے تمام نامور شعرا جمع ہوتے تھے۔ نئے شاعر بھی شاعری کی سند لینے کے لئے وہیں سے ابتدا کرتے تھے۔ سامعین میں سب کے سب عالم اور فاضل لوگ ہوتے تھے جو اکثر وبیشتر ہندی اور ریختہ کے علاوہ فارسی اور سنسکرت کے عالم ہوتے تھے اور کوئی شاعر ان کو اپنے ترنم یا پڑھنے کے انداز سے دھوکہ نہیں دے سکتا تھا۔ سودا اور میر، خان آرزو کی اور غالب، مفتی صدرالدین آزردہ کی نگاہوں کو پہچانتے تھے۔ ان مشاعروں میں شعر پر کھا جاتا تھا۔ زبان اور محاورے پر بھری محفل میں اعتراض ہوتے تھے اور اس طرح شاعر کا مقام متعین کیا جاتا تھا۔ وہاں پہنچ کر عام بول چال کے الفاظ ادبی حیثیت اختیار کر لیتے تھے اور فارسی محاوروں کے ترجمے خوش مذاقی کی چھلنی میں چھانے جاتے تھے۔ ادب کی تاریخیں بڑے بڑے مشاعروں کی معرکہ آرائیوں سے بھری ہوئی ہیں۔ آج مصرع طرح میں شعر کہنا تفریح ہے اور مشاعرہ لطف اندوزی کی محفل بن گیا ہے۔ اس عہد میں مصرع طرح میں شعر کہہ کر مشاعرے میں پڑھنا شاعر کا امتحان ہوتا تھا۔ جس میں کامیاب ہونے کے بعد اس کے سر پر دستار فضیلت باندھی جاتی تھی۔ دلّی سے شعر کی جو زمین نکلتی تھی وہ لکھنؤ اور دوسرے شہروں میں جاتی تھی اور وہاں کی زمینیں دلّی آتی تھیں۔ اس طرح ادب کی کسوٹیاں بن رہی تھیں اور زبان اور شعر سانچے میں ڈھل رہے تھے۔ میر کی پیدائش سے بائیس سال پہلے ۱۷۰۰ء میں اورنگ آباد کا ایک شاعر ولی دکنی دہلی آیا تھا۔ پھر میر کی پیدائش سے تین سال پہلے ۱۷۱۹ء میں اس کا دیوان دہلی آیا اور وہ پہلا بڑا شاعر ہے جس نے ریختہ میں نغمہ سرائی کی۔ اورنگ آباد کو اورنگ زیب نے

پچاس سال تک اپنا مرکز بنائے رکھا اور اس طرح وہاں ایک چھوٹی سی دلّی آباد ہو گئی اور اس چھوٹی سی دلّی نے ولی کو اردو کا پیغمبر سخن بنا کر بڑی دلّی بھیجا، جہاں کے شعرا ریختے میں شعر کہنے کی کوشش ضرور کر رہے تھے لیکن کوئی معقول اور مقبول انداز نہیں اختیار کر سکے تھے۔ ولی کے دیوان نے گویا ان کے لئے شاعری کی عظیم شاہراہیں کھول دیں۔ اس دکنی شاعر نے تم کو 'تمن' اور ہم کو 'ہمن' اور سے کو 'سوں' لکھا۔ مگر وہ آواز بڑی میٹھی، بڑی سریلی اور بڑی من موہک تھی اور اس نے دلّی میں سب کے دلوں کو موہ لیا۔ جیسے بادلوں میں بجلی چمکتی ہے، ولی کی خوبصورت دکنی زبان میں کبھی کبھی اس اردو کے کوندے لپک جاتے ہیں جسے میر اور ان کے ہمعصروں نے اپنایا اور جو آج جدید اور مستند زبان سمجھی جاتی ہے۔ ولی کا عام انداز یہ ہے، عجب نئیں گر گلاں دوڑیں پکڑ کر صورت قمریاں اسوں جب چمن بھیتر وہ سرو سر فراز آئے مگر یہی انداز زبان کے ایک صاف شفاف تھرتھراتے ہوئے شعلے میں تبدیل ہو جاتا ہے، ولی اس گوہر کان حیا کی کیا کہوں خوبی میرے گھر اس طرح آتا ہے جیوں سینے میں راز آوے اس راستے پر دلّی کے شعرا چل پڑے اور ۱۷۱۹ اور ۱۷۵۰ کے درمیان اردو شاعری نے میر کی شاعری کی شکل میں اپنی معراج حاصل کر لی۔

میر کے یہاں ولی کی شاعری کے اثرات موجود ہیں۔ زبان کے علاوہ غزلوں کی زمینیں اور بعض خیالات بھی مشترک ہیں۔ لیکن میر کا راستہ بالکل الگ ہے۔ ان کی شاعری ولی دکنی کی طرح معصومیت اور معشوق نوازی تک محدود نہیں ہے۔ انہوں نے غزل کو اس اعتبار سے آلودہ کر دیا کہ حسن و عشق کے موضوعات تنقید حیات کے موضوعات میں گھل مل گئے۔ اس کی طرح پڑ چکی تھی۔ لیکن میر نے اس کو جتنی وسعت دے دی اتنی کسی دوسرے شاعر کے یہاں مشکل سے ملے گی۔ اس طرح میر نے غزل کو

اپنے عہد کا آئینہ بنا دیا۔ اس شاعری پر سیاسی اور سماجی حالات کی پوری دھوپ پڑ رہی ہے۔ اردو غزل کو ورثے میں فارسی غزل

کی عظیم الشان روایت ملی تھی جس کی عمر پانچ سو برس سے زیادہ تھی۔ اس روایت میں سب سے زیادہ اہم اثرات ہندوستان کے فارسی گو شاعروں کے تھے جنہوں نے سعدی اور حافظ کی غزلوں کو آرائش خیال اور دور از کار تشبیہوں سے سجایا تھا۔ بیدل اس فن کے سب سے بڑے امام تھے۔ میر ان اثرات سے اپنا دامن صاف بچا گئے۔ کہیں کہیں اس کی جھلک ضرور ملتی ہے اور چہرے کے اڑے ہوئے رنگ کو میر اس طرح بیان کرتے ہیں، دو آشیان طائر رنگ پریدہ تھا لیکن جو میر کا اصلی رنگ تغزل ہے، اس میں اڑے ہوئے رنگ کی چڑیا کسی چہرے پر اپنا گھونسلہ نہیں بناتی، ان کی غزل عام بول چال کی زبان میں بات چیت کا انداز اختیار کئے ہوئے ہے۔ فارسی الفاظ کے استعمال میں بھی میر نے ہندوستانی لب و لہجے کو فارسی لب ولہجہ پر ترجیح دی ہے۔ مثلاً وہ خیال اور پیالے کی "ی" کو ظاہر کرنا ضروری نہیں سمجھتے۔ محمد حسین آزاد کے بیان کے مطابق اس کو انہوں نے اہل دلّی کے محاورے کی بنیاد پر صحیح قرار دیا۔ اسی طرح انہوں نے عطف اور اضافت کے معاملے میں بھی ہندوستانی انداز برقرار رکھا ہے اور بے احتیاطی برتی ہے۔ لفظوں کے ہندوستانی تلفظ کی طرح میر کی غزلوں کا ترنم بھی عوامی لب و لہجے سے بہت زیادہ قریب ہے۔ ان کی غزل میں فارسی غزل کی نفاست سے زیادہ ہندی شاعری کی ارضی کیفیات ہیں۔ تشبیہوں اور لفظی تصویروں کے معاملے میں بھی وہ مروجہ فارسی خزانے پر اکتفا نہیں کرتے بلکہ اپنے گرد و پیش سے تصویریں حاصل کر لیتے ہیں۔ انہوں نے مکڑی کے جالوں، چارپائیوں، مفلس کے چراغوں، قبروں سے اٹھتے ہوئے بگولوں، ٹوٹے ہوئے مکانات اور سوکھے ہوئے خون کو جس بے تکلفی سے استعمال کیا ہے، اتنی ہی بے باکی کے

ساتھ سکھ اور مراٹھا جیسے الفاظ غزل میں داخل کر دیے۔ آج کے عہد کے ایک جدید نقاد سید عبد اللہ کا خیال یہ ہے کہ اپنی بعض غزلوں میں وہ بھگتی کے دوہوں سے متاثر ہیں اور ان غزلوں کو انہوں نے ادھورے گیتوں کا نام دیا ہے۔ یہ غزلیں ایک مخصوص بحر میں لکھی گئی ہیں جو گیتوں کے آہنگ سے بھری ہوئی ہے۔ بعد کے شعرا اور خاص طور سے غالب اور اقبال نے اس بحر کو ہاتھ نہیں لگایا۔ ترقی پسند تحریک کے زیر اثر اردو کے جدید شاعروں نے اس بحر کو دوبارہ شاعری میں جگہ دی ہے۔ یہ غزلیں اگر اکتارے پر گائی جائیں تو صوفیوں، فقیروں اور بھگتوں کے دل کی آواز سے مل جائیں گی۔ پتا پتا بوٹا بوٹا حال ہمارا جانے ہے جانے نہ جانے گل ہی نہ جانے باغ تو سارا جانے ہے کیا کہئے کچھ بن نہیں آتی جنگل جنگل ہو آئے چھانہہ میں جا کر پھولوں کی ہم عقل و جنوں کو رو آئے کیا ہی دامن گیر ہے یارب خاک مقتل گاہ وفا اس ظالم کی تیغ تلے سے ایک گیا تو دو آئے یہ عوامی لہجہ میر کی دوسری غزلوں میں بھی موجود ہے اور میر کے ہم عصروں نے اس پر اعتراض بھی کیا ہے لیکن حقیقت یہ ہے کہ کبیر کے بعد یہ لہجہ صرف میر کے یہاں ملتا ہے لیکن میرا ذاتی خیال یہ ہے کہ میر کے بعد یہ نظیر اکبر آبادی کی شاعری میں منتقل ہو گیا جو میر سے سترہ برس چھوٹے تھے اور آج دو سو برس کے بعد جب شاعری اور عوام کے باہمی رشتے زیادہ مضبوط ہو رہے ہیں تو یہ لہجہ پھر زندہ ہو رہا ہے۔ یہ میر کی بہت بڑی کامیابی ہے۔ افسانہ میر تقی میر کا سب سے دلچسپ تذکرہ اردو شاعری کی جدید تحریک کے بانی محمد حسین آزاد (۱۸۳۳ء تا ۱۹۱۰ء) نے اپنی مشہور کتاب "آب حیات" میں لکھا ہے۔ حالانکہ بیشتر واقعات کی سند تاریخی شواہد سے نہیں ملتی اور بہت سے واقعات میر کی آپ بیتی "ذکر میر" کے بیانات سے غلط ثابت ہو چکے ہیں۔ پھر بھی ان میں میر کے کردار اور شخصیت کی جیتی جاگتی تصویریں چلتی پھرتی نظر آتی ہیں۔ میر کا افسانوی روپ اس سے بہتر نہیں ہو سکتا۔

آزاد کی زبان میں جو لطافت اور بیان میں جو چاشنی ہے وہ بھی کہیں اور نہیں ملے گی۔ اس لئے اس تحریر کا حوالہ دینے سے کہیں بہتر ہے کہ اس کے بعض اہم اقتباسات پیش کر دیے جائیں، "میر تخلص، محمد تقی نام، خلف میر عبداللہ، شرفائے اکبرآباد سے تھے۔ سراج الدین علی خان آرزو زبان فارسی کے معتبر مصنف اور مسلم الثبوت محقق ہندوستان میں تھے۔ گلزار ابراہیمی میں لکھا ہے کہ میر صاحب سے ان کا دور کا رشتہ تھا اور تربیت کی نظر پائی تھی۔ عوام میں ان کے بھانجے مشہور ہیں۔ درحقیقت بیٹے میر عبداللہ کے تھے مگر ان کی پہلی بیوی سے تھے۔ وہ مر گئیں تو خان آرزو کی ہمشیرہ سے شادی کی تھی اس لئے سوتیلے بھانجے ہوئے۔ (میر نے اپنی آپ بیتی میں خان آرزو کے سگے بھانجے کو اپنا بڑا بھائی لکھا ہے۔) میر صاحب کو ابتدا سے شعر کا شوق تھا۔ باپ کے مرنے کے بعد دلّی میں آئے اور خان آرزو کے پاس انہوں نے اور ان کی شاعری نے پرورش پائی مگر خان صاحب حنفی مذہب تھے اور میر صاحب شیعہ، اس پر نازک مزاجی غضب کی۔ غرض کسی مسئلے پر بگڑ کر الگ ہو گئے۔ (یہ بات بھی تصدیق طلب ہے کہ ماموں بھانجے کا اختلاف مذہبی بنیاد پر تھا۔) بدنظر زمانے کا دستور ہے کہ جب کسی نیک نام کے دامن شہرت کو ہوا میں اڑتے ہوئے دیکھتا ہے تو ایک داغ لگا دیتا ہے۔ چنانچہ تذکرہ شورش میں لکھا ہے کہ خطاب سیادت انہیں درگاہ شعری سے عطا ہوا ہے۔ کہن سال بزرگوں سے یہ بھی سنا ہے کہ جب انہوں نے میر تخلص کیا تو ان کے والد نے منع کیا کہ ایسا نہ کرو، ایک دن خواہ مخواہ سید مشہور ہو جاؤ گے۔" (والد کے انتقال کے وقت میر کی عمر دس گیارہ سال کی تھی۔ اس لئے یہ بیان بھی مشکوک ہے) اس وقت انہوں نے خیال نہ کیا۔ رفتہ رفتہ ہو ہی گئے۔ پھر بھی کہنا واجب سمجھتا ہوں کہ ان کی مسکینی، غربت اور صبر و قناعت، تقوی و طہارت محضر بنا کر ادائے شہادت کرتے ہیں کہ سیادت میں شبہ نہ کرنا چاہئے اور زمانے کا

کیا ہے۔ کس کو کیا نہیں کہتا۔ اگر وہ سید نہ ہوتے تو خود کیوں کہتے، پھرتے ہیں میر خوار کوئی پوچھتا نہیں اس عاشقی میں عزت سادات بھی گئی" یہ بھی ظاہر ہے کہ نحوست اور فلاکت قدیم سے اہل کمال کے سر پر سایہ کئے ہیں۔ ساتھ اس کے میر صاحب کی بلند نظری اس غضب کی تھی کہ دنیا کی کوئی بڑائی اور کسی کا کمال یا بزرگی انہیں بڑی دکھائی نہ دیتی تھی۔ اس قباحت نے نازک مزاج بنا کر ہمیشہ دنیا کی راحت اور فارغ البالی سے محروم رکھا اور وضع داری اور قناعت کے دھوکے میں اسے فخر سمجھتے رہے۔" (اس بیان میں تھوڑا سا مبالغہ ہے)" اگرچہ دلی میں شاہ عالم کا دربار اور شرفا کی محفلوں میں ادب ہر وقت ان کے لئے جگہ خالی کرتا تھا اور نیکی اطوار و اعمال کے سبب سے سب عظمت کرتے تھے مگر خالی آدابوں سے خاندان تو نہیں پل سکتے اور وہاں تو خود خزانہ سلطنت خالی پڑا تھا۔ اس لیے ۱۱۹۰ میں دلی چھوڑنی پڑی۔ جب لکھنو چلے تو ساری گاڑی کا کرایہ بھی پاس نہ تھا۔ ناچار ایک شخص کے ساتھ شریک ہو گئے تو دلی کو خدا حافظ کہا۔ (یہ بے بنیاد بات ہے، کرایہ کی رقم نواب آصف الدولہ نے بھیج دی تھی) تھوڑی دور آگے چل کر اس شخص نے کچھ بات کی تو یہ اس کی طرف سے منہ پھیر کر ہو بیٹھے۔ کچھ دیر بعد اس نے پھر بات کی۔ میر صاحب چیں بہ جبیں ہو کر بولے کہ صاحب قبلہ آپ نے کرایہ دیا ہے، بے شک گاڑی میں بیٹھیے لیکن باتوں سے کیا تعلق۔ اس نے کہا، حضرت، کیا مضائقہ ہے، راہ کا شغل ہے، باتوں میں ذرا جی بہلتا ہے۔ میر صاحب بگڑ کر بولے، خیر آپ کا شغل ہے، میری زبان خراب ہوتی ہے۔ لکھنؤ پہنچ کر جیسا مسافروں کا دستور ہے، ایک سرا میں اترے۔ معلوم ہوا کہ یہاں آج ایک جگہ مشاعرہ ہے۔ رہ نہ سکے۔ اسی وقت غزل لکھی اور مشاعرے میں جا کر شامل ہوئے۔ ان کی وضع قدیمانہ، کھڑکی دار پگڑی، پچاس گز کے گھیر کا جامہ، ایک پورا تھان پستولیے کا کمر سے بندھا، ایک رومال پٹری دار تہہ کیا ہوا، اس میں آویزاں،

مشروع کا پاجامہ جس کی عرض کے پائینچے، ناگ پھنی کی انی دار جوتی جس کی ڈیڑھ بالشت اونچی نوک، کمر میں ایک طرف سیف یعنی سیدھی تلوار، دوسری طرف کٹار، ہاتھ میں جریب۔ غرض جب داخل محفل ہوئے تو وہ شہر لکھنؤ، نئے انداز، نئی تراشیں، بانکے ٹیڑھے جوان جمع۔ انہیں دیکھ کر سب ہنسنے لگے۔ میر صاحب بے چارے غریب الوطن، زمانے کے ہاتھ سے پہلے ہی دل شکستہ تھے اور بھی دل تنگ ہوئے اور ایک طرف بیٹھ گئے۔ شمع ان کے سامنے آئی تو پھر سب کی نظر پڑیں اور بعض اشخاص نے پوچھا کہ حضور کا وطن کہاں ہے۔ میر صاحب نے یہ قطعہ فی البدیہہ کہہ کر غزل طرحی میں داخل کیا، کیا

بودوباش پوچھو ہو پورب کے ساکنو ہم کو غریب جان کے ہنس ہنس پکار کے

دلّی جو ایک شہر تھا عالم میں انتخاب رہتے تھے منتخب ہی جہاں روزگار کے

اس کو فلک نے لوٹ کے ویران کر دیا ہم رہنے والے ہیں اسی اجڑے دیار کے سب کو حال معلوم ہوا اور میر صاحب سے عفو تقصیر چاہی۔ کمال کے طالب تھے۔ صبح سویرے ہوتے ہوتے شہر میں مشہور ہو گیا کہ میر صاحب تشریف لائے ہیں۔ رفتہ رفتہ نواب آصف الدولہ نے سنا اور دو سو روپیہ مہینہ کر دیا۔" (یہ محض افسانہ ہے۔ یہ اشعار بھی میر کے نہیں ہیں۔ وہ نواب آصف الدولہ کی دعوت پر لکھنؤ گئے تھے اور اس بے بسی اور مظلومی کے عالم میں وارد نہیں ہوئے تھے۔ ممکن ہے آزاد نے میر صاحب کا جو حلیہ لکھا ہے وہ صحیح ہو۔) "عظمت واعزاز جوہر کمال کے خادم ہیں۔ اگرچہ انہوں نے لکھنؤ میں بھی میر صاحب کا ساتھ نہیں چھوڑا مگر انہوں نے بد دماغی اور نازک مزاجی کو، جو ان کے ذاتی مصاحب تھے، اپنے دم کے ساتھ ہی رکھا۔ چنانچہ کبھی کبھی نواب کی ملازمت میں جاتے تھے۔" "ایک دن نواب مرحوم نے غزل کی فرمائش کی۔ دوسرے تیسرے دن جو پھر گئے تو پوچھا کہ میر صاحب ہماری غزل لائے۔ میر صاحب نے تیوری بدل کر کہا۔ جناب

عالی مضمون غلام کی جیب میں تو بھرے نہیں کہ کل آپ نے فرمائش کی۔ آج غزل حاضر کر دے۔ اس فرشتہ خصال نے کہا، "خیر میر صاحب جب طبیعت حاضر ہو گی کہہ دیجیئے گا۔""" ایک دن نواب نے بلا بھیجا۔ جب پہنچے تو دیکھا کہ نواب حوض کے کنارے کھڑے ہیں۔ ہاتھ میں چھڑی ہے۔ پانی میں لال سبز مچھلیاں تیرتی پھرتی ہیں۔ آپ تماشہ دیکھ رہے ہیں۔ میر صاحب کو دیکھ کر بہت خوش ہوئے اور کہا کہ میر صاحب کچھ فرمایئے۔ میر صاحب نے غزل سنانی شروع کی۔ نواب صاحب سنتے جاتے تھے اور چھڑی کے ساتھ مچھلیوں سے بھی کھیلتے جاتے تھے۔ میر صاحب چیں بہ جبیں ہوتے اور ہر شعر پر ٹھہر جاتے تھے۔ نواب صاحب کہے جاتے تھے کہ ہاں پڑھئے۔ آخر چار شعر پڑھ کر میر صاحب ٹھہر گئے اور بولے کہ پڑھوں کیا۔ آپ مچھلیوں سے کھیلتے ہیں۔ متوجہ ہوں تو پڑھوں۔ نواب صاحب نے کہا جو شعر ہو گا آپ متوجہ کر لے گا۔ میر صاحب کو یہ بات زیادہ تر ناگوار گزری۔ غزل جیب میں ڈال کر گھر چلے آئے اور پھر جانا چھوڑ دیا۔ چند روز کے بعد ایک دن بازار میں چلے جاتے تھے۔ نواب صاحب کی سواری سامنے سے آ گئی۔ دیکھتے ہی نہایت محبت سے بولے۔ میر صاحب آپ نے بالکل ہی ہمیں چھوڑ دیا۔ کبھی تشریف بھی نہیں لاتے۔ میر صاحب نے کہا۔ بازار میں باتیں کرنا آداب شرفا نہیں، یہ کیا گفتگو کا موقع ہے۔ غرض بدستور اپنے گھر میں بیٹھے رہے اور فقر و فاقہ میں گزارتے رہے۔" (اس واقعہ کی تصدیق بھی کسی دوسرے ذریعہ سے نہیں ہوتی۔ میر صاحب تنک مزاج ضرور تھے لیکن درباروں کے آداب سے پوری طرح واقف تھے۔ یہ کہانی میر صاحب کے کردار کے ایک نازک پہلو کا افسانوی روپ ہے)"میر صاحب میانہ قد، لاغر اندام، گندمی رنگ تھے۔ ہر کام متانت اور آہستگی کے ساتھ، بات بہت کم وہ بھی آہستہ۔ آواز میں نرمی اور ملائمت۔ ضعیفی نے ان سب صفتوں کو اور بھی قوی کیا تھا۔

کیونکہ سو برس کی عمر آخر ایک اثر رکھتی ہے۔" (میر صاحب نے ۸۸ برس کی عمر پائی تھی۔ چاند کے مہینوں کے حساب سے ۹۰ سمجھی جا سکتی ہے)" عادات و اطوار نہایت سنجیدہ اور متین اور صلاحیت اور پرہیز گاری نے اسے عظمت دی تھی۔ ساتھ اس کے قناعت اور غیرت حد سے بڑھی ہوئی تھی۔ اس کا نتیجہ ہے کہ اطاعت تو درکنار نوکری کے نام کی برداشت نہ رکھتے تھے لیکن زمانہ جس کی حکومت سے کوئی سر نہیں اٹھا سکتا اس کا قانون اس کے بالکل برخلاف ہے۔ نتیجہ یہ کہ فاقے کرتے تھے۔ دکھ بھرتے تھے اور اپنی بد دماغی کے سائے میں دنیا اور اہل دنیا سے بیزار گھر میں بیٹھے رہتے تھے۔ ان شکایتوں کے لوگوں میں جو چرچے تھے وہ خود بھی اس سے واقف تھے۔" (میر نازک مزاج ضرور تھے لیکن اس بیان سے یہ غلط فہمی ہوتی ہے کہ انہوں نے کبھی کہیں کوئی نوکری نہیں کی۔ نہ صرف یہ کہ وہ مصاحب اور نوکر رہے بلکہ انہوں نے سفارت کے فرائض بھی انجام دیے ہیں بعض لڑائیوں میں بھی امراء کے ساتھ رہتے تھے۔)" باوجود اس کے اپنے سرمایہ فصاحت کو دولت لازوال سمجھ کر امیر غریب کسی کی پروانہ کرتے تھے، بلکہ فقر کو دین کی نعمت تصور کرتے تھے اور اس عالم میں معرفت الٰہی پر دل لگاتے تھے۔ چنانچہ ان کی اس ثابت قدمی کا وصف کسی زبان سے ادا نہیں ہو سکتا کہ اپنی بے نیازی اور بے پرواہی کے ساتھ دنیا کی مصیبتیں جھیلیں اور جو اپنی آن بان تھی اسے لئے دنیا سے چلے گئے اور جس گردن کو خدا نے بلند کیا تھا سیدھا خدا کے ہاں لے گئے۔ چند روزہ عیش کے لالچ سے یا مفلسی کے دکھ سے سے دنیا کے نااہلوں کے سامنے ہرگز نہ جھکایا۔ ان کا کلام کہے دیتا ہے کہ دل کی کلی اور تیوری کی گرہ کبھی کھلی نہیں۔ باوجود اس کے اپنے ملک خیال کے ایک بلند نظر بادشاہ تھے۔""" ان کے خیالات عالی اور حوصلے بڑے تھے۔ اس لئے بے دماغیاں ان کے جوہر کمال پر زیور معلوم ہوتی ہیں۔ میر قمر الدین منت دلّی میں ایک شاعر گزرے

ہیں کہ علوم رسمی کی قابلیت سے عمائد دربار شاہی میں تھے۔ وہ میر صاحب کے زمانے میں مبتدی تھے۔ شعر کا شوق بہت تھا۔ اصلاح کے لئے اردو کی غزل لے گئے۔ میر صاحب نے وطن پوچھا۔ انہوں نے سونی پت علاقہ پانی پت بتلایا۔ آپ نے فرمایا سید صاحب اردوئے معلی خاص دلّی کی زبان ہے۔ آپ اس میں تکلیف نہ کیجئے۔ اپنی فارسی وارسی کہہ لیا کیجئے۔""سعادت یار خاں رنگین نواب طہماسپ بیگ خاں قلعدار شاہی کے بیٹے تھے۔ چودہ پندرہ برس کی عمر تھی۔ بڑی شان و شوکت سے گئے اور غزل اصلاح کے لئے پیش کی۔ سن کر کہا، صاحبزادے آپ خود امیر ہیں اور امیر زادے ہیں۔ نیزہ بازی اور تیر اندازی کی کثرت کیجئے۔ شہ سواری کی مشق فرمایئے۔ شاعری دلخراشی اور جگر سوزی کا کام ہے۔ آپ اس کے درپے نہ ہوں۔ جب انہوں نے اصرار کیا تو فرمایا کہ آپ کی طبیعت اس فن کے مناسب نہیں۔ یہ آپ کو نہیں آنے کا۔ خواہ مخواہ میری اوراپنی اوقات ضائع کرنا کیا ضرور ہے۔""دلی میں میر صاحب نے ایک مثنوی کہی۔ اپنے تیئں اژدہا قرار دیا اور شعرائے عصر میں کسی کو چوہا، کسی کو سانپ، کسی کو بچھو، کسی کو کھنکھجورا وغیرہ وغیرہ ٹھہرایا۔ ساتھ اس کے ایک حکایت لکھی کہ دامن کوہ میں ایک خونخوار اژدہا رہتا تھا۔ جنگل کے حشرات الارض جمع ہو کر لڑنے گئے۔ جب سامنا ہوا تو اژدہے نے ایسا دم بھرا کہ سب فنا ہو گئے۔""لکھنؤ میں کسی نے پوچھا۔ کیوں حضرت آج کل شاعر کون ہے۔ کہا ایک تو سودا اور دوسرا یہ خاکسار ہے اور تامل کر کے کہا۔ آدھے خواجہ میر درد۔ کوئی شخص بولا کہ حضرت میر سوز صاحب۔؟ چیں بہ جبیں ہو کر کہا کہ میر سوز صاحب بھی شاعر ہیں؟ انہوں نے کہا کہ آخر استاد نواب آصف الدولہ کے ہیں۔ کہا کہ خیر یہ ہے تو پونے تین سہی مگر شرفا میں ایسے تخلص ہم نے کبھی نہیں سنے۔ میر صاحب کے سامنے مجال کس کی تھی جو کہے کہ ان بے چارے نے میر تخلص کیا تھا، وہ آپ نے چھین لیا۔ ناچار

اب انہوں نے ایسا تخلص اختیار کیا کہ نہ آپ کو پسند آئے، نہ آپ اسے چھینیں۔""" لکھنؤ کے چند عمائد وارا کین جمع ہو کر ایک دن آئے کہ میر صاحب سے ملاقات کریں اور اشعار سنیں۔ دروازے پر آکر آواز دی۔ لونڈی یا ماما نکلی۔ حال پوچھ کر اندر گئی۔ ایک بوریا لاکر ڈیوڑھی میں بچھایا۔ انہیں بٹھایا۔ اور ایک پرانا سا حقہ تازہ کر کے سامنے رکھ گئی۔ میر صاحب اندر سے تشریف لائے۔ مزاج پرسی وغیرہ کے بعد انہوں نے فرمائش اشعار کی۔ میر صاحب نے اول کچھ ٹالا، پھر صاف جواب دیا کہ صاحب قبلہ میرے اشعار آپ کی سمجھ میں نہیں آنے کے۔ اگرچہ ناگوار ہوا مگر بنظر آداب واخلاق انہوں نے نارسائی طبع کا اقرار کیا اور پھر درخواست کی۔ انہوں نے پھر انکار کیا۔ آخر ان لوگوں نے گراں خاطر ہو کر کہا کہ حضرت انوری و خاقانی کا کلام سمجھتے ہیں۔ آپ کا ارشاد کیوں نہ سمجھیں گے۔ میر صاحب نے کہا کہ یہ درست ہے۔ مگر ان کی شرحیں، مصطلحات اور فرہنگیں موجود ہیں اور میرے کلام کے لئے فقط محاورہ اہل اردو ہے، یا جامع مسجد کی سیڑھیاں اور اس سے آپ محروم۔ یہ کہہ کر ایک شعر پڑھا، عشق برے ہی خیال پڑا ہے، چین گیا آرام گیا دل کا جانا ٹھہر گیا ہے، صبح گیا شام گیا اور کہا آپ بموجب اپنی کتابوں کے کہیں گے کہ خیال کی 'ی' کو ظاہر کرو اور پھر یہ کہیں گے کہ 'ی' تقطیع میں گرتی ہے۔ مگر یہاں اس کے سوا جواب نہیں کہ محاورہ یہی ہے۔"" جب نواب آصف الدولہ مر گئے، سعادت علی خاں کا دور ہوا تو یہ دربار جانا چھوڑ چکے تھے۔ وہاں کسی نے طلب نہ کیا۔ ایک دن نواب کی سواری سامنے جاتی تھی۔ یہ تحسین کی مسجد پر سر راہ بیٹھے تھے۔ سواری سامنے آئی۔ سب اٹھ اکھڑے ہوئے۔ میر صاحب اسی طرح بیٹھے رہے۔ سید انشا خواصی میں تھے۔ نواب نے پوچھا کہ یہ کون شخص ہے جس کی تمکنت نے اسے اٹھنے بھی نہ دیا۔ عرض کی۔ جناب عالی! یہ وہی گدائے متکبر ہے جس کا ذکر حضور میں اکثر آیا ہے۔

گزارے کا وہ حال اور مزاج کا یہ عالم۔ آج بھی فاقے سے ہی ہو گا۔ سعادت علی خاں نے آکر خلعت بحالی اور ایک ہزار روپیہ دعوت کا بھجوایا۔ جب چوبدار لے کر گیا۔ میر صاحب نے واپس کر دیا کہ مسجد میں بھجوائیے۔ یہ گنہگار اتنا محتاج نہیں۔ سعادت علی خاں جواب سن کر متعجب ہوئے۔ مصاحبوں نے پھر سمجھایا۔ غرض نواب کے حکم سے سید انشا خلعت لے کر گئے اور اپنے طور پر سمجھایا کہ نہ اپنے حال پر بلکہ عیال پر رحم کیجئے اور بادشاہ وقت کا ہدیہ ہے، اسے قبول فرمائیے۔ میر صاحب نے کہا کہ صاحب وہ اپنے ملک کے بادشاہ ہیں۔ میں اپنے ملک کا بادشاہ ہوں۔ کوئی ناواقف اس طرح پیش آتا تو مجھے شکایت نہ تھی۔ وہ مجھ سے واقف میرے حال سے واقف۔ اس پر اتنے دنوں کے بعد ایک دس روپے کے خدمت گار کے ہاتھ خلعت بھیجا۔ مجھے اپنا فقر و فاقہ قبول ہے مگر یہ ذلت اٹھائی نہیں جاتی۔ سید انشا کی لسانی اور لفاظی کے سامنے کس کی پیش جا سکتی۔ میر صاحب نے قبول فرمایا اور دربار میں کبھی کبھی جانے لگے۔ نواب سعادت علی خاں مرحوم ان کی ایسی خاطر کیا کرتے تھے کہ اپنے سامنے بیٹھنے کی اجازت دیتے تھے اور اپنا پیچوان پینے کو عنایت کرتے تھے۔" (شاید یہ واقعہ بھی آزاد نے بزرگوں سے سنا ہو گا۔ اس کی بھی کوئی تصدیق نہیں ہو سکی۔ اس کے برعکس یہ شہادت ملتی ہے کہ میر کی تنخواہ آخر وقت تک جاری رہی)"میر صاحب کو بہت تکلیف میں دیکھ کر لکھنؤ کے ایک نواب انہیں مع عیال اپنے گھر لے گئے اور محل سرا کے پاس ایک معقول مکان رہنے کو دیا کہ نشست کے مکان میں کھڑکیاں باغ کی طرف تھیں۔ مطلب اس سے یہی تھا کہ ہر طرح ان کی طبیعت خوش اور شگفتہ رہے۔ یہ جس دن وہاں آکر رہے، کھڑکیاں بند پڑی تھیں۔ کئی برس گزر گئے۔ اسی طرح بند پڑی رہیں۔ کبھی کھول کر باغ کی طرف نہ دیکھا۔ ایک دن کوئی دوست آئے۔ انہوں نے کہا ادھر باغ ہے۔ آپ کھڑکیاں کھول کر کیوں نہیں بیٹھتے۔ میر صاحب بولے۔ کیا ادھر باغ

بھی ہے۔ انہوں نے کہا کہ اسی لئے نواب یہاں لائے ہیں کہ جی بہلتا رہے اور دل شگفتہ ہو۔ میر صاحب کے پھٹے پرانے مسودے غزلوں کے پڑے تھے۔ ان کی طرف اشارہ کر کے کہا کہ میں تو اس باغ کی فکر میں ایسا لگا ہوں کہ اس باغ کی خبر بھی نہیں۔ یہ کہہ کر چپکے ہو رہے "(میر کی زندگی میں گوشہ نشینی کے ایسے دور بھی آئے ہیں مگر وہ ایسے گوشہ نشین نہیں تھے)" کیا محویت ہے۔ کئی برس گزر جائیں۔ پہلو میں باغ ہو اور کھڑکی تک نہ کھولیں۔ خیر ثمرہ اس کا یہ ہوا کہ انہوں نے دنیا کے باغ کی طرف نہ دیکھا۔ خدا نے ان کے کلام کو وہ بہار دی کہ سالہاسال گزر گئے، آج تک لوگ ورق الٹتے ہیں اور گلزار سے زیادہ خوش ہوتے ہیں۔"""استاد مرحوم (ذوق) ایک دیرینہ سال شخص کی زبانی بیان کرتے تھے کہ ایک دن میر صاحب کے پاس گئے۔ نکلتے جاڑے تھے۔ بہار کی آمد تھی۔ دیکھا کہ ٹہل رہے ہیں۔ چہرے پر افسردگی کا عالم ہے اور وہ رہ رہ کر یہ مصرعہ پڑھتے تھے، اب کی بھی دن بہار کے یوں ہی گزر گئے یہ سلام کر کے بیٹھ گئے۔ پھر تھوڑی دیر کے بعد اٹھے اور سلام کر کے چلے آئے۔ میر صاحب کو خبر بھی نہ ہوئی۔ خدا جانے دوسرے مصرعے کی فکر میں تھے یا اس مصرعے کی کیفیت میں محو تھے۔"(ممکن ہے یہ واقعہ صحیح ہو لیکن یہ مصرعہ میر کا نہیں ہے۔ سودا کا شعر ہے، اب کی بھی دن بہار کے یوں ہی گزر گئے پھر پھر گل آ چکے پہ سجن تم بھلے گئے" گورنر جنرل اور اکثر صاحبان عالی شان جب لکھنؤ میں جاتے تو اپنی قدر دانی سے یا اس سبب سے کہ میر منشی علو حوصلہ سے ایک صاحب کمال کی تقریب واجب سمجھتے تھے، میر صاحب کو ملاقات کے لئے بلاتے۔ لیکن یہ پہلو تہی کرتے اور کہتے مجھ سے جو کوئی ملتا ہے تو یا مجھ فقیر کے خاندان کے خیال سے یا میرے کلام کے سبب سے ملتا ہے۔ صاحب کو خاندان سے غرض نہیں۔ میرا کلام سمجھتے نہیں۔ البتہ کچھ انعام دیں گے۔ ایسی ملاقات سے ذلت کے سوا کیا حاصل۔"""مرزا رفیع

سودا، خواجہ میر درد، مرزا جان جاناں، نصیر، قائم، یقین وغیرہ ان کے ہم عصر تھے اور مصحفی، جرأت، میر انشا اللہ خاں نے آخر عہد میں ظہور کیا۔"(اقتباسات از "آب حیات" محمد حسین آزاد) حقیقتمیر کی آپ بیتی "ذکر میر" کے مطابق ان کے دادا گرے میں فوجدار تھے اور باپ محمد علی مشہور صوفی فقیر۔ ان دونوں کی صحیح حیثیت کا پتہ لگانا تقریباً ناممکن ہے کیونکہ میر کے عہد کی تاریخوں اور تذکروں میں ان کا کوئی ذکر نہیں ہے۔ اس لئے یہ خیال پیدا ہوتا ہے کہ ان کے باپ اتنے مشہور نہیں تھے جتنے میر نے اپنے جوش عقیدت میں لکھ دیا ہے۔ بہر حال یہ یقینی ہے کہ میر نے افلاس اور تنگدستی کی گود میں آنکھ کھولی (۱۷۲۲ء) اور صبر وقناعت کے گہوارے میں پرورش پائی۔ ذہنی ورثے میں ان کو تصوف کے بعض خیالات اور چچا کا پاگل پن ملا۔ جس نے آگے چل کر گل کھلایا اور جوانی کی ابتدائی بہاریں دیوانگی کی نذر ہو گئیں۔ میر نے اپنی ماں کے بارے میں کچھ نہیں لکھا ہے لیکن اپنے سوتیلے بھائی محمد حسن کا ذکر جس انداز سے کیا ہے وہ اس پر شاہد ہے کہ یہ گھرانہ خوش وخرم نہیں ہو سکتا تھا۔ جب ان کے باپ کا انتقال ہوا تو وہ تین سو روپے کے مقروض تھے اور انہوں نے اپنے ترکے میں چند سو کتابوں کے سوا اور کچھ نہیں چھوڑا اور ان کتابوں پر میر کے سوتیلے بھائی نے قبضہ کر لیا اور میر نے باپ کے ایک مرید کی بھیجی ہوئی پانسو روپے کی ہنڈی سے قرض ادا کر کے باپ کی لاش دفن کی۔ اس وقت ان کی عمر گیارہ برس کی رہی ہوگی۔ یہ واقعات اس قدر تکلیف دہ ہیں کہ اگر ان کا اثر میر کے مزاج اور ذہنیت پر تمام عمر رہا تو کوئی تعجب کی بات نہیں ہے۔ میر کا بچپن جو کھیل کود اور تعلیم وتربیت میں صرف ہونا چاہئے تھا، تلاش روزگار میں گزر گیا۔ یہی تلاش ان کو سولہ سترہ برس کی عمر میں دلّی لے گئی۔ یہ محمد شاہ کی حکومت کا زمانہ تھا۔ اس کے ایک درباری امیر الامرا صمصام الدولہ تک میر کی رسائی ہو گئی اور ایک روپیہ روزانہ

وظیفہ مقرر ہو گیا۔ میر یہ وظیفہ لے کر آگرے واپس آ گئے۔ لیکن یہ ایک روپیہ روزانہ کی فراغت چند روزہ ثابت ہوئی۔ مشکل سے ایک سال گزرا تھا کہ نادر شاہ نے دلّی پر حملہ کر دیا (مارچ ۱۷۳۹ء) اور میر کے سرپرست اور مربی امیر الامر اصمصام الدولہ لڑائی میں کام آ گئے۔ ان کی موت نے میر کو پھر فاقہ کشی کی زندگی کی طرف دھکیل دیا اور وہ اپنے وطن آگرے کو ایک بار اور چھوڑنے پر مجبور ہو گئے۔ اس بار صرف روزگار کی تلاش ہی کا سوال نہیں تھا۔ میر اپنے سینے میں ایک زخمی دل لئے جا رہے تھے۔ آگرے کی زمین جو کوئے جاناں تھی اب کوچہ قاتل میں تبدیل ہو چکی تھی اور میر کے لئے وہاں رہنا محال تھا۔ ان پر کسی پری چہرہ معشوق نے جادو کر دیا تھا۔ اس کا نام آج بھی پردے میں ہے لیکن اتنا کہا جا سکتا ہے کہ عشق کی آگ دونوں دلوں میں لگی اور محبت کی پینگیں بڑھتے بڑھتے اس حد کو پہنچ گئیں کہ رسوائی اور بدنامی ہونے لگی۔ دیواریں درمیان میں حائل ہوئیں اور وصال کی شامیں ہجر کی راتوں میں ڈھل گئیں اور میر کو اپنا عزیز وطن ترک کرنے پر مجبور ہونا پڑا۔ جیسے حسرت لئے جاتا ہے جہاں سے کوئی آہ یوں کوچہ دلبر سے سفر ہم نے کیا معلوم نہیں میر کی معشوقہ کیسی تھی۔ لیکن ان کی شاعری میں جو حسین جسم ٹکڑے ٹکڑے ہو کر بکھر گیا ہے اس میں یقیناً اس کی جھلک دیکھی جا سکتی ہے، کیا تن نازک ہے جاں کو بھی حسد جس تن پہ ہے کیا بدن کا رنگ ہے، تہ جس کی پیراہن پہ ہے شوق قامت میں ترے اے نونہالگل کی شاخیں لیتی ہیں انگڑائیاں صبح وہ آفت اٹھ بیٹھا تھا، تم نے نہ دیکھا صد افسوسکیا کیا فتنے سر جوڑے پلکوں کے سائے سائے گئےناز کی اس کے لب کی کیا کہئے پنکھڑی اک گلاب کی سی ہے میر ان نیم باز آنکھوں مییںساری مستی شراب کی سی ہے گل ہو، مہتاب ہو، آئینہ ہو، خورشید ہو میر اپنا محبوب وہی ہے جو ادا رکھتا ہو اب دل میں غم عشق اور غم روزگار دونوں کی آگ بھڑک رہی تھی اور یہ دونوں غم اس طرح

گھل ملے گئے تھے کہ پھر عمر بھر پتہ نہ چلا کہ میر نے اپنے کس شعر میں کون سا غم پیش کیا ہے۔ یہ میر کی زندگی کا سب سے دردناک سفر تھا اور اس کا حال انہوں نے اپنی ایک مثنوی میں بیان کیا ہے۔ اس مثنوی ہی سے عشق کی طرف اشارہ ملتا ہے جس کی تصدیق میر کے بجائے ان کے ایک ہم عصر نے کی ہے، خوشا حال اس کا جو معدوم ہے کہ احوال اپنا تو معلوم ہے

رہیں جان غم ناک کو کاہشیں گئیں دل سے نومید سو خواہشیں
زمانے نے رکھا مجھے متصلپر اگندہ روزی، پراگندہ دل
گئی کب پریشانی روز گار رہامیں توہم طالع زلف یار
زمانے نے آوارہ چاہا مجھے مری بے کسی نے نبھاہا مجھے
دل اک بار سو بے قرار بتاں غبارِ سرِ رہ گزارِ بتاں
گرفتار رنج و مصیبت رہا غریب دیار محبت رہا
چلا اکبر آباد سے جس گھڑ ید رو بام پر چشمِ حسرت پڑی
کہ ترک وطن پہلے کیوں کر کروں مگر ہر قدم دل کو پتھر کروں
پس از قطع رہ لائے دلّی میں بخت بہت کھینچے یاں میں نے آزار سخت
جگر جور گردوں سے خوں ہو گیا مجھے رکتے رکتے جنوں ہو گیا

میر اس بار دلّی پہنچے تو وہاں کے گلی کوچوں میں خاک اڑ رہی تھی۔ یہ ہندوستان کی راجدھانی نہیں تھی۔ بلکہ نادر شاہ کی لوٹی ہوئی نگری تھی۔ تین دن کے قتل عام (۱۱، ۱۳، ۱۲ مارچ ۱۷۳۹ء) میں تیس ہزار سے زیادہ آدمی مارے جا چکے تھے۔ اور آٹھ مغل تاجداروں کے جمع کئے ہوئے خزانے نادر شاہ دس ہزار اونٹوں، دس ہزار گھوڑوں اور تین ہزار جنگی ہاتھیوں پر لاد کر لے گیا۔ امیر تو امیر خود دلّی کا بادشاہ تک فقیر ہو گیا تھا، کیا کہئے اپنے عہد میں جتنے امیر

تھے ٹکڑے پہ جان دیتے تھے سارے فقیر تھے اس عالم میں میر کی مدد کون کر سکتا تھا۔ مجبوراً اپنے سوتیلے بھائی کے ماموں سراج الدین خان آرزو کا احسان اٹھانا پڑا۔ وہ اپنے عہد کے بہت بڑے عالم اور شاعر تھے اور عربی، فارسی، ہندی اور سنسکرت کے ماہر تھے۔ میر نے خود اس کا اعتراف کبھی نہیں کیا لیکن ان کے بعض ہم عصروں نے ان کو خان آرزو کا شاگرد قرار دیا ہے۔ بہر حال اس حقیقت سے انکار ممکن نہیں کہ انہوں نے خان آرزو کی صحبت سے فائدہ اٹھایا اور ان سے شعر و فن کے بہت سے نکتے سیکھے۔ میر کے کلام میں اس کی داخلی شہادتیں موجود ہیں۔ یہ صحبت معلوم نہیں کتنے عرصے رہی۔ میر نے لکھا ہے کہ کچھ دن ان کے ساتھ رہا، لیکن یہ کچھ دن کچھ مہینے بھی ہو سکتے ہیں اور کچھ سال بھی۔ بہر حال میر مستقل خان آرزو کے ساتھ نہ رہ سکے۔ ان دونوں کے درمیان ایک عجیب وغریب واقعہ پیش آیا جس کی تفصیلات کا صحیح علم نہیں ہے۔ بعض لوگوں نے اسے مذہبی اختلاف قرار دیا ہے اور میر نے اپنے سوتیلے بھائی کی سازش، جنہوں نے خان آرزو کو یہ لکھا کہ "میر فتنہ روزگار ہے۔ اس کی تربیت ہر گز نہ کرنی چاہئے بلکہ دوستی کے پردے میں کام تمام کر دینا چاہئے۔" میر نے خان آرزو کی بدسلوکی کی شکایت کی ہے۔ یہاں تک کہ حالات اتنے قابل برداشت ہو گئے کہ میر اپنے ہوش حواس کھو بیٹھے۔ اس دیوانگی کے عالم میں جب چاندنی راتیں آتیں تو ایک حسین پیکر اپنی تمام رعنائیوں کے ساتھ کرہ قمر سے نیچے اترتا اور میر کو بے خود کر دیتا تھا۔ چاروں طرف اس کی شکل نظر آتی تھی۔ صبح ہوتے وہ شکل نظروں سے اوجھل ہو جاتی اور میر پر دیوانگی اور مستی کی کیفیت اس طرح طاری ہو جاتی کہ وہ ہاتھوں میں پتھر لئے پھرتے اور لوگ ان کو دیکھ کر بھاگتے۔ یہاں تک کہ میر کو زنجیریں پہنا کر کوٹھری میں بند کر دیا گیا۔ جھاڑ پھونک، گنڈے، تعویذ کے علاوہ ان کی فصد بھی کھولی گئی۔ چند ماہ میں میر اس مرض سے اچھے تو ہو گئے لیکن یہ دیوانگی ایک

خوبصورت پرچھائیں کی طرح ساری عمر ان کی شاعری پر منڈلاتی رہی۔ دیوانے اور شاعر میں ایک فرق ہوتا ہے۔ دیوانہ اپنے خوابوں کو اپنے ذہن سے الگ نہیں کر سکتا اور نہ ان کی بے ترتیبی میں ترتیب پیدا کر سکتا ہے۔ لیکن شاعر اپنے خوابوں کے بکھرے ہوئے جلوؤں کو مرتب کر کے ایک پیکر بناتا ہے اور اس کو اپنے ذہن سے الگ کر کے کاغذ پر منتقل کر دیتا ہے۔ میر کے بعض ہم عصروں کا بیان ہے کہ یہ عمل دیوانگی کے زمانے ہی میں شروع ہو گیا تھا۔ چنانچہ سعادت خاں ناصر نے میر کی زبانی لکھا ہے کہ ابتدائے جوانی میں پاگل پن طبیعت پر غالب ہوا اور میر اول فول بک کر اپنی زبان کو گندہ کرنے لگے۔ ہر شخص کو گالیاں دینا اور پتھر مارنا ان کا شیوہ ہو گیا۔ ایک دن خان آرزو نے کہا کہ موزوں گالی ناموزوں دعا سے بہتر ہوتی ہے اور اپنے کپڑے پھاڑنے سے بہتر یہ ہے کہ شعر کا وزن ٹکڑے ٹکڑے کر کے دیکھو۔ اب جو بھی گالی میر کی زبان سے نکلتی وہ مصرعہ بن جاتی۔ جب دل و دماغ ٹھیک ہوئے تو شعروں کا مزہ طبیعت میں باقی رہ گیا۔ میر کی بعض مشہور غزلیں اسی عہد کی تصنیف بتائی جاتی ہیں۔ جنہوں نے وقت کے اساتذہ پر اس نو عمر شاعر کا سکہ جما دیا۔ لیکن میر نے خود اپنی آپ بیتی میں اس کا کوئی ذکر نہیں کیا ہے۔ ان کا بیان تو یہ ہے کہ سعادت علی نام کے ایک سید سے میری ملاقات ہوئی جو امروہے کے رہنے والے تھے اور انہوں نے مجھے ریختہ (اردو) میں شعر کہنے کی ترغیب دی۔ چاہے میر نے دیوانگی کے عالم میں خان آرزو کے زیر اثر شاعری شروع کی ہو چاہے دیوانگی کے بعد امروہے کے سعات علی خاں کی ترغیب سے۔ لیکن حقیقت یہ ہے کہ وہ نو عمر ہی میں مشہور اور مستند شاعر ہو گئے تھے۔ پچیس چھبیس برس کی عمر میں ان کی شاعری اور دیوانگی دونوں کی دھوم تھی اور ۱۷۴۸ء میں میر مالوے کے صوبیدار کے بیٹے رعایت خاں کے مصاحب ہو گئے۔ اب میر کو فراغت اور ذرا سی خوش حالی پہلی بار نصیب ہوئی اور ان کے

اشعار سے جو تحفے کی طرح شہر سے شہر جاتے تھے، سارے ہندوستان میں ان کی شہرت ہو گئی۔ اب وہ اپنے گھر پر مشاعرے کرتے تھے اور اس میں دہلی کے اہل کمال جمع ہوتے تھے۔ سب ان کی استادی کے درجے کو تسلیم کرتے تھے۔ لیکن میر جس دلی میں رہ رہے تھے، جس کے وہ عاشق تھے، اس کی بنیادوں میں بھونچال چھپے ہوئے تھے۔ یہ زمانہ مغل سلطنت کے انحطاط اور خانہ جنگیوں کا تھا۔ دلی کا مرکز کمزور ہو چکا تھا اور چاروں طرف صوبیداروں نے بغاوتیں شروع کر دی تھیں۔ نادر شاہ کے حملے کے بعد دلی اور بھی کمزور اور مفلس ہو گئی تھی۔ یہ افلاس عام شہریوں سے لے کر شاہی قلعے تک پھیلا ہوا تھا۔ شہزادے شہزادیاں اور ان کے ہاتھی گھوڑے تک بھوکے مر رہے تھے۔ جسم فروشی کی وبا عام تھی اور شاہی محلوں تک پہنچ چکی تھی۔ عیاش بادشاہ اپنی عیاشیوں سے تھک کر درویش پرست اور صوفی بن جاتے تھے۔ بقول میر کے وہ فرنگیوں کے ہاتھ میں کٹھ پتلی بنے ہوئے تھے یا درباریوں کی ریشہ دوانیوں کے شکار تھے۔ امیروں کے گروہ آپس میں ٹکراتے رہتے تھے۔ اس عالم میں مغربی سرحدوں کی طرف سے احمد شاہ ابدالی کے حملے شروع ہوئے جن کا سلسلہ ۱۷۴۸ء سے شروع ہو کر تقریباً بیس سال تک جاری رہا۔ ان متواتر حملوں سے اور ہندوستان کی باہمی خانہ جنگیوں سے دلّی ایسی تباہ و برباد ہو گئی کہ پھر ڈیڑھ دو سو برس تک آباد نہ ہو سکی۔ کتنے ہی ہنگامے میر کی آنکھوں کے سامنے ہوئے اور کتنی ہی بار موج خون دہلی کے سر سے گزر گئی۔ وہ کئی لڑائیوں میں اپنے مربیوں اور سرپرستوں کے ساتھ تلوار باندھ کر گئے۔ کبھی ان کی آنکھوں نے فتح بھی دیکھی۔ مگر زیادہ تر لشکروں کی پسپائی، قتل، غارت گری اور تباہی سے سابقہ پڑا۔ احمد شاہ ابدالی کے پہلے حملے کے وقت (۱۷۴۸ء) میر، رعایت خاں کے ساتھ لاہور میں موجود تھے اور پانی پت کی تیسری لڑائی ۱۷۶۱ء کے بھی تماشائی تھے۔ دلی میں اس بیرونی فاتح اور ملک کی

اندرونی خانہ جنگیوں نے لوٹ اور مچائی۔ اس میں میر کا گھر بھی برباد ہوا۔ اس عہد کے مالی نقصان اور اخلاقی پستی کی اندوہناک تصویریں میر کی شاعری اور آپ بیتی "ذکر میر" میں محفوظ ہیں۔ ایک مخمس میں لکھتے ہیں، مشکل اپنی ہوئی جو بود و باشآئے لشکر میں ہم برائے تلاشآن کے دیکھی یہاں کی طرز معاشہے لب ناں پہ سو جگہ پُر خاشنے دمِ آب ہے نہ چمچہ آشزندگانی ہوئی ہے سب پہ وبالکنجڑے جھینکیں ہیں روتے ہیں بقالپوچھ مت کچھ سپاہیوں کا حالایک تلوار بیچے ہے اک ڈھالبادشاہ و وزیر سب قلاششور مطلق نہیں کسی سر میں‌زور باقی نہ اسپ واشتر میں‌بھوک کا ذکر اقل واکثر میں‌خانہ جنگی سے امن لشکر میں‌نہ کوئی رند نے کوئی اوباشلعل خیمہ جو ہے سپہر اساسپالیں ہیں رنڈیوں کی اس کے پاسہے زنا و شراب بے وسواسرعب کر لیجئے یہیں سے قیاسقصہ کوتاہ رئیس ہے عیاشچار لچے میں مستعد کاردس تلنگے جو ہوں تو ہے دربارہیں وضیع و شریف سارے خوارلوٹ سے کچھ ہے گرمی بازارسو بھی قند سیاہ ہے یا حاشبس قلم اب زبان کو اپنی سنبھالخوشنما کب ہے ایسی قال ومقالہے کڈھب چرخ روسیہ کی چالمصلحت ہے کہ رہیے ہو کر لالفائدہ کیا جو راز کریئے فاش"ذکر میر" میں احمد شاہ ابدالی کی فوجوں کے ہاتھوں دلی کی تاراجی کی یہ تصویر ہے، "بندہ اپنی عزت تھامے شہر میں بیٹھا رہا۔ شام کے بعد منادی ہوئی کہ بادشاہ نے امان دے دی ہے۔ رعایا کو چاہئے کہ پریشان نہ ہو۔ مگر جب گھڑی بھر رات گزری تو غارت گروں نے ظلم و ستم ڈھانا شروع کیئے۔ شہر کو آگ لگا دی۔۔۔ صبح کو، جو صبح قیامت تھی تمام شاہی فوج اور روہیلے ٹوٹ پڑے اور قتل وغارت میں لگ گئے۔ دروازوں کو توڑ ڈالا اور لوگوں کو قید کر لیا۔ بہتوں کو جلا دیا اور سر کاٹ لیے۔ ایک عالم پر یہ مظالم توڑے اور تین دن تک ظلم سے ہاتھ نہ کھینچا۔ ایک وقت کے کھانے اور ستر ڈھکنے کے وسائل بھی کسی کے گھر میں نہ رہے۔ مردوں کے سر ننگے تھے اور عورتوں کے پاس اوڑھنی بھی نہیں

تھی۔ چونکہ راستے بند تھے۔ بہت سے لوگ زخم کھا کھا کر مر گئے۔ کچھ سردی کی شدت سے اکڑ گئے (اس فوج نے) بڑی بے حیائی سے لوٹ مچائی اور (شہریوں کو) بے آبرو کیا۔ غلہ زبردستی چھینتے اور مفلسوں کے ہاتھ دھونس سے فروخت کرتے۔ ان غارت گروں کا شور و ہنگامہ ساتویں آسمان تک پہنچ رہا تھا۔ مگر بادشاہ جو خود کو فقیر سمجھتا تھا، اس استغراق کے باعث سنتا ہی نہ تھا۔" (یہ اشارہ غالباً دلّی کے بادشاہ محمد شاہ کی طرف ہے جو جوانی کی عیاشیوں سے فارغ ہو کر فقیر ہو گیا تھا اور درویش پرست بن گیا تھا۔ ایک شعر میں بھی میر نے اس بات کو یوں دہرایا ہے۔ (بندے کے درد دل کو کوئی نہیں پہنچتا۔ ہر ایک بے حقیقت یاں ہے خدا رسیدہ۔) ہزاروں خانہ خراب اس ہنگامے سے نکل کر بصد حسرت ترک وطن کر گئے۔۔۔ مگر راستے ہی میں مر گئے۔۔۔ ایک عالم ان کے ستم سے ہلاک ہو گیا مگر کسی کو دم مارنے کی مجال نہ تھی۔ پرانے شہر کا علاقہ جسے جہان تازہ کہتے تھے، کسی گری ہوئی منقش دیوار کے مانند تھا۔ جہاں تک نظر جاتی مقتولوں کے سر، پاؤں اور سینے ہی نظر آتے تھے۔ جہاں تک آنکھ دیکھتی تھی خاک سیاہ کے سوا کچھ دکھائی نہ دیتا تھا۔ میں کہ فقیر تھا اور اب زیادہ مفلس ہو گیا۔۔۔ سڑک کے کنارے جو مکان رکھتا تھا وہ بھی ڈھ کر برابر ہو گیا۔" (ذکر میر) اس آپ بیتی میں میر نے دلّی کی ویرانگی کی ایک اور تصویر بھی کھینچی ہے، "ناگاہ اس محلے میں آنکلا جہاں میں۔۔۔ لمبی لمبی زلفوں والوں کے ساتھ رہتا تھا۔ اب کوئی ایسا مانوس چہرہ نظر نہ آیا جس سے دو باتیں کر لیتا۔۔۔ اس وحشت انگیز گلی سے نکل کر ویران راستے پر آ کھڑا ہوا اور حیرت سے دیکھتا رہا۔ بہت صدمہ اٹھایا اور یہ عہد کیا کہ اب ادھر نہ آؤں گا اور جب تک زندہ رہوں شہر کا قصد نہ کروں گا۔" (آپ بیتی) ان تباہیوں اور بربادیوں سے وہ امرا بھی محفوظ نہیں تھے جن سے میر وابستہ رہے۔ رعایت خاں کی ملازمت تو انہوں نے اپنی نازک مزاجی کی وجہ سے چھوڑی (دیباچہ دیوان

میر صفحہ ۲۱) لیکن باقی امرا اور خود مغل بادشاہ تک آلام روزگار میں ایسے مبتلا تھے کہ انہیں خود اپنی جان ومال کی فکر پڑی تھی۔ میر کی دستگیری کون کرتا۔ ان پر میر کے یہ اشعار صادق آتے ہیں جو غالباً ان تلخ تجربات کے بعد ہی لکھے گئے ہیں۔ کس طرح آہ خاک مذلت سے میں اٹھوں افتادہ تر جو مجھ سے مرا دستگیر ہو (غزل ۱۳۳۱، شعر ۳) تو ہے بے چارہ گدا میر ترا کیا مذکور مل گئے خاک میں یاں صاحب افسر کتنے (غزل ۴۴۵۔ شعر ۶) رعایت خاں کی ملازمت چھوڑنے کے بعد میر نواب بہادر جاوید خاں کے ملازم ہوئے جو پہلے کبھی خواجہ سرا تھا۔ مگر محل کی اندرونی سازشوں نے اسے اقتدار کے منصب تک پہنچا دیا تھا۔ ۱۷۵۲ء میں جب اودھ کے صوبہ دار اور مغل سلطنت کے وزیر صفدر جنگ نے اس کو مروا ڈالا تو میر دیوان مہانارائن کے ملازم ہوئے۔ "اور کچھ مہینے فراغت سے بسر ہو گئے۔" (آپ بیتی صفحہ ۱۰۶) اس دوران میں ایک واقعہ یہ بھی پیش آیا کہ میر اسحاق خاں نجم الدولہ کے ساتھ ایک سفر میں گئے۔ وہ امیر ایک جنگ میں مارا گیا۔ اور میں (میر) اس ہارے ہوئے لشکر کے ساتھ بڑی زحمت اٹھا کر شہر واپس آ گیا۔" (آپ بیتی صفحہ ۱۰۵)" یہ احمد شاہ کا دور حکومت تھا۔ ۱۷۵۴ء میں اس کو اندھا کر کے تخت سے اتار دیا گیا اور اس کی جگہ عالمگیر ثانی کو پچپن سال کی عمر میں تخت پر بٹھایا گیا اور بہت سے نالائق اور کمینے لوگ بر سر اقتدار آ گئے۔" (آپ بیتی صفحہ ۱۰۹) یہ واقعات اور الفاظ یوں کے یوں ہی میر کے اشعار میں ڈھل گئے ہیں، شہاں کہ کحل جواہر تھی خاک پا جن کی انہیں کی آنکھوں میں پھرتی سلائیاں دیکھیں (غزل نمبر ۲۵۳ شعر ۴) رہی نہ پختگی عالم میں دور خامی ہے ہزار حیف کمینوں کا چرخ حامی ہے ان حالات کی ناخوشگواری کا اندازہ اس سے ہوتا ہے کہ میر نے اپنی بہت سی غزلوں میں غزل کی نفاست، لطافت، رمزیت اور اشاریت کو بالائے طاق رکھ کر انتہائی تلخ اور بعض اوقات بھدے الفاظ میں اپنا

درد بیان کیا ہے۔ لیکن جذبے کے خلوص اور احساس کی شدت نے ان میں بھی تاثیر پیدا کر دی ہے، سنا ہے میں نے، اے گھیتے ترے خلوت نشینوں سے کہ تو دار و پئے ہے رات کو مل کر کمینوں سے (دیوان سوم) عمر گزری کہ نہیں دودہ آدم سے کوئی جس طرف دیکھئے عرصہ میں ہیں اب خر کتنے (غزل ۴۴۵۔ شعر ۵) ان کمینوں اور گدھوں میں میر کے لئے کہاں جگہ تھی۔ اس لئے وہ گوشہ نشینی پر مجبور ہو گئے (آپ بیتی صفحہ ۱۰۹) اور اس گوشہ نشینی کے معنی فاقہ کشی کی زندگی تھی جس نے اکثر میر کے دل میں مر جانے کی خواہش پیدا کی، رہتے ہیں داغ اکثر نان و نمک کی خاطر جینے کا اس سمے میں اب کیا مزا رہا ہے (غزل ۴۴۶) فکر معاش یعنی غم زیست تا بہ کے مر جایئے کہیں کہ ٹک آرام پایئے (غزل ۴۶۱۔ شعر ۲) دو تین مہینے بعد بنگالے کے وکیل راجہ جگل کشور جو "بڑی جاہ و حشمت سے رہتے تھے" میر کو گھر سے بلا کر لئے گئے اور اپنے اشعار پر اصلاح کی خدمت سپرد کی۔ مگر میر صاحب نے اصلاح کی قابلیت نہ دیکھی اور سارے شعر کاٹ دیے۔ معلوم یہ ہوتا ہے کہ راجہ جگل کشور نے اصلاح شعر کی خدمت کے بہانے میر کی امداد کرنی چاہی تھی۔ کیونکہ انکار کے بعد بھی وہ ان کی دستگیری کرتے رہے۔ مگر کچھ دنوں میں ان کی حالت بگڑ گئی۔ ابدالی کے حملوں اور اندرونی خانہ جنگیوں نے سب کو فاقہ میں مبتلا کر دیا تھا۔ فاقہ کشی کی نوبت یہاں تک پہنچی کہ میر نے ذلت و خواری کو بھی برداشت کر لیا۔ یہ داستان خود میر کی زبان سے سننے کے قابل ہے جن کی نازک مزاجی اور ذاتی رکھ رکھاؤ کے افسانے مشہور ہیں۔ "ایک دن میں نے راجہ جگل کشور کے سامنے روزگار کی شکایت کی۔ وہ عزیز شرم سے پیلا پڑ گیا۔ کہنے لگا میں خود مفلس ہوں۔ کچھ بھی ہوتا تو ہرگز تامل نہ کرتا۔ ایک دن سوار ہو کر راجہ ناگرمل کے ہاں گیا اور تعارف کرا کے بلوا بھیجا۔ میں بھی گیا اور اس کے وسیلہ سے ملاقات کی۔ بہت لطف و عنایت سے پیش آیا۔ کہنے لگا۔ دعوت

شیر از بھی حاضر ہے۔ یعنی تمہارا حصہ بھی تمہیں پہنچتا رہے گا۔ مجھے اطمینان ہو گیا تو اٹھ کر واپس آیا۔ دوسرے دن ملاقات میں جب شعر خوانی ہوئی تو کہنے لگا۔ میر کا ہر شعر موتیوں کی لڑی ہے۔ مجھے اس شخص کا اسلوب بہت پسند ہے۔ ایسے ہی میں کبھی کبھار جاتا رہا مگر کچھ ہاتھ نہ آیا۔ چونکہ چاقو ہڈی تک پہنچ گیا تھا۔ اضطراب بہت بڑھ گیا۔ ایک دن صبح کی نماز کے بعد اس کے دروازے تک پہنچ گیا۔ چوبداروں کا میر وہ جے سنگھ میرے سامنے آیا اور کہنے لگا یہ دربار کا کون سا وقت ہے۔ میں نے کہا اضطرار کا عالم ہے۔ کہنے لگا۔ تم لوگوں کو درویش کہتے ہیں۔ تم شاید یہ نہیں جانتے کہ ایک ذرہ بھی خدا کے حکم کے بغیر حرکت نہیں کرتا۔ یہاں اپنی ریاست کے آگے تمہاری کسے فکر ہے۔ صابر و شاکر رہنا چاہئے۔ ہر کام کا ایک وقت ہوتا ہے۔ یہاں تو تمہاری رسائی مشکل ہے۔ البتہ ان کے بڑے لڑکے مل سکتے ہیں۔ میں نہایت شرمندہ ہوا اور واپس آ گیا۔ ایک رات اس (دربان) کے کہنے کے مطابق (راجہ ناگر مل کے) لڑکے سے ملنے گیا۔ دربان نے روک دیا۔ بولا۔ اس وقت ان سے ملاقات کرنا ممکن نہیں۔ مجبوراً واپس آ گیا۔ پھر عشا کی نماز کے بعد (یعنی دس گیارہ بجے رات کو) گیا۔ دیکھا تو ڈیوڑھی پر دربان نہیں ہے۔ میں نے پوچھا۔ دربان کہاں گیا۔ لوگوں نے کہا۔ آج اس کے سر میں ایسا شدید درد تھا کہ بیٹھ نہیں سکتا تھا۔ میں نے سوچا کہ تائید الٰہی شامل حال ہے۔ دیوان خانے میں داخل ہوا اور ملاقات کی۔ شعر خوانی کا بھی اتفاق ہوا۔ خواجہ غالب نے جو ایک با اثر آدمی اور مجھ سے واقف تھا، میرا احوال مفصل سنایا اور کچھ مقرر کرا دیا جو میں ایک سال تک پاتا رہا۔۔۔ اس زمانے سے عشا کی نماز کے بعد ان کے ملازموں کے طریقے سے ان کے پائیں باغ میں جاتا اور دو گھڑی رات گئے تک رہتا تھا۔ اس خدمت کا پھل یہ تھا کہ چین سکھ سے گزر اوقات ہو رہی تھی۔" (آپ بیتی صفحہ ۱۱۶۔۱۱۵) ادھر دلّی اجڑ رہی تھی ادھر لکھنؤ آباد ہو

رہا تھا۔ اودھ کے نواب جو دراصل مغل شہنشاہ کے وزیر تھے عجیب وغریب طریقے سے خود مختار ہوئے تھے۔ اودھ کے صوبہ دار اور مغل سلطنت کے وزیر صفدر جنگ نے دلّی کی کمزوری سے فائدہ اٹھاکر ۱۷۵۷ میں خود مختاری کا پرچم لہرایا۔ اس کے انتقال کے بعد جب شجاع الدولہ تخت نشین ہوا تو اس نے اودھ کی سلطنت کو اور زیادہ مضبوط کرنے کے خواب دیکھے اور ایک بڑی طاقتور فوج کے ساتھ ۱۷۶۴ میں انگریزی فوجوں سے مقابلہ کیا۔ یہ بکسر کی جنگ تھی۔ اس میں اس کو شکست ہوئی اور فوجی قوت کا خاتمہ ہو گیا اور شاہان اودھ ایسٹ انڈیا کمپنی کے ماتحت حکومت کرنے اور داد عیش دینے لگے۔ دلّی کے بادشاہ شکست کھانے کے بعد فقیر اور صوفی بن جاتے تھے۔ لیکن لکھنؤ کے نواب عیاشیوں میں مبتلا ہو گئے۔ اس طرح برطانوی تلواروں اور سنگینوں کے سائے میں ایک ایسی تہذیب معاشرت اور شاعری کی تربیت ہونے لگی جو اوپر سے چمک دار اور خوبصورت لیکن اندر سے کھوکھلی تھی۔ اب اودھ میں ایک جھوٹی خوش حالی اور جھوٹا سکون تھا۔ اور دلّی کے پریشان حال صاحبان کمال اور اہل فن اور شاعر تلاش روزگار میں پورب کی طرف کوچ کر رہے تھے۔ میر سے پہلے ان کے ماموں خان آرزو، مرزا مظہر جان جاناں اور سودا کی طرح کے باکمال شاعر دلّی چھوڑ کر جا چکے تھے۔ ۳-۱۷۸۲ء کے قریب میر نے دلّی کو خدا حافظ کہا تو اودھ کا دارالسلطنت فیض آباد سے منتقل ہو کر لکھنؤ آ چکا تھا اور شجاع الدولہ کا بیٹا آصف الدولہ مسند نشین تھا۔ جس کو بے انتہا فیاض اور سخی بھی کہا جاتا ہے اور حد سے زیادہ ناکارہ اور عیاش بھی سمجھا جاتا ہے۔ اس کے زمانے میں اودھ کی فوج ختم کر دی گئی اور ایسٹ انڈیا کمپنی کی فوج رکھ لی گئی۔ جس کے تمام اخراجات اودھ کی حکومت کو برداشت کرنے پڑتے تھے۔ اس طرح رعایا پر دہرا بار تھا۔ ایک کمپنی کی فوجوں کا خرچ دوسرے نواب کی عیاشیوں کا سامان۔ ان عیاشیوں میں انگریز بھی شریک

ہوتے تھے۔ خود میر کی آپ بیتی "ذکر میر" میں وارن ہیسٹنگز کی آمد کا تذکرہ اس کی گواہی دیتا ہے۔ "یہاں وزیر اعظم امیر مکرم گورنر بہادر کے استقبال کے لئے جو کلکتے سے آرہے تھے، روانہ ہوئے۔ کیوں کہ تمام ملک وزیر ہی کا تھا۔ اس کے ساتھ بے شمار لشکر تھا۔ یہ سفر الہ آباد تک ہوا۔ صاحب مذکور کی آمد آمد کی خبر سن کر اس ضلع کے سردار بھی ان کو دیکھنے کے لئے آئے۔ ایک میل آگے نواب گردوں جناب سے ملاقات کی۔ وہاں سے اپنے ساتھ لکھنؤ لے کر آئے اور ہر منزل پر نئی نئی ضیافتیں، نئے نئے خیمے اور خرگاہ، طرح طرح کے بیش بہا تحفے نظر آتے تھے۔ جب لکھنؤ پہنچے تو دولت خانے میں داخل ہوئے۔ اس کی آرائش و تکلف، فرش فروش، ساز و سامان کی افراط ایسی تھی کہ عقل دنگ ہوتی تھی۔ دن کو ضیافتیں اور رات کو پری وش حور لقا عورتوں کا ناچ اور گانا، آتش بازی اور چراغاں کا لطف رہتا تھا۔ غرض یہ شاہانہ اور پر تکلف دعوت چھ مہینے تک رہی اور یہ مدت باہم گفت و شنود، مشورے و صحبت میں کٹی۔" میر کی پہلی ملاقات آصف الدولہ سے جس طرح ہوئی وہ بھی لکھنؤ کی تہذیب و معاشرت پر ایک تبصرہ ہے۔ اکبر اور جہانگیر کے عہد کے شعرا بھرے دربار میں پیش ہوتے تھے، اور ان کا تعارف ان کی شاعری کے ذریعے سے ہوتا تھا لیکن میر جو نواب کے طلب کرنے پر لکھنؤ آئے تھے، دربار کے بجائے مرغوں کی لڑائی میں آصف الدولہ سے ملے۔ ایک طرف مرغوں کی لڑائی جاری تھی اور دوسری طرف نواب اپنا کلام میر کو سنا رہے تھے۔ اس کے بعد فرط مہربانی سے مجھ (میر) سے فرمائش کی اور اس روز میں نے اپنی غزل کے چند شعر عرض کئے۔" (ذکر میر) یہ وہی میر تھے جو رعایت خاں سے اس لئے برگشتہ خاطر ہو گئے تھے کہ اس نے میر کے اشعار ڈوم کے لڑکے کو گانے کے لئے دیے تھے اور اب دربدر کی ٹھوکریں کھانے کے بعد میر صاحب مرغوں کی پالی میں بیٹھے ہوئے خود اپنی غزل سنا رہے

تھے۔ ظاہر ہے اس ماحول میں نہ تو میر کی شاعری پروان چڑھ سکتی تھی اور نہ میر خوش رہ سکتے تھے۔ چنانچہ اپنی باقی عمر میں معاشی فراغت کے باوجود میر لکھنؤ سے ناخوش رہے۔ دلّی میں میر کو کبھی چین اور آرام نصیب نہیں ہوا۔ جان ومال، عزت و آبرو ہر وقت خطرے میں تھی۔ پھر بھی میر کے لئے دلّی کے کوچے "اوراق مصور" تھے۔ جو شکل نظر آئی تصویر نظر آئی۔" دل و دلّی دونوں خراب تھے۔ مگر اس اجڑے گھر میں میر کے لئے بڑا لطف تھا۔ اس کے برعکس، پھر ایسی صورت احوال ہر اک کو دکھاتا یاں مروت قہر ہے، آنکھیں نہیں کوئی ملاتا یاں خرابہ دلی کا دوچند بہتر لکھنؤ سے تھا وہیں میں کاش مر جاتا، سراسیمہ نہ آتا یاں برسوں سے لکھنؤ میں اقامت ہے مجھ کو لیکیاں کے چلن سے رکھتا ہوں عزم سفر ہنوز آباد اجڑا لکھنؤ چغدوں سے اب ہوا مشکل ہے اس خرابے میں آدم کی بود وباشاور آخر میں میر نے لکھنؤ کے خلاف یوں فریاد کی ہے، کس کس ادا سے ریختے میں نے کہے ولے سمجھانہ کوئی میری زباں اس دیار میںدلّی کے دوسرے مہاجر شعرانے بھی لکھنؤ سے اپنی بے اطمینانی کا بار بار اظہار کیا ہے۔ چنانچہ مصحفی نے اپنی ایک رباعی میں اپنا درد اس طرح بیان کیا ہے، یارب شہر اپنا یوں چھڑایا تو نے ویرانے میں مجھ کو لا بٹھایا تو نے میں اور کہاں یہ لکھنؤ کی خلقتاے وائے یہ کیا کیا خدایا تو نے ان کی غزل کے شعروں میں بھی یہ رنگ ملتا ہے، اے مصحفی مت پوچھ کہ دلّی سے نکل کر کیا کہیے کہ ہم کتنے پشیمان ہوئے ہیں ہر گل کے رنگ سرخ میں زردی کی تہ سی ہے بھولا چمن کو صدمہ باد خزاں نہیں یہ شعرا صرف لکھنؤ کی معاشرت ہی سے برگشتہ خاطر نہیں تھے، جس میں عیش و تفریح حاوی تھے بلکہ ان کی نظر سیاسی پہلو پر بھی تھی اور وہ جانتے تھے کہ شاہان اودھ اور ایسٹ انڈیا کمپنی کی سازباز کس قسم کی غلامی کا پیش خیمہ ہے۔ مصحفی کے دو تین شعر اس شہادت کے لئے کافی ہیں، ہندوستاں میں دولت و حشمت جو کچھ کہ تھیکافر فرنگیوں نے بتدبیر کھینچ

لیظالم کی سلطنت کو شتاب آوے ہے زوالکسریٰ کے گھر میں عدل کے باعث خزانہ تھا غمگین کیوں ہوں اپنی نگوں طالعی سے ہمبوئے نشاط دیوے ہے رنگ انقلاب کااور جرأت نے اپنی ایک رباعی میں یہاں تک کہہ دیا۔ سمجھے نہ امیران کو کوئی نہ وزیرانگریزوں کے ہاتھ ایک قفس میں ہیں اسیر جو کچھ وہ پڑھائیں سویہ منہ سے بولیں‌بنگالے کی مینا ہیں یہ پورب کے امیر لکھنؤ کی یہ تہذیب اور معاشرت جس میں ایک جھوٹا سکون اور جھوٹی فراغت تھی، تہذیب نفس اور تنقید حیات سے گریز کر کے ایک نئی شاعری کی فضا پیدا کر رہی تھی جس میں معشوق کا جسم عاشق کے دل سے زیادہ اہم تھا۔ اس شاعری نے لفظوں کی ظاہری تراش خراش پر زیادہ زور دیا۔ لیکن اندر سے بے جان رہی اور لکھنؤ اسکول کے نام سے مشہور ہوئی۔ میر کا مزاج اس فضا سے ہم آہنگ نہیں ہو سکتا تھا۔ ان کی عمر کے آخری بیس تیس سال میر کے معیار کی غزل فراہم نہ کر سکے۔ زیادہ تر وہ آصف الدولہ کے لئے شکار نامے اور مثنویاں لکھتے رہے۔ وہ اپنی عظمت کے آخری بلندیاں دلّی میں چھو چکے تھے۔ لکھنؤ رفعت پرواز کے لئے کوئی اور بلند آسمان نہ دے سکا۔ شاعرمیر ان معنوں میں عشقیہ شاعر نہیں ہیں جن معنوں میں بعض نقاد اور نیم رومانی شاعر اردو کی ساری شاعری کو جنسیات تک محدود کر دینا چاہتے ہیں۔ غالب نے بھی ایسی عشقیہ شاعری سے پناہ مانگی ہے۔ اور لکھا ہے کہ عاشقانہ شاعری سے مجھ سے وہی بعد ہے جو کفر سے ایمان کو ہو سکتا ہے (خطوط غلام رسول مہر صفحہ ۵۶) میر کے یہاں عشق ایک دریائے بیکراں ہے جس کی بہت سی موجیں ہیں۔ قرون وسطی میں انسان دوستی کی سب سے بڑی تحریک تصوف کی شکل میں ابھری۔ بھگتی اور مسٹی سزم (MYSTICISM) اس کی غیر اسلامی شکلیں ہیں۔ ان تحریکوں کا رشتہ دستکاروں اور کسانوں کی بغاوت سے بھی رہا ہے۔ لیکن میر کے عہد تک پہنچتے پہنچتے صرف ایک

فکری نظام باقی رہ گیا تھا جو جاگیرداری نظام کی قدروں سے مختلف قدریں رکھتا تھا اور ان میں سب سے زیادہ اہم وحدت انسان کا تصور تھا۔ جو مذہب، ذات پات اور پیشوں کی بنیاد پر تقسیم ہو جانے والے انسانوں کو ایک ہی رشتے میں پرو لیتا تھا۔ عشق اور دل دو لفظ ہیں، جو اس تصور کا پوری احاطہ کر لیتے ہیں۔ عشق سب سے بڑا جذبہ ہے اور دل سب سے بڑی چیز۔ کعبہ ہو یا مندر اور مسجد یہ اگر ٹوٹ جائیں پھر بن سکتے ہیں لیکن "دل وہ نگر نہیں کہ پھر آباد ہو سکے۔" اس لئے دل ڈھا کر کعبہ بنانے سے کچھ حاصل نہیں ہو سکتا۔ حج، نماز یا روزے سے کوئی آدمی نہیں بنتا۔ یہ ظاہری عبادتیں ہیں۔ آدمی دل سے بنتا ہے اور دل پیر و مرشد ہے۔ عشق کا مرکز ہے اور عشق خدا ہے۔ عشق اس کائنات کا خالق ہے۔ اس کا رنگ روپ ہے۔ عشق ہی جلاتا ہے۔ عشق ہی مارتا ہے۔ اس طرح خدا اور انسان کا براہ راست رشتہ قائم ہوتا ہے۔ اس لئے ظاہری عبادت خانوں، ملاؤں اور پنڈتوں کی ضرورت باقی نہیں رہ جاتی۔ ان کی وہی حیثیت ہے جو عام انسانوں اور بادشاہوں کے درمیان محتسب اور قاضی کی ہے۔ ایک ریاستی نوکر شاہی ہے اور دوسری مذہبی، اور دونوں فضول ہیں۔ اس لئے شیخ، زاہد، محتسب، ملا اور قاضی پ رپھبتیاں کسی گئی ہیں۔ دونوں عام انسانوں کا استحصال کرنے والے گروہ ہیں۔ ایک بادشاہ کے نام پر لوٹتا ہے اور دوسرا خدا کے نام پر۔ صرف انسان سے محبت کر کے خدا تک پہنچا جا سکتا ہے۔ اس لئے آنکھیں بند کر کے مراقب ہونا، بندے کے درد دل کو بھول کر خدا رسیدہ بننا بیکار ہے۔ (غزل ۳۵۹) انسانوں میں کھو جانا اور دنیا کو برتنا نجات کا صحیح راستہ ہے۔ برتنے میں گناہ بھی شامل ہے جو رحمت کو بر سرکار آنے کی دعوت دیتا ہے۔ اس طرح جنسی محبت، بنی نوع انسان کی محبت اور خدا کی محبت تینوں مل کر ایک ہو جاتی ہیں۔ جتنے محبوب کے جلوے ہیں اتنے ہی عشق کے روپ ہیں۔ میر کی شاعری انہیں پردوں میں حقیقت کی ترجمانی

کرتی رہی ہے۔ اس کو انہوں نے اپنے عہد کی ایک بہت بڑی اور اہم دستاویز بنا دیا ہے۔ ان کا اپنا بیان یہ ہے کہ میری شاعری خواص کی پسند کی ہے۔ "پر مجھے گفتگو عوام سے ہے۔" انہوں نے اپنے دیوان کو درد و غم کا مجموعہ بتایا ہے اور یہ درد و غم صرف ذاتی نہیں ہے کیونکہ جہاں سارا عالم خاک ہو چکا ہو وہاں صرف اپنے آپ پر رونا بے سود ہے۔ (غزل ۳۶۶) اس لئے میر کے یہاں دل اور دلّی کی خرابی کا ذکر ایک ساتھ آتا ہے۔ اور عاشق اور آدم ہم معنی الفاظ ہیں۔ کلیات میر میں تکرار مضامین کے دو بڑے دلچسپ شعر ہیں۔ ایک میں انہوں نے یہ کہا ہے، مارنا عاشقوں کا گر ہے ثوابتو ہوا ہے تمہیں ثواب بہتاور دوسرے میں یہ ہے، کشتن مردماں اگر ہے ثوابتو ہوا ہے اسے ثواب بہتمیر کے عہد کے انسان کی طرح میر کی شاعری کا عاشق بھی ایک کچلی ہوئی شخصیت ہے جو اپنا کھویا ہوا وقار واپس مانگ رہی ہے۔ اس میں انانیت کا دور دور پتہ نہیں ہے۔ صرف بے دماغی ہے۔ انانیت، دولت، طاقت یا صلاحیت کے غرور سے پیدا ہوئی ہے اور بے دماغی سب کچھ کھونے کے بعد آئی ہے۔ (غالب اور میر میں یہی فرق ہے۔) حسن عسکری نے اپنے ایک مضمون میں بڑے پتے کی بات کی ہے کہ "میر کی شاعری کا عاشق محبوب سے محبت کا طالب نہیں۔ بس اتنا چاہتا ہے کہ اس کے ساتھ انسانوں جیسا برتاؤ کیا جائے۔ اس کے عالم و فاضل ہونے کی وجہ سے نہیں بلکہ انسان ہونے کی وجہ سے۔" (دیباچہ "گل نغمہ" فراق گورکھپوری) اس تصویر میں میر کا بچپن، جوانی اور دلّی کی تباہی اور بربادی ایک ہی تصویر کے کئی رخ ہیں اور میر نے اس تصویر میں اتنے ہی مختلف انداز سے رنگ بھرا ہے۔ میر کی غزلوں میں ایسے اشعار کی تعداد بہت زیادہ ہے جن میں انہوں نے براہ راست سماجی، معاشی اور سیاسی مضامین کو ڈھال دیا ہے۔ انہوں نے کبھی یہ خیال نہیں کیا کہ یہ مضامین غزل کی طبع نازک پر گراں گزریں گے، قوت کی پیرانہ سر دلّی میں حیرانی ہوئیاب کے جو

آئے سفر سے خوب مہمانی ہوئی (دیوان دوم) رہتے ہیں داغ اکثر نان و نمک کی خاطر جینے کا اس سمے میں اب کیا مزا رہا ہے (غزل ۴۴۶) محتاج کو خدا نہ نکالے کہ جوں ہلال تشہیر کون شہر میں ہو پارہ نان پر (غزل ۱۹۸۔ شعر) جن کو خدا دیتا ہے سب کچھ وے ہی سب کچھ دیتے ہیں ٹوپی لنگوٹی پاس اپنے اس پر کیا انعام کریں (غزل ۲۱۰۔ شعر ۲) چور اچکے سکھ مرہٹے شاہ و گدا زر خواہاں ہیں چین میں ہیں جو کچھ نہیں رکھتے، فقر ہی اک دولت ہے اب (غزل نمبر ۱۵۸) اے حب جاہ والو، جو آج تاجور ہے کل اس کو دیکھیو تم، نے تاج ہے نہ سر ہے (غزل ۴۳۹۔ شعر ۱) سبز ان تازہ رو کی جہاں جلوہ گاہ تھی اب دیکھئے تو واں نہیں سایہ درخت کا جوں برگہائے لالہ پریشان ہو گیا مذکور کیا ہے اب جگر لخت لخت کا دلّی میں آج بھیک بھی ملتی نہیں انہیں تھا کل تلک دماغ جنہیں تاج و تخت کا خاک سیہ سے میں جو برابر ہوا ہوں میر سایہ پڑا ہے مجھ پہ کسو تیرہ بخت کا (غزل ۶۴) جو ہے سو پائمال غم اے میر چال بے ڈول ہے زمانے کی (غزل ۳۹۵۔ شعر ۴) نہ مل میر اب کے امیروں سے تو ہوئے ہیں فقیر ان کی دولت سے ہم (غزل ۲۲۸۔ شعر ۴) کیا شہر میں گنجائش مجھ بے سر و پا کو ہو اب بڑھ گئے ہیں میرے اسباب کم اسبابی (غزل نمبر ۳۷۹۔ شعر ۱) غیر از خدا کی ذات میرے گھر میں کچھ نہیں یعنی کہ اب مکان مرا لامکاں ہوا (غزل ۱۵۱۔ شعر ۱) اس براہ راست انداز بیان کے علاوہ میر نے اپنے عہد کے مظالم اور انسانی شخصیت کی شکست و ریخت کو محبوب کے پردے میں بھی بیان کیا ہے اور اس پردے کو اٹھانے کی خود ہی ترغیب بھی دی ہے۔ ہو گا ستم و جور سے تیرے ہی کنایہ ہر شخص جہاں شکوہ ایام کریں گے (غزل ۴۷۴۔ شعر ۱) دہر کا ہو گلہ کہ شکوہ چرخ اس ستم گر ہی سے کنایت ہے (غزل ۴۹۲) اس طرح کی شاعری میں انہوں نے محبوب کو ظالم، سفاک، گھٹیا، کمینہ، اوباش، بدمعاش، خونخوار، خونریز، جھوٹا، مکار سبھی کچھ کہا ہے۔ محبوب کی کالی آنکھوں کی

سبھی نے تعریف کی ہے۔ لیکن میر نے ان کو "سیہ رو" اور "سیہ کاسہ" کہہ کر گالی بھی دی ہے۔ سیہ رو کے معنی بد چلن اور بدنام ہیں اور "سیہ کاسہ" کنجوس کو کہتے ہیں۔ میر کے عہد کی ایک لغت (مرتبہ شیکسپئر) میں اس کے معنی چنڈال بھی لکھے ہیں اور میر یقیناً اس مفہوم سے واقف ہوں گے۔ اس شاعری میں صرف آسمان ہی نہیں جو تقدیر اور وقت کا کنایہ ہے (اور سماجی نظام کا مفہوم بھی اختیار کرلیتا ہے) بلکہ محبوب کی آنکھ بھی سیہ کاسہ اور سہ رو ہے۔ جام خوں بن نہیں ملتا ہے ہمیں صبح کو آ جب سے اس چرخ سیہ کاسہ کے مہمان ہوئے (غزل ۴۲۶۔ شعر ۱) گردش چشم سیہ کاسہ سے، جمع نہ رکھو خاطر تمبھو کا پیاسا مار رکھا ہے تم سے ان نے ہزاروں کو (غزل ۳۴۹) جب سے دیکھا اس کو ہم نے جی ڈہا جاتا ہے میر اس خرابی کی یہ چشم روسیہ بانی ہوئی (دیوان دوم) یہی محبوب معشوق حقیقی یعنی خدا کی ذات میں بھی گم ہو جاتا ہے اور دنیا میں ہوتے ہوئے بھی لاپتہ رہتا ہے اور نہ دیر والوں کو ملتا ہے اور نہ حرم والوں کو۔ کسی نے اس کا رخ دیکھا ہے اور کسی نے زلف اور اس ادھوری سچائی پر شیخ و برہمن لڑ رہے ہیں۔ اس محبوب کی راہ وروش کی شکایت کرتے وقت میر بے باک ہو جاتے ہیں اور کہہ دیتے ہیں کہ "پردے میں بد سلوکی ہم سے خدا کرے ہے۔" (غزل ۴۹۸۔ شعر ۲) اور یہ وہ خدا ہے جس کی بارگاہ کی بے نیازی کے خوف سے میر اپنے کام اس کو سونپتے ہوئے گھبراتے ہیں۔ وہ دنیا کے کاروبار پر اک نظر ڈالتے ہیں اور پھر اس سے مخاطب ہو کر سوال کرتے ہیں، کوئی ہو محرم شوخی ترا تو میں پوچھوں کہ بزم عیش جہاں کیا سمجھ کے برہم کی (غزل ۳۹۳۔ شعر ۲) پھر یہی محبوب ظالم اور سفاک بادشاہوں، حکمرانوں اور فاتحوں کی ذات میں تبدیل ہو جاتا ہے۔ اب اس کی آمد تباہی کا باعث ہوتی ہے۔ اس کی راہوں میں خون کے دریا موجیں مارتے ہیں۔ لاشیں پڑی رہتی ہیں اور دھرتی کے سینے پر فوجوں کے قدموں کی چاپ سنائی دیتی ہیں۔ جہاں

کو فتنے سے خالی کبھو نہیں دیکھا ہمارے وقت میں تو آفت زمانہ ہوا (غزل ۷۷۔ شعر ۱) نیمچہ ہاتھ میں مستی سے لہو سی آنکھیں سج تری دیکھ کے اے شوخ حذر ہم نے کیا (غزل ۱۰۲۔ شعر ۱) سنا ہے میں نے اے گھتیے ترے خلوت نشینوں سے کہ تو دارو پئے ہے رات کو مل کر کمینوں سے (دیوان سوم) سواری اس کی ہے سر گرم گشت دشت مگر کہ خیرہ تیرہ نمودار اک غبار ہے آج (غزل ۱۷۳۔ شعر ۴) مارا ہوا ایک دو کو تو ہو مدعی کو ئیکشتوں کا اس کے روز جزا میں شمار کیا (غزل ۱۰۴۔ شعر ۴) جفائیں دیکھ لیاں بے وفائیاں دیکھیں بھلا ہوا کہ تری سب برائیاں دیکھیں تری گلی سے سدا اے کشندہ عالمہزاروں آتی ہوئی چارپائیاں دیکھیں (غزل ۲۵۳۔ شعر ۲۰۱) صد خانماں خراب ہیں ہر ہر قدم پہ دفنکشتہ ہوں یار میں تو ترے گھر کی راہ کا ظالم زمیں سے لوٹتا دامن اٹھا کے چلہو گا کمیں میں ہاتھ کسو داد خواہ کا (غزل ۳۴۔ شعر ۲۰۱) کس تازہ مقتل پہ کشندے ترے ہوا ہے گزارا آج زہ دامن کی بھری ہے لہو سے، کس کو تو نے مارا آج (دیوان پنجم) حنا سے یار کا پنجہ نہیں ہے گل کے رنگھمارے ان نے کلیجوں میں ہاتھ ڈالا ہے (غزل ۴۹۱) نہ ہو کیوں غیرت گلزار وہ کوچہ خدا جانے لہو اس خاک پر کن کن عزیزوں کا بہا ہو گا (غزل ۶۵) فتنے فساد اٹھیں گے گھر گھر میں خون ہو گا گر شہر میں خراماں وہ خانہ جنگ آیا (غزل ۱۲۵۔ شعر ۱) کاٹ کے سر عاشق کا ان نے اور بھی پگڑی پھیر رکھیفخر کی کون سی جاگہ تھی یاں، ایسا کیا رستم مارا (دیوان پنجم) حاکم شہر حسن کے ظالم کیوں کہ ستم ایجاد نہیں خون کسو کا کوئی کرے واں، داد نہیں فریاد نہیں کیا کیا مردم خوش ظاہر ہیں عالم حسن میں نام خدا عالم عشق خرابہ ہے یاں کوئی گھر آباد نہیں (غزل ۳۱۴۔ شعر ۲۰۱) جس راہ ہو کے آج میں پہنچا ہوں تجھ تلک کافر کا بھی گزارا الٰہی ادھر نہ ہو یک جانہ دیکھی آنکھوں سے ایسی تمام راہجس میں بجائے نقش قدم چشم تر نہ ہو ہر اک قدم پہ لوگ ڈرانے لگے مجھے ہاں ہاں کسو شہید محبت کا سر نہ

ہو چلیو سنبھل کے سب یہ شہیدان عشق ہیں تیر اگزار تا کہ کسو نعش پر نہ ہو دامن کشاں ہی جا کہ طپش پر طپش ہے دفنِ نہار کوئی صدمے سے زیر وزبر نہ ہو لیکن عبث نگاہ جہاں کریئے اس طرفامکان کیا کہ خون مرے تاکمر نہ ہو حیراں ہوں میں کہ ایسی یہ مشہد ہے کون سیمجھ سے خراب حال کو جس کی خبر نہ ہو آتا ہے یہ قیاس میں اب تجھ کو دیکھ کر ظالم جفا شعار ترا رہ گزر نہ ہو (غزل ۳۲۵) یہ جفا شعاری شہروں ہی کی نہیں۔ دل کی خرابی کا بھی باعث ہے۔ جسے میر نے تشبیہ کی شکل میں پیش کیا ہے، دل کی آبادی کی اس حد ہے خرابی کہ نہ پوچھا جاتا ہے کہ اس راہ سے لشکر نکلا (غزل ۳۸۔ شعر ۴) شام سے کچھ بجھا سا رہتا ہے دل ہوا ہے چراغ مفلس کا (غزل ۱۳۔ شعر ۴) محبوب کے اس تصور کے پیچھے حالات زمانہ کا ایک سماجی شعور ہے اور ان بظاہر سادہ شعروں کی تہہ میں دبا ہوا ایک احتجاج ہے۔ اپنے بعض دوسرے شعروں میں میر نے بادشاہوں کے جلوس کے مقابلے میں مظلومیت کی مظلومیت کو شان وشکوہ عطا کیا ہے، ہم بھی چلتے ہیں اک حشم لے کر دستہ داغ وفوج غم لے کر دست کش نالہ پیش رو گریہ آہ چلتی ہے یاں علم لے کر اور یہ قافلے دوبارہ اٹھنے کے لئے موت کی منزل میں پڑاؤ ڈالتے ہیں، مرگ اک ماندگی کا وقفہ ہے یعنی آگے چلیں گے دم لے کر (غزل ۱۹۵۔ شعر ۱۔ ۲۔ ۳) اس کے بعد ہی میر کی اس عجیب و غریب امیجری کا مفہوم سمجھ میں آتا ہے جو کسی اردو یا فارسی شاعر کے یہاں کم سے کم میری نظر سے نہیں گزری ہے۔ اگتے تھے دست بلبل و دامان گل بہم صحن چمن نمونہ یوم الحساب تھا (غزل ۲۴۔ شعر ۱) تڑپ کے خرمن گل پر کبھی گرائے بجلی جلانا کیا ہے مرے آشیاں کے خاروں کا (غزل ۳۳۔ شعر ۷) کسی شاعر نے اپنے محبوب کو اس طرح نہیں کوسا ہے اور کسی عاشق نے معشوق کے لئے اتنے سخت الفاظ استعمال نہیں کئے ہیں۔ لیکن جب ہم اس غزل کے ابتدائی اشعار دیکھتے ہیں (جو میر کی اور بھی کئی غزلوں کی طرح

مسلسل ہے) تو گل کے چہرے سے معشوقیت اور محبوبیت کی نقاب اٹھ جاتی ہے اور جسے میر نے گل کہا ہے وہ زندگی کے پہلو کا کانٹا معلوم ہونے لگتا ہے، سنا ہے حال ترے کشتگاں بیچاروں کا ہوا نہ گور گڑھا ان ستم کے ماروں کا ہزار رنگ کھلے گل چمن کے ہیں شاہد کہ روزگار کے سر خون ہے ہزاروں کا ملا ہے خاک میں کس کس طرح کا عالم یاں نکل کے شہر سے ٹک سیر کر مزاروں کا تڑپ کے خرمن گل پر کبھی گرا ے بجلیجلانا کیا ہے مرے آشیاں کے خاروں کا (غزل ۳۳۔ شعر ۱، ۲، ۳، ۷) ان شعروں میں غالب کی شاعری کے عاشق کی انانیت اور خود پرستی نہیں ہے بلکہ ایک مظلوم اور جھنجھلائے ہوئے بے دماغ آدمی کا جذبہ انتقام ہے۔ بعض دوسرے اشعار میں میر اور کھل گئے ہیں۔ اس دشت میں اے سیل سنبھل ہی کے قدم رکھہر سمت کو یاں دفن مری تشنہ لبی ہے (غزل ۵۵) کوئی تجھ سا بھی کاش تجھ کو ملے مدعا ہم کو انتقام سے ہے (غزل ۴۹۹۔ شعر ۲) ہاتھ دامن میں ترے مارتے جھنجھلا کے نہ ہم اپنے جامے میں اگر آج گریباں ہوتا (غزل ۱۲۲) گیا حسن خوبانِ بدراہ کا ہمیشہ رہے نام اللہ کا (غزل ۱۲۶۔ شعر ۱) شیکسپیئر کے مشہور ڈرامے میکبتھ میں جب اپنے مجرم ضمیر کی ستائی ہوئی لیڈی میکبتھ خواب میں چلتی ہے تو وہ اپنے ہاتھوں کو اس انداز سے ملتی رہتی ہے جیسے انہیں دھونے کی کوشش کر رہی ہو لیکن خون بے گناہ کے دھبے کسی طرح نہیں چھوٹتے اور وہ بڑبڑاتی ہے کہ عرب کا عطر بھی اس کے ہاتھوں سے خون کی بو کو دور نہیں کر سکتا۔ میر کا وہ محبوب بھی جو سفاک بادشاہوں اور خوں ریز فاتحوں کا کنایہ ہے، اپنے ہاتھ ملتا رہتا ہے۔ اس نے اپنی آرائش مظلوموں کے خون سے کی ہے۔ (غزل ۱۴۱) انسانوں کے کلیجوں میں ہاتھ ڈالا ہے تب ہتھیلیوں نے حنا کا رنگ اختیار کیا ہے (غزل ۴۹۱) اور یہ خون ہے کہ کسی طرح نہیں چھوٹتا، کیا ہے خوں مرا پامال یہ سرخی نہ چھوٹے گیا گر قاتل تو اپنے ہاتھ سو پانی سے دھووے گا (غزل ۸۵۔ شعر ۲) جم

گیا خوں کف قاتل پہ ترا میر زبسان نے رو رو دیا کل ہاتھ کو دھوتے دھوتے (غزل ۴۴۷) یہ جنون کی کیفیت ہے جسے عام اصطلاح میں خون چڑھنا کہتے ہیں۔ اور میر نے اس کو ایک جگہ یوں بیان کیا ہے، خون کم کر اب کہ کشتوں کے تو پشتے لگ گئے قتل کرتے کرتے تیرے تئیں جنوں ہو جائے گا (غزل ۹۰) اور جب ہم میر کا یہ شعر پڑھتے ہیں تو آج بھی دو سو برس پہلے کی خون میں لتھڑی ہوئی دلّی کی یاد تازہ ہو جاتی ہے۔ شش جہت سے اس میں ظالم بوئے خوں کی راہ ہے تیرا کوچہ، ہم سے تو کہہ، کس کی بسمل گاہ ہے (غزل ۴۳۶) غالباً میر کے وہ اشعار جن میں عاشقانہ نیاز مندی کی کمی ہے، محبوب کے اسی تصور سے تعلق رکھتے ہیں، وجہ بے گانگی نہیں معلوم تم جہاں کے ہو واں کے ہم بھی ہیں۔اپنا شیوہ نہیں کجی، یوں تو یار جی ٹیڑھے بانکے ہم بھی ہیں (غزل ۲۸۲۔ شعر ۵۔ ۶) رکھا ہے اپنے تئیں روک روک کر ورنہ سیاہ کر دیں زمانے کو ہم جو آہ کریں۔ اگر اٹھیں گے اسی حال سے تو کہیو تو جو روز حشر تجھی کو نہ عذر خواہ کریں (غزل ۲۴۱۔ شعر ۲۔ ۳) بہت ممکن ہے اس تصور نے میر کو واسوخت لکھنے پر اکسایا ہو۔ یہ بات اہم ہے کہ اردو میں واسوخت کی ابتدا میر نے کی ہے اور واسوخت اس وقت تک نہیں کہا جا سکتا جب تک محبوب کے لئے جذبہ احترام میں کمی نہ ہو۔ اور یہ عاشق پیشہ شاعروں کا شیوہ نہیں ہے جیسا کہ حافظ نے کہا ہے "ہیچ عاشق سخن سخت بہ معشوق نہ گفت۔" محبوب کے احترام میں کمی کے جذبے کی غمازی وہ اشعار بھی کرتے ہیں جن میں میر نے وصال کے مضمون کو مبتذل بنا دیا ہے۔ ان کے یہاں وصل کی تین کیفیتیں ملتی ہیں۔ ایک تو وہ ہلکی کیفیت ہے جس میں وہ محبوب کے گال کاٹتے ہیں اور نشے میں دھت معشوق کی راتوں کو اٹھ اٹھ کر خبر لیتے ہیں (ایسے اشعار انتخاب میں شامل نہیں ہیں۔) دوسری کیفیت وہ ہے جہاں وصل کی لذت درد و غم کے اتھاہ سمندر میں ڈوب جاتی ہے اور عاشق کی مفلسی اور مظلومی

کی غمازی کرتی ہے، آج ہمارے گھر آیا تو کیا ہے یاں جو نثار کریں الا کھینچ بغل میں تجھ کو دیر تلک ہم پیار کریں (غزل ۴۸۱۔ شعر ۱) بھری آنکھیں کسو کی پونچھتے گر آستیں رکھتے ہوئی شرمندگی کیا کیا ہمیں اس دست خالی سے (غزل ۲۷۲۔ شعر ۱) تیسری کیفیت خالص نشاط کی ہے اور یہ اشعار بہت کم ہیں۔ سب مزے درکنار عالم کے یار جب ہم کنار ہوتا ہے (غزل ۵۱۸۔ شعر ۱) برافروختہ رخ ہے اس کا کس خوبی سے مستی میں پی کے شراب شگفتہ ہوا ہے اس نو گل پہ بہار ہے آج اس کا بحر حسن سراسر اوجِ موج و تلاطم ہے شوق کی اپنے نگاہ جہاں تک جاوے بوس و کنار ہے آج (غزل ۱۷۲۔ ۲۰۱) قربان پیالہ مے نابجس سے کہ ترا حجاب نکلا (ضمیمہ غزل۔ شعر۔ ۲) یہ بات بھی غور طلب ہے کہ میر کے یہاں وصال کا اضطراب، درد و کرب اور خالص نشاط سب کچھ ہونے کے بعد بھی ان کا کلام وصال کی اس سادہ لذت اور معشوق نوازی کی کیفیت سے خالی ہے جس کی مثال ان کے پیش رو ولی دکنی کی غزلوں میں ملتی ہے۔ جیسے، سجن تم مکھ ستی الٹو نقاب آہستہ آہستہکہ جیوں گل سے نکستا ہے گلاب آہستہ آہستہعجب کچھ لطف رکھتا ہے شب خلوت میں گلروسوں‌خطاب آہستہ آہستہ جواب آہستہ آہستہاور ان کے یہاں غالب کا یہ انداز ملتا ہے کہ محبوب کے ساتھ مل کر زمین اورآسمان کو تہ و بالا کر دیں۔ (بیا کہ قاعدہ آسماں بگردانیم) اس کے برعکس میر اپنے جفاپیشہ محبوب کو تبدیل کرنے کے لئے زمانے سے انقلاب کے خواہش مند ہیں اور اس دنیا کی نئی بنیادیں رکھنا چاہتے ہیں، شاید کہ قلب یار بھی ٹک اس طرف پھرے میں منتظر زمانے سے ہوں انقلاب کا (غزل ۱۱۶) سر دورِ فلک بھی دیکھوں اپنے روبرو ٹوٹا کہ سنگِ محتسب پائے خم، دستِ سبو ٹوٹا (غزل ۸۰۔ شعر ۱) یہ دور تو موافق ہوتا نہیں مگر ابر کھیئے بنائے تازہ اس چرخ چنبری کی (غزل ۳۹۴۔ شعر ۲) اوپر کے شعر میں انقلاب کا منظر آج کے زمانے کے مطابق سیاسی اور سماجی تبدیلی

کے لئے استعمال نہیں ہوا ہے۔ اس کا مطلب صرف غلبہ اور انتشار کے دور کا خاتمہ ہے۔ یہ انداز اور رجحان دراصل عاشق اور معشوق کی دوئی کا پتہ دیتا ہے اور فرد اور سماج، انسان اور زمانے کے ٹکراؤ کو ظاہر کرتا ہے۔ میر کی شاعری میں دو اور محبوب جھلکتے ہیں اور یہ دونوں ایک دوسرے سے قریب ہیں۔ ایک تو میر کا ذاتی محبوب معلوم ہوتا ہے اس کا نام انہوں نے کچھ نہیں لیا اور کبھی کبھی وہ ان اشعار میں جلوہ گر ہوتا ہے جن میں بظاہر محبوب کا کوئی ذکر بھی نہیں ہے۔ یا تو محبوب کی آمد ہے، یار خصت ہے۔ عاشق کا اس کی گلی سے نکلنا ہے یا اس کی محفل میں پہنچنا ہے۔ ان شعروں میں وہ کیفیت ہے جو عظیم عشقیہ شاعری کی جان ہے۔ ایک مہذب درد، ایک لذت سے بھری ہوئی کسک اور دل کی ایک ایسی دھڑکن جو لفظوں میں منتقل ہو جاتی ہے۔رات مجلس میں تری ہم بھی کھڑے تھے چپکے جیسے تصویر لگا دے کوئی دیوار کے ساتھ (غزل ۳۵۸ شعر ۱) وے تو کھڑے کھڑے مرے گھر آ کے پھر گئے میں بے دیار و بے دل و بے خانماں ہوا (غزل ۱۵۱۔ شعر ۲) ترے فراق میں جیسے خیال مفلس کا گئی ہے فکر پریشاں کہاں کہاں میری (غزل ۳۹۸ شعر ۴) کچھ گل سے ہیں شگفتہ کچھ سرو سے ہیں قد کشا س کے خیال میں ہم دیکھیں ہیں خواب کیا کیا (غزل ۹۴) جیسے حسرت لئے جاتا ہے جہاں سے کوئیآہ یوں کوچہ دلبر سے سفر ہم نے کیا (غزل ۱۰۳ شعر ۳) پھر کچھ نہ دیکھا بجز اک شعلہ پر پیچ و تا بشمع تک تو ہم نے دیکھا تھا کہ پروانہ گیا (غزل ۵۸ شعر ۱) گل ہو، مہتاب ہو، آئینہ ہو، خورشید ہو میر اپنا محبوب وہی ہے جو ادار کھتا ہو (غزل ۳۲۶) پھول گل، شمس و قمر سارے ہی تھے پر ہمیں ان میں تمہیں بھائے بہت (غزل ۱۶۸ شعر ۱) چلا نہ اٹھ کے وہیں چپکے چپکے پھر تو میر ابھی تو اس کی گلی سے پکار لایا ہوں (غزل ۲۵۲) نہیں ہے چاہ بھلی اتنی بھی دعا کر میر کہ اب جو دیکھوں اسے میں بہت نہ پیار آوے اس محبوب کے سامنے میر نہ بے دماغ

ہیں نہ سرکش۔ صرف معصومیت، عاجزی، مسکینی اور ایک مہذب نیاز مندی ہے۔ ہم
فقیروں سے بے ادائی کیا آن بیٹھے جو تم نے پیار کیا
(غزل ۷۴۔ شعر ۴) دور بیٹھا غبار میر اس سے عشق بن یہ ادب نہیں آتا اس محبوب کا سراپا فطرت سے ہم آہنگ ہے۔ اس کے جسم کی ترکیب برگ گل سے ہے۔ اس کا منہ کھلنے سے چاندنی چھٹکتی ہے۔ کلیوں نے کم کم کھلنا اس کی نیم باز آنکھوں سے سیکھا ہے۔ گل کی شاخوں نے اس کے قامت سے انگڑائیاں لینے کا انداز اختیار کیا ہے اور اس سے ہم آغوشی زمین و آسمان کو بوس و کنار میں غرق کر دیتی ہے۔ یہ فطرت کا اتنا نکھرا ہوا روپ ہے کہ اس کے سامنے پھول کے منہ سے باس آنے لگتی ہے اور سرو بھونڈا اور بھدا دکھائی دینے لگتا ہے۔ اس کی پاکیزگی اور لطافت کا یہ عالم ہے کہ بدن ہاتھ لگتے میلا ہوتا ہے۔ یہ فطرت کا کنایہ ہے اور اس سے ہم آغوشی فطرت سے ہم آہنگ ہونے کی خواہش ہے جو صوفیانہ طرز فکر میں، جس کے وارث اردو کے تمام کلاسیکی شعرا ہیں، نہایت اہم درجہ رکھتی ہے۔ فطرت سے ہم آہنگی کے جذبے نے کبھی کبھی موت کی خواہش کی شکل بھی اختیار کی ہے۔ یہ بڑی حسین صورت میں ظاہر ہوتی ہے۔ زندگی کے اختصار کو میر نے بار بار بوئے گل اور نوائے بلبل سے تشبیہ دی ہے۔ اس کا ثبات کلی کے تبسم کے برابر ہے۔ دنیا کسی شوخ کی قدم گاہ ہے۔ جس میں گل کے چراغوں سے روشنی ہو رہی ہے (غزل ۱۴۱۷۔ شعر ۴) اس سے منہ پھیر کے چلے جانے کو کس کا جی چاہے گا۔ (غزل ۱۴۱۷۔ شعر ۵) پھر بھی فطرت سے ہم آہنگی کی خواہش ہے جس کی تکمیل صرف موت کے ذریعے ہو سکتی ہے۔ رنگِ گل و بوئے گل ہوتے ہیں ہوا دونوں کیا قافلہ جاتا ہے، جو تو بھی چلا چاہے (غزل ۴۸۶۔ شعر ۲) برنگ بوئے گل اس باغ سے ہم آشنا ہوتے کہ ہمراہ صبا ٹک سیر کرتے اور ہوا ہوتے (غزل ۴۱۶۔ شعر ۱) آہ کی میں دل حیران و خفا کو سونپا میں

نے یہ غنچہ تصویر صبا کو سونپا(غزل ۸۷۔ شعر ۱)صوفیانہ طرز فکر میں موت کے دو اور پہلو بھی ہیں اور وہ بھی میر کے یہاں نمایاں ہیں۔ معشوق حقیقی سے وصال یا فطرت سے ہم آہنگی جو رنگ و بوئے گل اور باد صبا کے ہم سفر ہونے کے برابر ہے۔ اس کے ساتھ ساتھ موت ایک فطری عمل بھی ہے اور اس کی اس فطری خصوصیت سے ظالموں اور امیروں کو عبرت دلائی گئی ہے۔ منعم نے بنا ظلم کی رکھ گھر تو بنایا پر آپ کوئی رات ہی مہمان رہے گا(غزل ۱۰۔ شعر ۱)بے زری کا نہ کر گلہ غافلرہ تسلی کہ یوں مقدر تھا اتنے منعم جہان میں گزرے وقت رحلت کے کس کنے زر تھا صاحب جاہ و شوکت و اقبال اک ازاں جملہ اب سکندر تھا تھی یہ سب کائنات زیر نگیں ساتھ مور و ملخ سا لشکر تھا لعل و یاقوت ہم زر و گوہر چاہیے جس قدر میسر تھا آخرِ کار جب جہاں سے گیا ہاتھ خالی کفن سے باہر تھا(غزل ۳۷۔ شعر ۴۔ ۹)کل پاؤں ایک کاسہ سر پر جو آ گیا یکسر وہ استخوان شکستوں سے چور تھا کہنے لگا کہ دیکھ کے چل راہ بے خبر میں بھی کبھو کسو کا سرِ پر غور تھا(غزل ۳۔ شعر ۵۔ ۶)یہ وہ منزل ہے جہاں پہنچ کر امیر اور غریب برابر ہو جاتے ہیں۔ چونکہ اس عہد میں معاشی مسائل اور طریق پیداوار اتنے ترقی یافتہ نہ تھے کہ مساوات کا تصور زندگی میں ممکن ہوتا۔ اس لئے موت اس خواہش کی تکمیل کرتی تھی۔ یہ تصور بھگتی کی کویتا اور مسٹک (MYSTIC) شاعری میں بھی عام ہے۔ چیکوسلواکیہ میں ایک مقام تابور ہے۔ اس کے میوزیم میں قرون وسطی کی عیسائی صوفی تحریک مسٹی سزم (MYSTICISM) کے ایک رہنما جان ہس (JANHNUSS) کی یادگاریں محفوظ ہیں اور اس دور کے بعض شعرا کی نظمیں بھی رکھی ہوئی ہیں۔ ایک شاعر کی نظم میں یہ شعر پڑھ کر کہ "موت عصائے شاہی اور کسان کے ہل کو ایک ہی قبر میں سلا دیتی ہے" مجھے بے ساختہ میر کا شعر یاد آ گیا، سب ہیں یکساں جب فنا اک بار گی طاری ہو ئیٹھیکرا

اس مرتبے میں کیا سر فغفور کا (دیوان دوم) اس سے ملتا جلتا موت کا یہ پہلو بھی ہے کہ وہ دکھ درد کو ختم کر دیتی ہے جس کا خاتمہ زندگی میں ممکن نہیں۔ اس لئے یہ سکون و آرام کی تلاش ہے، کیا سیر اس خرابے کا بہت اب چل کے سو رہیے کسو دیوار کے سائے میں منہ پر لے کے داماں کو (غزل ۳۱۹۔ شعر ۳) فکر معاش یعنی غم زیست تا بہ کے مر جایئے کہیں کہ ٹک آرام پایئے (غزل ۴۶۱۔ شعر ۴) پھر نہ آئے جو ہوئے خاک میں جا آسودہ غالباً زیر زمیں میر ہے آرام بہت (غزل ۱۶۰) میر کے یہاں بہت سے اشعار میں یہ احساس بھی ملتا ہے کہ موت حرکت اور تبدیلی کا نام ہے۔ چشم ہو تو آئینہ خانہ ہے دہر منہ نظر آتا ہے دیواروں کے بیچمیں عناصر کی یہ صورت بازیاں شعبدے کیا کیا ہیں ان چاروں کے بیچ (غزل ۱۷۴) ہر جز رومد سے دست و بغل اٹھتے ہیں خروشکس کا ہے راز بحر میں یارب کہ ہیں یہ جوشا بروئے کج ہے موج کوئی چشم ہے حبابموتی کسی کی بات ہے سیپی کسی کا گوش (دیوان اول) یاں بلبل اور گل پہ تو عبرت سے آنکھ کھولگل گشت سر سری نہیں اس گلستان کا گل یادگارِ چہرہ خوباں ہے بے خبر مرغِ چمن نشاں ہے کسو خوش زبان کا (غزل ۸۴) چراغانِ گل سے ہے یاں روشنیگلستاں کسو کی قدم گاہ ہے (غزل ۱۴۱۷۔ شعر ۴) گل و سنبل ہیں نیرنگ قضا، مت سر سری گزرے کہ بگڑے زلف و رخ کیا کیا بناتے اس گلستاں کو (دیوان اول) خاک آدم ہی ہے تمام زمیں پاؤں کو ہم سنبھال رکھتے ہیں (غزل ۲۵۵) تھے ماہ وشاں کل جو، ان کوٹھوں پہ جلوے میںہے خاک سے آج ان کی ہر صحن میں مہتابی (غزل ۹۷۳۔ شعر ۱) اس میں یہ تصور شامل ہے کہ حقیقت ایک ہے، تصویریں بہت سی ہیں۔ جلوہ ہے اسی کا سب گلشن میں زمانے کے گل پھول کو ہے ان نے، پردہ سا بنا رکھا (غزل ۸۹) گہہ گل ہے گاہ رنگ گہے باغ کی ہے بو آتا نہیں نظر وہ طرح دار، ایک طرحنیرنگ حسنِ دوست سے کر آنکھیں آشنا ممکن نہیں وگرنہ ہو دیدار ایک

طرح (دیوان اول) جا کے پوچھا جو میں یہ کار گہ مینا میں دل کی صورت کا بھی اے شیشہ گراں ہے شیشہ کہنے لاگے کہ کہاں پھرتا ہے بہکا اے مستہر طرح کا، جو تو دیکھے ہے کہ یاں ہے شیشہ دل ہی سارے تھے یہ اک وقت میں جو کر کے گداز شکل شیشے کی بنائی ہے کہاں ہے شیشہ (غزل ۳۵۵) اور اس تبدیلی کی وجہ سے فطرت کا حسن ہمیشہ تازہ اور جوان رہتا ہے، کیا خوبی اس چمن کی موقوف ہے کسو پر گل گر گئے عدم کو مکھڑے نظیر آئے (غزل ۱۱۰۴۔ شعر ۲) پھول چہروں میں بدل جاتے ہیں، چہرے پھولوں میں، خاک سے آدمی بنتا ہے اور آدمی خاک ہو جاتا ہے۔ اس طرح موت اور زندگی ایک سلسلے کی کڑیاں بن جاتی ہیں اور ساری کائنات ایک وحدت میں تبدیل ہو جاتی ہے اور میر کی شاعری کے تمام بکھرے ہوئے جلوے ایک صد رنگ گلستاں کی شکل اختیار کر لیتے ہیں۔ اس میں پھول بھی ہیں اور کانٹے بھی، بلبل بھی اور صیاد بھی، نشیمن بھی ہے اور بجلی بھی، زندہ رہنے کی امنگ بھی ہے اور مر جانے کا حوصلہ بھی اور یہی وجہ ہے کہ یہ شاعری آج بھی عظیم ہے اور زمانے کے بدل جانے کے بعد بھی دو سو برس پرانی زبان میں ہمارے جذبات اور احساسات کا ساتھ دے رہی ہے۔

***

۶

اقبال کی غزل

اقبال کی غزل میں حافظ کی سرشاری، غالب کی بلندی فکر اور رومی کے دل کی بے تابی ہے اور اس کے سوا کچھ اور بھی جو صرف اقبال کی اپنی دین ہے۔ اس کچھ اور کے لئے الفاظ تلاش نہیں کئے جاسکتے۔ اس کا احاطہ نہ تو شاعر مشرق کی روح کا سوز و گداز کہہ کر کیا جاسکتا ہے نہ فکر کی مرعوب کن عظمت کہہ کر۔ یہ ایک الہامی کیفیت ہے جس کو بیا ن کرنے کے لئے اقبال ہی کا مصرع پڑھا جا سکتا ہے۔ "خدا مجھے نفس جبرئیل دے تو کہوں۔۔۔" مدرسوں اور کالجوں میں اور عام تنقیدی مضامین میں غزل کی جو تعریف کی جاتی ہے اس پر اقبال کے یہ اشعار پورے نہیں اترتے،

خودی کو کر بلند اتنا کہ ہر تقدیر سے پہلے
خدا بندے سے خود پوچھے بتا تیری رضا کیا ہے
اگر نہ سہل ہوں تجھ پر زمیں کے ہنگامے
بڑی ہے مستی اندیشہ ہائے افلاکی
اے طائر لاہوتی اس رزق سے موت اچھی
جس رزق سے آتی ہو پرواز میں کوتاہی

ان اشعار میں ایک طائر لاہوتی کے لفظ کے سوا کوئی تشبیہ، کوئی استعارہ نہیں ہے۔

شعر کو گوارہ بنانے کے لئے عاشقانہ انداز بیان بھی نہیں اختیار کیا گیا ہے جو غزل کا ایک مستند حربہ ہے۔ لہجے میں بھی کوئی نرمی، کوئی زیر لب کیفیت نہیں ہے، کوئی سوز و گداز نہیں ہے۔ بلند آہنگی ہے، براہ راست گفتگو ہے۔ بس نئی فکر ہے اور نیا آہنگ ہے جس کی مثال اردو اور فارسی شاعری کی ایک ہزار برس کی تاریخ میں نہیں ملتی۔ یہی اقبال کی غزل کا اعجاز ہے۔ یہ تصورات کی شاعری ہے، ایسے تصورات جن کی گرمی لفظوں کو پگھلاتی ہے اور یہ الفاظ قاری کے دل و دماغ پر ایک عظیم فکری آبشار بن کر گرتے ہیں اور دلچسپ بات یہ ہے کہ تینوں شعر مقبول ہیں اور ضرب المثل کا درجہ اختیار کر چکے ہیں۔ وہ لوگ بھی جنہیں معمولی اردو آتی ہے، ان اشعار کا استعمال بے تکلفی سے کرتے ہیں۔ اس کا مطلب ہے کہ اپنی دقت پسندی کے باوجود ان لوگوں پر بھی ان الفاظ نے اپنے معنی بے نقاب کر دیے ہیں جن کی مادری زبان اردو نہیں ہے۔ اس قسم کی غزل پر اقبال کا یہ شعر صادق آتا ہے،

مری مشاطگی کی کیا ضرورت حسن معنی کو
کہ فطرت خود بخود کرتی ہے لالے کی حنابندی

اقبال کی دوسرے قسم کی غزل وہ ہے جس میں تشبیہ، استعارہ، تلمیح وغیرہ سے حسن معنی کی مزید آرائش کی گئی ہے جیسے،

مری اسیری پہ شاخ گل نے یہ کہہ کے صیاد کو رلایا
کہ ایسے پرسوز نظم خواں کا گراں نہ تھا تجھ پہ آشیانہ

قافلہ حجاز میں ایک حسین بھی نہیں
گرچہ ہے تابدار ابھی گیسوئے دجلہ و فرات

مجھے آہ و فغان نیم شب کا پھر پیام آیا

تھم اے رہرو کہ شاید پھر کوئی مشکل مقام آیا
چل اے میری غریبی کا تماشہ دیکھنے والے
وہ محفل اٹھ گئی جس دم تو مجھ تک دور جام آیا
یہ مصرع لکھ دیا کس شوخ نے محراب مسجد پر
یہ ناداں گر گئے سجدوں میں جب وقت قیام آیا
دیا اقبال نے ہندی مسلمانوں کو سوز اپنا
یہ اک مرد تن آساں تھا تن آسانوں کے کام آیا

اقبال کی بعض غزلوں میں ایک ہی مرکزی خیال مختلف اشعار کے پیکر میں ظاہر ہوتا ہے، مثلاً اپنی "بال جبریل" کی ایک غزل میں انہوں نے اپنے فلسفہ خودی کو اس طرح پیش کیا ہے جس سے مرد کامل کے خط و خال ابھرتے ہیں۔ ان اشعار میں انداز بیان براہ راست ہے اور معنوی حسن کے علاوہ کسی اور آرائش سے کام نہیں لیا گیا ہے۔ لیکن ان اشعار سے پہلے اقبال نے قصیدے کی تشبیب کی طرح چار اشعار میں خودی کی بے داری کے لئے پھولوں کا استعارہ استعمال کیا ہے۔ جس طرح فطرت پھولوں کی شکل میں بیدار ہوتی ہے، اسی طرح انسان کے اندر خودی بیدار ہو سکتی ہے۔ اس معنوی اور فنی کیفیت کا لطف لینے کے لئے پوری غزل کا پڑھنا ضروری معلوم ہوتا ہے،

پھر چراغ لالہ سے روشن ہوئے کوہ و دمن
مجھ کو پھر نغموں پہ اکسانے لگا مرغ چمن
پھول ہیں صحرا میں یا پریاں قطار اندر قطار
اودے اودے نیلے نیلے پیلے پیلے پیرہن
برگ گل پر رکھ گئی شبنم کا موتی باد صبح

اور چمکاتی ہے اس موتی کو سورج کی کرن
حسن بے پروا کو اپنی بے نقابی کے لئے
ہوں اگر شہروں سے بن پیارے تو شہر اچھے کہ بن؟
اپنے من میں ڈوب کر پا جا سراغ زندگی
تو اگر میرا نہیں بنتا نہ بن اپنا تو بن
من کی دولت ہاتھ آتی ہے تو پھر جاتی نہیں
تن کی دولت چھاؤں ہے آتا ہے دھن جاتا ہے دھن
من کی دنیا میں نہ پایا میں نے افرنگی کا راج
من کی دنیا میں نہ دیکھے میں نے شیخ و برہمن
پانی پانی کر گئی مجھ کو قلندر کی یہ بات
تو جھکا جب غیر کے آگے نہ من تیرا نہ تن

اقبال کی غزل کی ایک قسم وہ ہے جسے دعائیہ غزل کہنا چاہئے۔ اس میں شاعر خدا سے ہم کلام ہوتا ہے۔ اقبال کے ایک شعر سے شاعر کے انداز تخاطب کا اندازہ ہوتا ہے۔

چپ رہ نہ سکا حضرت یزداں میں بھی اقبال
کرتا کوئی اس بندہ گستاخ کا منہ بند

یہ گستاخی تہذیب بندگی کی کمی کا نتیجہ نہیں ہے بلکہ خودی کی بے داری سے پیدا ہوتی ہے۔ خودی انسان کی تخلیقی قوتوں کی بے داری ہے جو خدا کی ناتمام دنیا کو تکمیل کی منزل کی طرف لے جاتی ہیں۔ اس لئے اقبال کی گستاخی میں ایک شان دلآویزی ہے۔ جب وہ خدا سے یہ کہتا ہے،

اگر کج رو ہیں انجم آسماں تیرا ہے یا میرا

مجھے فکر جہاں کیوں ہو جہاں تیرا ہے یا میرا
اسی کوکب کی تابانی سے ہے تیرا جہاں روشن
زوال آدم خاکی زیاں تیرا ہے یا میرا

تو اقبال کو انسان کی عظمت کا پورا احساس ہے۔ یہ دعائیہ غزلیں اردو شاعری میں ایک عظیم الشان اضافہ ہیں۔ فارسی میں اور خصوصیت کے ساتھ 'زبور عجم" میں اس طرح کی غزلوں کی تعداد زیادہ ہے، لیکن "بال جبریل" میں بھی اس انداز کی کچھ شاندار غزلیں ہیں۔ یہاں ایک ایسی غزل کے چند اشعار پیش کرنا مناسب ہو گا،

گیسوئے تاب دار کو اور بھی تاب دار کر
ہوش و خرد شکار کر قلب و نظر شکار کر
حسن بھی ہے حجاب میں عشق بھی ہے حجاب میں
یا تو خود آشکار ہو یا مجھے آشکار کر
تو ہے محیط بیکراں میں ہوں ذرا سی آبجو
یا مجھے ہم کنار کر، یا مجھے بے کنار کر
باغ بہشت سے مجھے حکم سفر دیا تھا کیوں
کار جہاں دراز ہے اب میرا انتظار کر
روز حساب جب مرا پیش ہو دفتر عمل
آپ بھی شرمسار ہو، مجھ کو بھی شرمسار کر

ان غزلوں میں اور "بانگ درا" کی غزلوں میں زمین آسمان کا فرق ہے۔ "بانگ درا" کی غزلوں کا لہجہ زیادہ سے زیادہ شاعرانہ ہے۔ لیکن "بال جبریل" کی غزلوں کا لہجہ پیغمبرانہ ہے۔ دونوں کتابوں کی اشاعت میں تقریباً دس سال کا فرق ہے۔ ان دس سالوں میں

اقبال نے اپنی غزل گوئی کی تربیت دراصل فارسی غزل گوئی کے ذریعے سے کی ہے۔ ان کا شاعرانہ ارتقا "زبور عجم" میں تلاش کیا جاسکتا ہے جس کی اشاعت جون ۱۹۲۷ میں ہوئی تھی۔ غزلوں کا یہ آہنگ جو "بانگ درا" میں تقریباً ناپید ہے، سب سے پہلے "زبور عجم" کی غزلوں میں نمایاں ہوتا ہے۔

اقبال نے اپنی غزل سے عہد نو کی تنقید کا بھی کام لیا ہے اور نہایت بے تکلفی سے فرنگی، فرنگ اور یورپ کے الفاظ غزل کے سانچے میں ڈھال دیے ہیں۔ جس طرح قدیم غزل میں زاہد اور ملا اور محتسب کا نام لیا جاتا تھا، اقبال کی غزل میں فرنگ اور فرنگی کا نام آتا ہے۔ چند مثالیں،

گرچہ ہے دلکشا بہت حسن فرنگ کی بہار
طائرک بلند بال دانہ و دام سے گزر
خیرہ نہ کر سکا مجھے جلوہ دانش فرنگ
سرمہ ہے میری آنکھ کا خاک مدینہ و نجف
پیر میخانہ یہ کہتا ہے کہ ایوان فرنگ
سست بنیاد بھی ہے آئینہ دیوار بھی ہے
میخانہ یورپ کے دستور نرالے ہیں
لاتے ہیں سرور اول دیتے ہیں شراب آخر
خبر ملی ہے خدایان بحر و بر سے مجھے
فرنگ رہگزر سیل بے پناہ میں ہے

اقبال نے علی گڑھ کے پروفیسر ضیا احمد بدایونی کے نام ایک خط میں مومن کی شاعری پر جو تنقید کی ہے اس سے اقبال کی غزل کا نیا مزاج سمجھنے میں آسانی ہوتی ہے۔

فرماتے ہیں، "مجھے افسوس ہے کہ ان کی شاعری سے مجھے بہت مایوسی ہوئی۔ شاذونادر ہی وہ تغزل کے کسی حقیقی جذبے تک پہنچ سکے ہیں۔ ان کے خیالات طفلانہ ہیں اور وہ اپنے جذبات کے سوقیانہ پن کو چھپانے میں ناکام نظر آتے ہیں۔ ان کے کلام میں وضاحت کی کمی سے نفسیاتی طور سے اس افسوسناک امر کی شہادت ملتی ہے کہ ہندوستانی مسلمان کا جذبہ حکمرانی انحطاط پذیر ہو چکا تھا۔۔۔ بیان کی وضاحت حکمراں قوم کا خاصہ اور لازمہ ہوتا ہے۔۔۔ اس مریض ذہنیت کی دیگر علامات یا نتائج میں قنوطیت اور تصوف بھی شامل ہے جو ابہام سے لطف اندوز ہوتے ہیں اور عدم وضاحت سے گمراہ ہو کر اسے معنویت کا درجہ دیتے ہیں۔"

اقبال کی غزل میں نہ قنوطیت ہے، نہ ابہام، نہ عدم وضاحت۔ یہ بلند آہنگ اور بے باک غزل ہے۔ اس میں مائیکل انجلو کے فن کی طاقت ہے۔

("گفتگو" بمبئی۔ ۱۹۷۷)

***

۷

کبیر: حرف محبت

بڑی شاعری کی یہ عجیب و غریب خصوصیت ہے کہ وہ اکثر و بیشتر اپنے خالق سے بے نیاز ہو جاتی ہے، پھر اس کے وجود سے شاعر کا وجود پہچانا جاتا ہے کیونکہ اس کی زندگی کے حالات گزرے ہوئے زمانے کے دھندلکے میں کھو جاتے ہیں اور واقعات افسانے کا لباس پہن لیتے ہیں۔ پرانی تاریخ نگاری چونکہ بادشاہوں، پروہتوں اور سورماؤں کے گرد گھومتی تھی اور انہیں کی داستان کو اپنا سرمایہ سمجھی تھی، اس لئے اس نے ہمیشہ باغیوں، شاعروں اور فنکاروں کو نظر انداز کیا اور صرف سزا و جزا کے افسانے باقی رہ گئے (کسی کا منہ موتیوں سے بھرا گیا اور کسی کی گستاخ زبان گدی سے کھینچ لی گئی) لیکن وقت کا انتقام بڑا سخت ہے، بادشاہوں کے کارنامے تاریخ کی کتابوں میں بند ہیں اور شاعروں کے کارنامے دلوں کے اندر درد اور مسرت کی لہریں بن کر اتر گئے ہیں۔ لکشمی اور سرسوتی کی باہمی رقابت میں جیت سرسوتی کی ہوئی اور گن لکشمی کے گائے گئے۔ یہ بات شاید پرانے تاریخ نگاروں کو معلوم نہیں تھی کہ تاریخ محض واقعہ نگاری نہیں بلکہ سماجی اور معاشی رشتوں کی تبدیلی کی داستان بھی ہے اور فکر و شعور کا سفر بھی۔ اس فضا میں آتے جاتے کردار پرچھائیوں کی طرح گھومتے رہتے ہیں اور اگر پرچھائیوں کا نام فراموش ہو جائے تو بھی فرق نہیں پڑتا۔ فکر و شعور کا سفر جاری رہتا ہے۔ یہی وجہ ہے کہ حالات و واقعات کا

کبیر، سن اور تاریخ کا کبیر زندہ نہیں ہے لیکن فکر و شعور کا کبیر، جذبے اوراحساس کا کبیر، شعر اور نغمے کا کبیر زندہ ہے۔ ہر دوہا اس کی ہستی ہے، ہر پد (نظم) اس کی ذات، ہر خیال اس کی زبان اور جب ہم اس کے بولے ہوئے لفظوں کو دہراتے ہیں تو کبیر کا ساز بجنے لگتا ہے۔ شاہی فرمان اور ڈنکے کی آوازیں گونگی ہو جاتی ہیں اور کبیر کے دل سے نکلنے والی صوت سرمدی سے روح سرشار ہو جاتی ہے۔ پنڈت کا منتر اور ملا کی اذان آسمانوں کے سناٹے میں گم ہو جاتی ہے اور کبیر کا حرف محبت دھرتی کے سینے میں دھڑکنے لگتا ہے۔ یہ بات اہم نہیں ہے کہ کبیر داس جُلاہے کے بیٹے تھے یا کسی برہمنی کے پیٹ سے پیدا ہوئے تھے اور جُلاہے کے گھر میں پرورش پائی تھی ا اہم یہ ہے کہ رامانج (بارہویں صدی) اور ان کے سلسلہ فکر کی ایک معنوی اولاد رامانند (چودھویں اور پندرہویں صدی) کے خیال سے کبیر کے خیال کا کیا رشتہ ہے۔ بھگتی کے انتر گیان کا تصوف کے وجدان سے کیا تعلق ہے۔ ایران کے صوفی شعرا عطار، رومی اور حافظ کی فکر نے ہندوستان کی فکر کو جس حد تک متاثر کیا ہے، ان کے درمیان کتنی مشترک قدریں ہیں اور اثرات کی یہ بہتی ہوئی گنگا جمنی کبیر کی شاعری میں کتنا حسین سنگم حاصل کرتی ہے۔ صرف اس طرح تفریق اور نفرت کی وہ دیواریں گرائی جاسکتی ہیں جنہیں کبیر نے ڈھا دیا تھا، لیکن ان کے بعد کی نسلوں نے پھر اونچا اٹھا دیا۔ اس پر لڑنے مرنے والے کہ کبیر لنگی پہنتے تھے یا دھوتی باندھتے تھے، یہ بھول جاتے ہیں کہ اصلیت لباس میں نہیں برہنگی میں ہے جس نے معنی کے جسم سے لفظوں کے پردے اٹھا دیے ہوں اور رام اور رحیم کو ایک کر دکھایا ہو، اس کو سوت اور کپاس کا لباس پہنانے کی کوشش اور اس لباس کی تفریق پر منافقت اور نفرت انگیزی کتنی مضحکہ خیز معلوم ہوتی ہے۔ کبیر داس کی پیدائش اور موت کی تاریخوں کے بارے میں کچھ وثوق سے نہیں کہا جاسکتا۔ بس اتنی بات یقینی ہے کہ پندرہویں صدی کبیر

کی صدی ہے، ان کی عمر کا اندازہ ایک سو بیس سال کیا جاتا ہے۔ ان کے چیلے دھرم داس سے ایک دوہا منسوب ہے جس کے اعتبار سے سم وت ۱۴۵۵ کے اختتام پر کبیر کی پیدائش کی تاریخ جیٹھ کی پورنیما کی سوموار کے دن نکلتی ہے اس بنیاد پر ۱۳۹۸ء سال پیدائش قرار پاتا ہے (بعض لوگوں کے نزدیک سال پیدائش ۱۴۴۰ء ہے۔ (دیکھئے ایلون انڈرہل کا دیباچہ۔ کبیر کی نظموں کا انگریزی ترجمہ از ٹیگور) انتقال کا سال ۱۵۱۸ء بھی کبیر پنتھوں کے ایک مشہور دوہے کی بنیاد پر تسلیم کیا گیا ہے۔ کبیر داس کا اپنا بیان ہے کہ وہ بنارس میں پیدا ہوئے اور مگھر (ضلع گورکھپور) میں وفات پائی۔ سکل جنم شیوپوری گنوایا مرتی بیر مگھر اٹھ دھایا یعنی سارا جنم بنارس میں بیتا اور مرتے وقت مگھر چلا گیا۔ اس میں اہم نکتہ یہ ہے کہ مرتے وقت بھی کبیر نے اپنی انقلابی ادا نہیں چھوڑی۔ جس طرح وہ انسانوں کی اونچ نیچ کے قائل نہیں تھے اسی طرح وہ شہروں کی اونچ نیچ کو بھی پسند نہ کرتے تھے، عام ہندو عقیدہ یہ ہے کہ کاشی میں مرنے والے کی مکتی ہو جاتی ہے اور اس کے برعکس مگھر میں مرنے والا دوبارہ گدھے کا جنم لیتا ہے۔ لیکن کبیر جن کو اپنی بھگتی پر پورا اعتماد تھا اس بات کو کب مان سکتے تھے، اس لئے جب عمر کی اس منزل پر پہنچے جہاں موت قریب معلوم ہوئی تو وہ ترک وطن کر کے مگھر چلے گئے۔ ملک کے کونے کونے سے لوگ موت کی تلاش میں بنارس آتے ہیں اور کبیر مرنے کے لئے بنارس سے یہ کہتے ہوئے چل دئے، کیا کاشی کیا اوسر مگھر، رام ہر دے بس موراجو کاشی تن تجے کبیرا، رامے کون ہنورا (ترجمہ، کاشی ہو یا اجاڑ مگھر، میرے لئے دونوں برابر ہیں۔ کیونکہ میرے دل میں بھگوان بسا ہوا ہے۔ اگر کبیر کی روح کاشی میں اس تن کو تج کر نجات حاصل کرے تو اس میں رام کا کون سا احسان ہے۔) اس لئے کبیر جو زندگی بھر کاشی کے باشندے رہے اور بادشاہوں کی طاقت اور تنگ نظر لوگوں کی نفرت بھی ان کو وہاں سے باہر نہ نکل سکی، مرنے کے بعد اپنی مرضی

سے گھر کے باسی ہو گئے۔ ان کی موت کے گرد، ان کے چاہنے والوں نے جس افسانے کی تخلیق کی ہے وہ کبیر کے لئے عوام کا سب سے بڑا اخراج عقیدت ہے۔ ان کی تعلیم کا نچوڑ وہ خالص انسانی محبت ہے جو مذہب کی تفریق اور ذات پات کے جھگڑوں سے پاک ہے۔ کہا جاتا ہے کہ ان کے مرنے کے بعد ان کی لاش پر ہندوؤں اور مسلمانوں نے تلواریں کھینچ لیں، ہندوان کی لاش کو جلانا چاہتے تھے اور مسلمان دفن کرنا چاہتے تھے لیکن اس جھگڑے کا فیصلہ اس طرح ہوا کہ کبیر کی لاش پھولوں کے ایک ڈھیر میں تبدیل ہو گئی جسے دونوں فریقین نے برابر برابر بانٹ لیا۔ اس طرح ہندو رسم بھی ادا ہو گئی اور مسلمان رسم بھی اور باہمی اختلاف ختم ہو گیا۔ اب گھر میں املی کی ایک درخت کے نیچے کبیر کا مزار ہے اور بنارس میں ایک مٹھ ہے جو کبیر چورے کے نام سے مشہور ہے۔ اپنی ذات کے لئے کبیر نے زیادہ تر جولاہے کا لفظ استعمال کیا ہے اور کبھی کبھی کوری اور کمینہ بھی کہا جاتا ہے۔ شمالی ہندوستان میں اب بھی ہندو بنکر کوری کہلاتے ہیں اور نیچ سمجھے جانے کی وجہ سے انہیں کمین یا کمینہ کے لفظ سے یاد کیا جاتا ہے (مسلم جولاہوں نے اپنے لئے مومن کا لفظ انتخاب کر لیا ہے جس کا کبیر کے عہد میں پتہ نہیں تھا) اس سے یہ گمان ہوتا ہے کہ کبیر کے عہد کے آس پاس ہی کوریوں کی ذات کے ایک بڑے حصے نے اسلام قبول کیا تھا۔ کوریوں اور جولاہوں کی بستیاں پنجاب سے بنگال تک کے علاقے میں پھیلی ہوئی ہیں، پورے پورے قصبے ان سے آباد ہیں۔ شمالی ہندوستان میں بہار اور بنگال تک ترکوں کی حکمرانی پر تھوی راج کی شکست (۱۱۹۲ء) کے ساتھ پہنچی۔ ۱۱۹۹ء میں قطب الدین ایبک نے بنارس فتح کیا اور اس کے فوراً ہی بعد محمد بختیار نے بہار کو تہ تیغ کیا اور نالندہ کی مشہور عالم یونیورسٹی کو خاک میں ملا دیا۔ بودھ بھکشوؤں کو قتل کر دیا اور کتابوں کو آگ لگا دی۔ اس طرح بودھ دھرم جس کا زوال بہت پہلے سے شروع ہو گیا تھا اور آٹھویں صدی تک ۲

مکمل ہو چکا تھا بارہویں صدی کے خاتمے پر تقریباً نیست و نابود ہو گیا اور نالندہ کے بچے کھچے بھکشو نیپال اور تبت کی طرف بھاگ گئے (بودھ مذہب وہاں پہلے پہنچ چکا تھا۔) بودھ مذہب کے افسوس ناک زوال کے بعد ہندوستان کے پنچ ذات کے اچھوتوں کے لئے اسلام ہی ایک پناہ گاہ رہ گیا تھا (چنانچہ اس عہد میں مشرقی بنگال کے گاؤں کے گاؤں اپنا بودھ دھرم چھوڑ کر مسلمان ہو گئے۔) ترک حکمرانوں نے، جو مسلمان سے بڑھ کر فاتح اور حکمراں تھے اور اپنے طبقاتی مفاد کو مذہب پر ترجیح دیتے تھے، اسلام پر ایمان لے آنے والے محکوموں کو برابری کا درجہ نہیں دیا۔ ۳وہ اب بھی کوری سے جلاہے ہو جانے کے بعد کمینے ہی سمجھے جاتے تھے، اس لئے ان کی آخری پناہ گاہیں بھگتی اور تصوف کی پریم نگریاں بن گئیں اور ان دونوں خدا پرست اور انسانیت دوست تحریکوں کا حسین امتزاج کبیر داس اور ان کی شاعری کی شکل میں ظاہر ہوا۔ مفلسی تو ان کا پیدائشی حق اور باپ دادا کی میراث تھی، مگر بھگتوں اور صوفیوں نے اسے ترک دنیا کی شکل دے کر انقلابی بنا دیا۔ ظاہری مذہب حکمرانوں کے ساتھ تھا جو مال و دولت کے مالک تھے (وہ کبھی شمال مشرقی پہاڑوں کو عبور کر کے آتے تھے اور کبھی مقامی قلعوں سے اپنی فوجیں لے کر نکلتے تھے) اور باطنی مذہب یعنی تصوف اور بھگتی نے عوام کا ساتھ دیا جو مفلس اور محنت کش تھے (یہ بات دلچسپی سے خالی نہیں کہ زیادہ تر صوفی اور بھگت دستکاروں کے طبقے سے تعلق رکھتے تھے۔) ظاہری مذہب کے ملا، قاضی، محتسب، پنڈت، پروہت وغیرہ بہت مہنگے تھے، جو مذہبی رسوم کے جاننے والے تھے اور حکمرانوں کے اقتدار پر خدا اور بھگوان کی مرضی کی مہریں لگاتے رہتے تھے (اونچ نیچ خدا کی دین ہے، بادشاہ زمین پر خدا کا سایہ ہے۔) لیکن باطنی مذہب کے رہنما یا گرو فقیر اور بھکشو تھے، ان کے جسم پر گیروا لباس ہوتا تھا یا شاید وہ بھی نہیں ہوتا تھا۔ ہاتھ میں بھیک کے پیالے، دل میں غم کی قندیل اور

ہونٹوں پر حرف محبت۔ وہ صاحب علم نہیں تھے صاحب اسرار تھے، عقل والے نہیں تھے عشق والے تھے، ان کے پاس نہ مندر تھے نہ مسجدیں، نہ اوقاف نہ جائیدادیں، ان کے پاس کتاب بھی نہیں تھی، صرف دل تھا، وہ ہر انسان کو یہی بشارت دیتے تھے کہ خدا محبت ہے اور محبت خدا ہے انسان کا عشق خدا کا عشق ہے اور یہ تبلیغ و تلقین بالکل مفت تھی۔ طبقاتی نفرت کے بغیر حکمراں حکومت نہیں کر سکتے تھے، لیکن بھگتوں اور صوفیوں نے اس طبقاتی نفرت کے مقابلے پر انسانی برادری اور محبت کا نصب العین رکھا۔ حکمرانوں کے لئے سماجی حیثیت کا معیار دنیاوی دولت تھی، بھگتوں اور صوفیوں کے لئے انسان کے اعلی درجہ کا معیار بھگت پریم اور عشق حقیقی اور عشق مجازی تھا۔ مال اور دولت کی محبت اور جائیدادوں کی بندشیں اس عشق میں کمی کر سکتی تھیں، اس لئے ان بزرگوں نے ترک دنیا کو اپنی تعلیمات کا بنیادی جز بنایا۔ چنانچہ مولانا جلال الدین رومی نے دولت کو اس کلاہ سے تشبیہ دی ہے جو گنجے کے سر کو چھپاتی ہے۔ خوبصورت زلفوں والے ننگے سر ہی اچھے لگتے ہیں۔ بازار میں بکنے والے غلاموں کے جسمانی حسن کو ظاہر کرنے کے لئے انھیں ننگا کر دیا جاتا ہے۔ ان کی خرید و فروخت کرنے والے امیر اپنے بیمار جسموں کو اطلس اور ریشم کی قباؤں میں چھپائے رہتے ہیں۔ کبیر نے اپنی اس طبقاتی کش مکش کو کبھی فراموش نہیں کیا۔ چنانچہ ایک نظم میں جب مایا سولہ سنگار کر کے اور اپنی مست آنکھوں کی لال تلوار لے کر سامنے آتی ہے اور شاعر کو اپنا بھتار (دولہا یا شوہر) کہہ کر مخاطب کرتی ہے تو شاعر بڑے طنز سے کہتا ہے، "ہماری ذات جلاہے کی ہے اور نام کبیر ہے۔ ہمیں تو کبھی کسی نے پوچھا نہیں، تم وہاں جاؤ جہاں تخت بچھے ہیں، باغ آراستہ ہیں، اناج کے بورے بھرے ہوئے ہیں، ریشم کی بھرمار ہے۔ اگر اور صندل گھسا جا رہا ہے۔ ہمارے پاس آ کر کیا کرو گی۔ ہم تو کمینوں کی ذات سے تعلق رکھتے ہیں۔"[۴۳] ایک اور نظم میں انہوں نے مایا کو،

جو صاحب اقتدار طبقوں کے لالچ کی علامت ہے، مہا ٹھگنی کہا ہے جس کے ہونٹوں پر میٹھے بول ہیں اور ہاتھ میں پھانسی کا پھندا اور ایک نظم میں مایا شکاری کے روپ میں ظاہر ہوتی ہے جو نہایت بے دردی کے ساتھ انسانوں کا شکار کھیل رہی ہے۔ اس کے وار سے کوئی نہیں بچ سکتا "اودھو مایا تجی نہ جائے" کے ساتھ ملا کر اس نظم کو پڑھنے سے کبیر کا اصل مفہوم واضح ہو جاتا ہے۔ کبیر کے یہاں مایا کے تصور کو سمجھنے کے لئے یہ ضروری ہے کہ شنکر آچاریہ (آٹھویں صدی) کے اَدویَت واد اوران کے نقاد رامانج (۱۱۷۵ء لغایۃ ۱۲۵۰ء) کے وِششت ادویت واد کے ایک نکتے کے باریک فرق کو ذہن نشین کر لیا جائے۔ دونوں اُپنی شد کی اس تعلیم کو مانتے ہیں کہ سب کچھ برہمن ہے (سردم کھل ودم برہم) اور وہی سب سے بڑی سچائی ہے اور آتمن (روح۔ خودی) اور برہمن (ذات مطلق) ایک ہیں۔ (آیم آتما برہم) لیکن اس تعلیم کی تفسیر کے وقت دونوں الگ الگ راہیں اختیار کرتے ہیں، ایک کے یہاں خشک فلسفے کی چمک دار تلوار ایک عظیم عالمگیر ذہن کی تیزی کا پتہ دیتی ہے اور دوسرے کے یہاں دل کی دھڑکن ازلی اور ابدی حقیقت میں انسانی روح کی حرارت پیدا کر دیتی ہے۔ شنکر اچاریہ کا کہنا ہے کہ چونکہ برہمن (ذات مطلق) ہی حقیقت ہے اس لئے مادی دنیا (مایا-سنسار) کی اپنی کوئی حقیقت نہیں، وہ صرف وہم وخیال (امتھیا) ہے۔ اس کو انہوں نے ادویت کہا ہے (یعنی وہ وحدت جس میں دوئی کی سمائی نہیں ہے) لیکن رامانج کا کہنا یہ ہے کہ برہمن (ذات مطلق) آتمن (روح۔ خودی) اور مایا (سنسار) الگ الگ پہنچانے جاتے ہیں لیکن حقیقت میں الگ نہیں ہیں۔ کیونکہ آتمن اور مایا دونوں برہمن کے وشیشن (صفات) ہیں، گویا شنکر اچاریہ صفات سے انکار کرتے ہیں اور رامانج صفات کو عین ذات مانتے ہیں، اس صورت میں برہمن کی وحدت باقی رہتی ہے لیکن ساتھ ساتھ آتمن روح، خودی، فرو، جیو) کی حقیقت

اور اصلیت بھی باقی رہتی ہے، اس کو وششت ادویت کہا گیا ہے۔ شنکر اچاریہ کے یہاں وحدت میں کثرت کا سوال فلسفیانہ تلواروں کا محتاج رہتا ہے اور رامانج کے یہاں شاعری اور نغمے کے دروازے کھول دیتا ہے اور نرگن کے آگے سرگن ناچنے لگتا ہے۔ صفات ذات کا اشارہ بن جاتی ہیں اور انا الحق کا ساز بجنے لگتا ہے۔ شنکر اچاریہ کے یہاں خدا غیر ذاتی ہے اور رامانج کے یہاں ذاتی۔ اس لئے ایک کی بھگتی سرد و خشک ہے اور دوسرے کی بھگتی گرم اور رنگین۔ وہاں شونیہ کا سکون ہے اور یہاں مایا کا ہنگامہ، جو سنت اور بھگت شاعروں کے یہاں بے تابی، بے قراری اور سرشاری کا سنگیت بن جاتا ہے اور انہیں جلال الدین رومی اور حافظ شیرازی کے قریب لے آتا ہے۔ شنکر اچاریہ کے یہاں غیر ہندو افکار کی آمیزش ذرا مشکل ہے اور رامانج کی دھارا میں بہت سے چشمے مل سکتے ہیں۔ چنانچہ کبیر کے یہاں یہ آمیزش صاف نظر آتی ہے (لیکن کبیر کو سو فیصد رامانج کا چیلا سمجھنا صحیح نہیں ہے۔) جیو اور مایا کو برہمن سے الگ پہچاننے کے بعد جیو کو حقیر اور مایا کو بیکار اور بدکار نہیں سمجھا جا سکتا۔ اس طرح جیو کی اہمیت کا اعتراف فرد کی عظمت کا اعتراف ہے اور وہ فرد شودر بھی ہو سکتا ہے اور برہمن بھی اور مسلمان بھی۔ فرد کی یہ اہمیت جاگیردارانہ سماجی رشتوں پر اثر انداز ہوتی ہے (جس میں عظمت کی بنیاد دولت اور طاقت تھی) اور ایک نئی انسان دوستی کے رشتے قائم کرتی ہے۔ اب مایا کو تج دینے کا سوال پیدا نہیں ہوتا بلکہ اس کو فتح کیا جاتا ہے، برتا جاتا ہے اور کبیر کے الفاظ میں وہ ہری بھگتوں کی چنبری (کنیز) بن جاتی ہے۔ کبیر کے یہاں ترک دنیا ہے لیکن اس کا مطلب یہ نہیں ہے کہ آدمی صرف اپنی ذات میں گم ہو جائے اور اپنی نجات کے لئے مراقبے میں گم ہو جائے۔ وہ خود شادی شدہ آدمی تھے اور صاحب اولاد تھے، کرگھے پر خود کپڑا بنتے تھے اور پھیری لگا کر اسے بیچتے تھے اور اس کی آمدنی سے اپنا اور اپنے بال بچوں کا پیٹ پالتے تھے۔ ان کی مادی اور جسمانی

محنت ان کے روحانی نغموں کی تخلیق میں حائل نہیں ہوتی تھی بلکہ شاید اس میں مدد دیتی تھی۔ ان کو اس پر اصرار تھا کہ بھگوان اس دنیا میں ملتا ہے۔ نجات کا راستہ یہیں سے ہو کر گزرتا ہے اور مایا جو مہا ٹھگنی ہے اور بے درد شکاری ہے، بھگتوں کی کنیز بن سکتی ہے۔ مایا تجی نہیں جاتی کیونکہ وہ کسی نہ کسی شکل میں باقی رہتی ہے۔ دراصل مایا پر فتح حاصل کی جاتی ہے۔ جس طرح پوجا، پاٹ، نماز، روزہ ظاہری عبادت سے صرف غرور (اہنکار) بڑھتا ہے لیکن بھگوان نہیں ملتا، ویسے کپڑے اتار دینے سے یا اپنے پانچوں حواس کو قتل کر دینے سے بھگوان نہیں ملتا اور نہ وہ پہاڑوں پر جا بیٹھنے اور جنگلوں میں کھو جانے سے ملتا ہے (مایا وہاں بھی پیچھا نہیں چھوڑتی۔) ہری (بھگوان) اس پر ریجھتے ہیں جس کے دل میں رحم ہے، جو متقی اور پرہیز گار ہے، جو دنیا میں رہ کر دنیا سے اداس (بے نیاز) رہتا ہے اور ہر ذی حیات کو اپنی طرح جانتا ہے۔ اسی کو وہ حی و قیوم ملتا ہے۔ سائیں سے اس قسم کی لگن لگانا بہت مشکل ہے۔ اس کے لئے طبیعت کا انکسار اور صبر و قناعت ضروری ہے اور رہن سہن میں پورا اترنا چاہئے اور ساری بات کو کبیر نے یہ کہہ کر ختم کیا ہے کہ دیکھو پانڈے جی فضول بحث و مباحثے سے کوئی فائدہ نہیں۔ سو باتوں کی ایک بات یہ ہے کہ اس جسم کے بغیر شبد، کلمہ، نام، اناہت ناد کچھ ممکن نہیں ہے۔ انسان اور کائنات سب مٹی ہے اور گوبند کی شکتی۔ مایا اس کو بناتی بگاڑتی رہتی ہے۔ ہمارا جسم ایک مٹی کا مندر ہے جس میں ہم نے گیان دھیان کا دیپک جلا رکھا ہے اور سانس کا اجالا ہے جس سے سارا جگ دکھائی دیتا ہے۔ اس مٹی کی دنیا کا، جس کی ذمہ داریوں اور فرائض سے سبکدوش ہونا نجات کے لئے ضروری ہے، کبیر کے یہاں پورا احساس ہے اور غالباً بھگتی کا کوئی دوسرا شاعر اس شعور اور احساس میں کبیر کے قریب نہیں پہنچتا۔ اسلام میں انسان کی ذمہ داریاں دو حصوں میں تقسیم کی گئی ہیں۔ ایک حق اللہ ہے اور دوسرا حق العباد، یعنی ایک خدا کا حق اور دوسرا

بندوں کا حق۔ عبادت خدا کا حق ہے اور سماجی ذمہ داریاں بندوں کا حق، خدا کے گنہ گار کو، جس نے حق عبادت ادا نہیں کیا خدا معاف کر سکتا ہے لیکن بندوں کے گنہ گار کو جس نے اپنے عزیز و اقارب، پڑوسی، ہم وطن اور اہل دنیا کا حق ادا نہیں کیا، اس کو خدا معاف نہیں کرتا۔ صرف بندے ہی معاف کر سکتے ہیں۔ اس کے بعد رحمت کے دروازے کھلیں گے، اس لئے کبیر نے دونوں کے حقوق کا ذکر کیا ہے۔ سرگن کی سیوا کرو، نرگن کا کرو گیانرگن سرگن کے پرے، تہیں ہمارا دھیانکبیر پنتھیوں نے کبیر کی پیدائش کو ان حسین و جمل لفظوں میں بیان کیا ہے، گھن گرجے، دامنی دمکے، بوندیں برسیں، جھر لاگ گئے لہر تالاب میں کمل کھلے تہاں بھانو پر گٹ بھئے (ترجمہ، بادل گرج رہے تھے، بجلی چمک رہی تھی، بوندیں پڑ رہی تھیں اور مینھ کی جھڑی لگی ہوئی تھی۔ اس طوفان میں جب کبیر سورج کی طرح ظاہر ہوئے تو لہر تالاب میں کنول کے پھول کھلے ہوئے تھے۔) اس دوہے کے الفاظ، ممکن ہے کہ حقیقت ہی کی ترجمانی کرتے ہوں لیکن اگر انہیں استعارے کی زبان سمجھا جائے تو ایسا معلوم ہوتا ہے کہ جیسے جنگوں کی گھن گرج میں، قتل و غارت کی بجلیوں میں جہاں خون کی بارش ہو رہی تھی، کبیر کی پیدائش (ظہور) سے یکایک منظر پرسکون ہو گیا اور آسمان پر سورج نکل آیا اور تالابوں میں کنول کے پھول کھل گئے۔ قرون وسطی کے جنگ آلودہ ہندوستان میں کبیر کی یہ شخصیت مبالغہ آمیز نہیں معلوم ہوتی۔ کبیر داس ایک مسلمان صوفی تھے، جو ہندو بھگتی کی زبان میں بات کر رہے تھے ۵ چونکہ انہوں نے اپنے آپ کو بار بار جولاہا کہا ہے اس لئے یقین کے ساتھ کہا جا سکتا ہے کہ انہوں اسلام کو ترک نہیں کیا تھا لیکن ان کی دھج ہندوؤں کی سی تھی، ماتھے پر تلک لگاتے تھے اور جسم پر جنیو پہنتے تھے اور پھر جرأت اتنی تھی کہ برہمنوں پر طنز کرتے تھے، تو بھامن میں کاسی کا جولہا۔ بوجھو مور گیانا ۶ ہندوستان کی پوری تاریخ میں اتحاد کے اتنے

خوبصورت اور جذباتی مظہر کی مثال نہیں ہے۔ اس عہد میں جب تک حکمرانوں کی تلوار ہندوستان کے سر پر چمک رہی تھی، اس مسلمان جولاہے کے حرف محبت میں کتنی کشش ہو گی جس نے اپنے آپ کو سر سے پاؤں تک ہندوؤں کے رنگ میں رنگ لیا تھا اور یہ بھی یقین کیا جا سکتا ہے کہ کبیر سے آشنا ہونے کے بعد عام ہندو عام مسلمان سے نفرت نہیں کر سکتا تھا۔ کبیر نے منصور کی طرح انا الحق نہیں کہا، لیکن انا الحق کا سارا جذبہ ان مصرعوں میں موجود ہے۔ "نرگن آگے سرگن ناچے باجے سوہنگ تورا۔" یعنی ذات کے سامنے صفات ناچ رہی ہیں اور انا الحق کا ساز بج رہا ہے۔ ے جب وہ یہ کہتے ہیں کہ "اس کے وجود میں ایک دنیا کے بعد دوسری دنیا تسبیح کے دانوں کی طرح چل رہی ہے، تو پھر یہ کہنے کی ضرورت باقی نہیں رہ جاتی کہ ساری کائنات اس کی تسبیح میں مشغول ہے۔ اس طرح جب وہ عوام کی زبان میں یہ کہتے ہیں کہ "نراکار" نرگن انباسی، کرواہی کونگ" تو یہ محسوس ہوتا ہے کہ ہندو پری بھاشا میں "قوھواللہ احد" کی تفسیر اسی طرح بیان کی جا سکتی ہے۔ کبھی کبھی اس درشن کے دیوانے "المست فقیر" کا نغمہ اسلامی فکر کی موجوں میں تبدیل ہو جاتا ہے۔ یا کریم بل حکمت، تیری کھاک ایک صورت بہتیری۔ یعنی اے کریم! میں تیری حکمت پر قربان جاؤں۔ ایک خاک سے اتنی ساری صورتیں بنا ڈالیں اور کبھی وہ اسلامی عقائد کی زمین سے اٹھ کر ویدانت کے شونیہ آکاش میں چلے جاتے ہیں جہاں ذات وصفات سے بھی شعور بلند ہو جاتا ہے۔ پھر وہ کبھی کبھی اسلامی الفاظ استعمال کرتے ہیں اور ہندو انداز فکر اختیار کر لیتے ہیں مثلاً "نبی آنکھوں میں موجود ہے سیاہ اور سفید تلوں کے بیچ میں ایک تارا ہے جس میں لاکھوں سورج طلوع ہوتے ہیں۔" مگر اس ہزار رنگ انداز کے اندر شیوہ ایک ہی ہے جو ایک لفظ عشق میں سما جاتا ہے۔ باقی باتیں اس کی تفسیر اور تفصیل ہیں۔ یہ بات متفقہ طور پر مانی جاتی ہے اور خود کبیر نے اس کا اعتراف کیا ہے کہ وہ

ان پڑھ تھے لیکن ان کی پیدائش اور موت کی طرح ان کی شاگردی کے متعلق بھی اختلاف رائے ہے۔ مسلم روایت انہیں ایک صوفی پیر تقی کا شاگرد قرار دیتی ہے لیکن اپنی نظموں میں کبیر نے رامانند کو گرومان کر خراج عقیدت پیش کیا ہے۔ پندرہویں صدی کے بنارس میں رامانند کی بڑی شہرت تھی۔ ویسے تو ہندو سنت تھے لیکن ان کی مجلس (گوشٹی) میں ہندو اور مسلمان دونوں شریک ہوتے تھے۔ کبیر کا لڑکپن تھا لیکن ان کی نگاہ انتخاب بھی رامانند ہی پر پڑی۔ اب مشکل یہ تھی کہ ایک مسلمان جولاہے کو وہ اپنی شاگردی میں قبول کریں گے یا نہیں۔ کبیر نے اس کا حل جس طرح تلاش کیا وہ بہت دلچسپ ہے۔ رامانند روز صبح سویرے گنگا میں اشنان کرنے جاتے تھے۔ ایک روز صبح کے وقت جب ابھی اندھیرا تھا، کبیر گنگا کی سیڑھیوں پر لیٹ گئے۔ تھوڑی دیر میں جب سوامی رامانند آئے تو ان کا پیر کبیر کے سر پر پڑ گیا اور بے ساختہ ان کے منہ سے رام رام نکل گیا۔ کبیر خوش ہو گئے کہ منتر مل گیا اور اس دن سے اپنے آپ کو رامانند کا چیلا کہنے لگے۔ ہندو اور مسلمان دونوں نے شور مچایا لیکن کبیر کے ماتھے پر بل نہیں پڑا کیونکہ وہ بچپن سے اس کے عادی تھے۔ ان کے غیر متعصب رویے کی وجہ سے ہندو لڑکے انہیں مسلمان اور مسلمان لڑکے ہندو سمجھ کر چھیڑتے اور ستاتے تھے، زاہد تنگ نظر نے مجھے کافر جانا اور کافر یہ سمجھتا ہے مسلماں ہوں میں دیکھ اے چشم عدو مجھ کو حقارت سے نہ دیکھ جس پہ فطرت کو بھی ہے نازہ وہ انساں ہوں میں (اقبال) بہر حال رامانند نے کبیر کو اپنے حلقے میں لے لیا۔ بعض لوگوں کا خیال ہے کہ کبیر ان کی صحبت میں ایک عرصہ تک رہے لیکن بعض لوگ یہ رائے رکھتے ہیں کہ یہ صحبت بہت مختصر تھی اور اس کا ثبوت اس سے بھی ملتا ہے کہ کبیر کے تصورات پر رامانند کے اثرات آہستہ آہستہ دھندلے ہوتے چلے جاتے ہیں۔ یہ معلوم ہوتا ہے کہ جس طرح رامانند سے ملنے سے پہلے کبیر ادھر ادھر گھومتے رہتے اسی طرح ان

کی شاگردی اختیار کر لینے کے بعد بھی دوسرے سنیاسیوں اور بھگتوں کے علاوہ مسلم صوفیا کی صحبت میں وقت گزارتے رہے لیکن یہ یقینی بات ہے کہ کبیر کی مذہبی معلومات جو حیرت انگیز حد تک وافر ہیں، سوامی رامانند کی گوشٹیوں (مجلسوں) کی بھی دین ہیں اور یہ بھی کہا جا سکتا ہے کہ وہ ان گوشٹیوں میں بھی شریک ہوئے جو مسلم صوفیوں اور ہندو سنتوں کے درمیان ہوتی تھیں اور اسرار و رموز بیان کئے جاتے تھے۔ ہندو دھرم کے علاوہ ان کی تصوف اور اسلام سے گہری واقفیت اور رغبت یہ قیاس آرائی کرنے پر مجبور کرتی ہے کہ ان پڑھ ہونے کے باوجود، جس کا انہوں نے خود اعتراف کیا ہے، انہیں اچھی علمی صحبت ملی تھی۔ جھوسی کے شیخ تقی کی صحبت کا ذکر کبیر نے خود کیا ہے، چاہے وہ ان کے شاگرد بنے ہوں یا صرف ہم مجلس رہے ہوں۔ ڈاکٹر تاراچند اپنی انگریزی کتاب "تمدن ہند پر اسلامی اثرات" میں لکھتے ہیں، "کبیر کی تعلیمات کے انداز بیان کی صورت گری صوفی اولیا اور صوفیا نے کی۔ ہندی زبان کا انہیں کوئی پیش رو نہ ملا اس لئے وہ جن نمونوں کی پیروی کر سکتے تھے وہ مسلمانوں ہی سے مل سکتے تھے۔ مثلاً فرید الدین عطار کا پندنامہ ۸ بابا فرید اور کبیر کی نظموں کے عنوانوں کے تقابل سے یہ امر باوضاحت معلوم ہوتا ہے۔ کبیر نے دوسرے صوفیا کے علاوہ جلال الدین رومی اور شیخ سعدی کا کلام بھی یقیناً سنا ہوگا کیونکہ ان کے کلام میں ان صوفی شعراء کی بازگشت سنائی دیتی ہے۔" (اردو ترجمہ، محمد مسعود احمد، مطبوعہ مجلس ادب لاہور) کبیر کی شاعری میں اردو اور فارسی کے سیکڑوں الفاظ ہیں جن میں سے کچھ تو اس وقت کی ہندی میں رائج ہو چکے تھے اور کچھ براہ راست صوفیانہ شاعری سے آئے ہیں۔ ترک دنیا سے انکار اور یوگ بھوگ دونوں کو گھریلو زندگی کا حصہ قرار دینا اسلامی تصورات سے واقفیت کا ثبوت ہے۔ فنائے ہستی سے کبیر کا مقصد یہ تھا کہ انسان اپنے حواس اور قویٰ سے مسلسل آمادہ پیکار ہے۔ (تاراچند صفحہ

۲۶۱) کبیر نے اس پیکار کو ان شاندار الفاظ میں بیان کیا ہے، "شمشیر ہاتھ میں لے کر میدان جنگ میں اترو اور اس وقت تک لڑو جب تک جان میں جان ہے۔ دشمن کا سر کاٹ کر اس کا کام تمام کر دو۔ پھر مالک کے دربار میں آکر اپنا سر جھکا دو۔"" بہادر جنگ کے میدان کو دیکھ کر بھاگتے نہیں اور بھاگنے والے بہادر نہیں ہوتے۔ جسم و جان کے رن میں گھمسان کی لڑائی ہو رہی ہے۔ ہوس، غصہ، غرور اور لالچ مقابلے پر کھڑے ہوئے ہیں۔ صبر، قناعت اور صداقت کی بادشاہت میں شمشیر کا نام بلند ہو رہا ہے۔ کبیر کہتے ہیں کہ جب کوئی سورما لڑائی کے لئے نکلتا ہے تو بزدلوں کی فوج پیٹھ دکھا کر بھاگ جاتی ہے۔""صداقت کے متلاشی کی جدوجہد بہت کٹھن ہے۔ ستی اور سورما کے مقابلے میں اس کا عہد وفا زیادہ دشوار ہے۔ سورما کی لڑائی دو چار گھنٹے چلتی ہے ستی کی جدوجہد ایک پل میں ختم ہو جاتی ہے۔ لیکن صداقت کا متلاشی دن رات جنگ کرتا ہے۔ اس کی لڑائی زندگی کے آخری لمحے تک جاری رہتی ہے۔" انسان کی اس باطنی جدوجہد کا انجام ان الفاظ میں بیان کیا گیا ہے،" جس کے دل میں رحم ہے، جو متقی اور پرہیز گار ہے، جو دنیا میں رہ کر دنیا سے اداس رہتا ہے اور دنیا کے ہر ذی حیات کو اپنی طرح جانتا ہے اس کو وہ لافانی (بھگوان) مل جاتا ہے۔" (تاراچند صفحہ ۲۔ ۲۶۱۔ کبیر نظم ۶۵۔ کبیر بانی مرتبہ سردار جعفری) ڈاکٹر تاراچند نے بہت سی مثالوں سے کبیر اور مسلم فلسفیوں، مفکروں اور صوفی شاعروں کے خیالات کی مماثلت ثابت کی ہے اور آخر میں یہ نتیجہ نکالا ہے،" اس طرح کبیر نے ایک آفاقی راہ والے مذہب کی طرف انسان کی توجہ پھیری۔۔۔ کوئی ہندو یا مسلمان اس مذہب سے پہلو تہی نہیں کر سکتا تھا۔ کبیر کے مشن کا تعمیری پہلو تھا لیکن ان کے مشن کا تخریبی پہلو بھی ہے۔ نئے راستے کی تشکیل اس جھاڑ جھنکاڑ کو دور کئے بغیر جس نے قدیم پگڈنڈیوں کو مسدود کر دیا تھا، ناممکن تھی۔ یہی وجہ ہے کہ کبیر نے بے باکانہ غیظ

وغضب اور پرزور زبان میں ظواہر مذہب کے تمام سازوسامان پر، جس نے صداقت کو چھپا دیا تھا، یا ہندوستان کی جماعتوں کو ایک دوسرے سے جدا کر دیا تھا، حملہ کیا۔ ان کے حملے سے نہ مسلمان بچے نہ ہندو۔" (تاراچند صفحہ ۲۶۷) ظاہر ہے کہ اس مقام پر ہندو بھگتی اور مسلم تصوف کا سنگم ناگزیر تھا۔ اسی لئے بعض مقامات پر منصور کی انا الحق کی گونج کے علاوہ جس کا ذکر پہلے آ چکا ہے، کبیر کی تعلیمات پر رومی کے تصورات کا بھی عکس دکھائی دیتا ہے جسے انہوں نے ہندو بھگتی کے انداز سے پیش کیا ہے۔ وہی جاہ و جلال، وہی بیتابی اور بے قراری جو رومی کی غزلوں کی خصوصیت ہے، کبیر کی شاعری کا جزو اعظم ہے۔ ہندو بھگتی کبیر کو مقام فنا کی سیر کراتی ہے جہاں عجز و انکسار، خضوع و خشوع ہے اور مسلم ۹ تصوف مقام بقا پر پہنچاتا ہے، جہاں قوت و عظمت، جلال و جمال، بے باکی اور بلند آہنگی کے ڈنکے بج رہے ہیں۔ کبیر کے الفاظ میں آسمان گرج رہا ہے۔ اگر کبیر کے یہاں یہ تصور موجود ہے جو بھگتی اور تصوف دونوں جگہ مشترک ہے کہ قطرہ یا حباب دریا میں محو ہو جاتا ہے، جیو، فرد، آتما جا کر وجود مطلق (برہمن) میں مل جاتی ہے تو دوسری طرف یہ تصوف بھی موجود ہے جو رومی کی دین ہے کہ قطرہ دریا کو پی لیتا ہے۔ آتمن برہمن کو جذب کر لیتی ہے لیکن یہ دوسری بات اتنے صاف لفظ میں نہیں کہی گئی ہے، جس کی مثال رومی کا یہ شعر ہے، بزیر کنگرہ کبریاش مردانند فرشتہ صید و پیمبر شکار و یزداں گیر (ترجمہ، بام کبریائی کے سائے میں ایسے ہمت والے لوگ کھڑے ہیں جو فرشتے اور پیمبر اور خدا کو بھی شکار کر لیتے ہیں۔) یا اقبال کا یہ شعر جو رومی کی صدائے بازگشت ہے، در دشت جنون من جبریل زبوں صیدے یزداں بکمند آور اے ہمت مردانہ (ترجمہ، میرے دشت جنوں میں جبریل ایک حقیر شکار ہے۔ اب ہمت مردانہ خود بڑھ کر یزداں پر کمند ڈال دے) لیکن کبیر کا عام انداز یہ ہے جو رومی کے دوسرے شعر میں ہے، نہ شبم نہ شب پرستم کہ حدیث

خواب گویمچو غلام آفتابم ہمہ آفتاب گویم(ترجمہ، میں نہ تورات ہوں اور نہ رات کا پجاری کہ خواب اور کہانیاں سناؤں۔ میں تو سورج کا غلام ہوں اور میرا ہر حرف سورج کی طرح روشن ہے۔) یہ بھی مقام بقا ہے اور کی سب سے اچھی مثال کبیر کی اس نظم میں ملتی ہے جس کی ساری امیجری نور اور نغمے سے بنی ہے۔"سورج، چاند تاروں کے چراغ جل رہے ہیں۔ پریم راگ بیراگ (بے نیازی) کے تال اور سر پر بلند ہو رہا ہے۔ فضاؤں میں رات دن نوبت بج رہی ہے اور کبیر کہتے ہیں کہ میرا پریتم (محبوب) آسمانوں میں بجلی کی طرح چمک رہا ہے۔""وہاں لمحے بھر کی اور پل بھر کی آرتی کہاں، سارا سنسار رات دن آرتی اتارتا ہے اور گیت گاتا ہے۔ طبل اور نشان بج رہے ہیں۔ جھل مل جیوتی کی غیبی جھالر جگمگا رہی ہے۔ غیب کے گھنٹوں کی آواز آرہی ہے۔""کبیر کہتے ہیں کہ وہاں رات اور دن اپنے چراغوں کو گردش دے رہے ہیں۔ جگت کے تخت پر جگت کا مالک بیٹھا ہوا ہے۔ سارا سنسار کرم اور بھرم (کام اور مغالطے) میں مبتلا ہے۔ ایسے پریمی جو پریتم کو پہچانتے ہوں، کم ہیں۔ اصلی عاشق وہ ہے جو اپنے دل میں پریم (نیاز) اور بیراگ (بے نیازی) کی لہروں کو اس طرح ملالیتا ہے جیسے گنگا اور جمنا کے دھارے مل جاتے ہیں۔ اس کے دل میں یہ مقدس پانی ہمیشہ بہتا رہتا ہے۔ تب کہیں جاکر جنم اور مرن، موت اور زندگی کا انت ہوتا ہے۔""وہ دیکھو وجود میں کیسا آرام ہے، اس کا لطف وہی اٹھا سکتا ہے جو وجود کو محسوس کر سکے، پریم کی ڈوریاں ہیں اور سکھ کے ساگر کا جھولا ہے جو پینگیں لے رہا ہے۔ لفظ وہاں بادلوں کی طرح گرج رہے ہیں۔ ایک عظیم الشان نغمہ بلند ہو رہا ہے۔ وہاں بغیر پانی کے کنول کھلا ہوا دکھائی دیتا ہے اور کبیر کہتے ہیں کہ من کا بھونرا اس کا رس پی رہا ہے۔""کائنات کے چکر کے دل میں کیسا حسین کنول کھلا ہوا ہے، اس کا لطف کچھ سنت ہی اٹھا سکتے ہیں۔ یہ نغمے (شبد) کی گھٹائیں چاروں طرف چھائی ہوئی ہیں اور دل ایک بیکراں

سمندر کی مسرت میں ڈوبا ہوا ہے۔ کبیر کہتے ہیں کہ اس سکھ ساگر میں اس طرح ڈوب جاؤ کہ زندگی اور موت کا بھرم (مغالطہ) باقی نہ رہے۔""دیکھو وہاں پانچوں لذتوں (شبد، سپرش، روپ، رس، گندھ) کی پیاس بجھ گئی ہے اور تینوں دکھوں (مادی، روحانی، ذہنی) کا بخار اتر گیا ہے۔ یہ عقل وفہم سے بالاتر (اگم) کا کھیل ہے۔ دیکھو تمہارے وجود میں غیب کی چاندنی ہے۔ ہاں زندگی اور موت کی تالیاں مسلسل بج رہی ہیں۔ مسرت کی روشنی آسمانوں پر پھیلی ہوئی ہے۔ ایک ابدی نغمے کی جھنکار سنائی دے رہی ہے اور ترلوک محل (تینوں دنیاؤں کا ایوان) کے پریم باجے بج رہے ہیں۔""زندگی اور موت کے درمیان کوئی فرق نہیں ہے۔ داہنا اور بایاں ہاتھ ایک ہی ہے۔ کبیر کہتے ہیں کہ یہاں محرم راز گونگا ہو جاتا ہے۔ یہ وہ صداقت ہے جو ویدوں اور کتابوں میں نہیں ملتی (صرف محسوس کی جا سکتی ہے)""میں نے شونیہ کے (خلاؤں میں معلق) آسن پر بیٹھ کر سادھنا کے ناقابل بیان رس کا پیالہ پیا۔ اب میں اسرار کا محرم ہوں اور وحدت کے راز کا سمجھنے والا۔ راہ کے بغیر چل کر میں اس شہر میں پہنچ گیا ہوں جہاں کوئی غم نہیں ہے۔ جگدیو کا رحم اور کرم آسانی سے نصیب ہو گیا ہے۔ میں نے دھیان دھر کے دیکھا تو وہ بغیر آنکھوں کے نظر آ گیا۔ جو لامحدود ہے، جسے لوگ نارسائی کی منزل کہتے ہیں۔ یہ مقام غموں سے آزاد ہے۔ یہاں پہنچنے کا کوئی راستہ نہیں ہے۔ لیکن جس نے غم پایا وہی بے غم ہو گیا۔ یہاں عجیب آرام ہے۔ دانشمند وہ ہے جس نے یہ مقام دیکھا۔ دانشمند وہ ہے جس نے اس کا گیت گایا ہے۔""یہ حرف آخر ہے مگر اس کا مزا کیسے بیان کیا جائے۔ جس نے مزا چکھا ہے وہی اس لذت کو جانتا ہے۔ کبیر کہتے ہیں کہ اس سے لذت اندوز ہونے کے بعد جاہل دانش مند بن جاتا ہے اور دانش مند خاموش ہو جاتا ہے۔""اودھوت (جوگی) نشے میں چور ہے۔ گیان (علم) اور ویراگیہ (بے نیازی) کی تکمیل ہو گئی ہے۔ آتی جاتی سانس کا پریم پیالا

اس نے پیا ہے۔ سارا آکاش سنگیت سے بھرا ہوا ہے۔""" انگلیوں کی مضراب کے بغیر تاروں سے نغمے نکل رہے ہیں۔ عیش اور غم کا کھیل جاری ہے۔ کبیر کہتے ہیں کہ جو کوئی اپنی زندگی کو زندگی کے سمندر میں ملا دیتا ہے اس کی روح مہا آنند میں ڈوب جاتی ہے۔""" آٹھوں پہر کا متوالا پن ہے۔ آٹھوں پہر جام پر جام چل رہے ہیں۔ آٹھوں پہر سرمستی چھائی رہتی ہے۔ برہم کے جسم میں بھگت زندہ ہے۔""" صرف سرور ہی سرور ہے۔ نہ دکھ ہے نہ کش مکش۔ وہاں میں نے بھرپور آنند دیکھا ہے۔ وہاں غلطی کی کوئی گنجائش نہیں ہے۔ کبیر کہتے ہیں کہ وہاں صرف وحدت کا جلوہ دکھائی دیتا ہے۔""" میں نے اپنے وجود (جسم) میں کائنات کا ہنگامہ دیکھا ہے اور مجھے دنیاوی غلطیوں سے نجات مل گئی ہے۔ خارجی اور داخلی وجود سے ایک آسمان بن گیا ہے۔ محدود اور لامحدود متحد ہو گئے ہیں۔""" میں دیدار کی شراب سے مست ہو گیا ہوں۔ تیر انور بھرپور شکل میں داخل ہوتا ہے۔ گیان کی تھال میں پریم کا دیا جل رہا ہے۔ شونیہ کے آسن پر سادھنا کا ڈیرا ہے۔ کبیر کہتے ہیں کہ وہاں غلطیوں کا وجود نہیں اور زندگی اور موت کی کشمکش ختم ہو چکی ہے۔" ڈاکٹر تاراچند نے اس نظم کے بعض حصوں کو معراج روحانی سے تعبیر کیا ہے جو خالص مسلم عقیدہ ہے ۱۰ لیکن اس نظم میں بھی مسلم اور ہندو فکر کی ایسی آمیزش ہے کہ دونوں کے لئے قابل قبول ہو سکتی ہے۔ "وجود" اور "غیب" جیسے الفاظ کے علاوہ جو اس وقت کی بول چال کے الفاظ نہیں ہو سکتے، کبیر نے گنگا اور جمنا کو "گنگ" اور "جمن" کہا ہے جو خالص فارسی تلفظ ہے۔ یہ براہ راست صوفی شاعروں کی روایت کی شہادت ہے۔ پھر "دیدار کی شراب" اور "عشق کا نور" بھی مسلم صوفی اثرات کا نتیجہ ہے۔ لیکن ان تصورات کے ساتھ جب کبیر "شونیہ"، "ترلوک محل"، "کائنات چکر"، "کنول کے پھول"، "آرتی" اور "غیب کے گھنٹوں" کے تصورات کو ملا دیتے ہیں تو وہ اپنی ہندو وراثت کی نشاندہی

کرتے ہیں۔ چونکہ وحدانیت کے ناپیدا کنار سمندر کی لہریں اپنے الگ الگ نام نہیں رکھ سکتیں اس لئے کبیر نے ہندو یا مسلم نام اختیار کرنے سے انکار کر دیا۔ ہندو کہو تو میں نہیں، مو مسلمان بھی ناہیں پانچ تتو کا پو تلا، گیبی کھیلے ماہیں (ترجمہ، میں نہ ہندو ہوں نہ مسلمان۔ میں غیب کے کھیل میں پانچ عناصر کا ایک پتلا ہوں) اس کے بعد خدا، اللہ، رام، ہری، گوبند، سائیں، صاحب سب الفاظ ہم معنی ہو جاتے ہیں اور ان پر لڑنے والے بے وقوف معلوم ہونے لگتے ہیں۔ رومی نے اپنی مثنوی میں ایک حکایت بیان کی ہے۔ ایک شخص نے چار مختلف زبانیں بولنے والوں کو ایک درم دیا۔ ایرانی نے کہا اس سے انگور خریدے جائیں۔ عرب نے کہا نہیں عنب، ترک نے اَزم کا نام لیا اور چوتھے نے استافیل کا۔ اس پر چاروں لڑنے لگے۔ اس وقت اگر کوئی ان چاروں زبانوں کا جاننے والا موجود ہوتا تو ان بے وقوفوں کو بتاتا کہ سب ایک ہی چیز مانگ رہے ہیں۔ لڑائی صرف الفاظ پر ہو رہی ہے۔ اس مثنوی میں دوسری جگہ رومی نے چراغوں اور پھلوں کی تشبیہ استعمال کی ہے۔ اگر ایک مکان میں دس چراغ جمع کر دیے جائیں تو ایک ہر ایک کی شکل دوسرے سے الگ ہو گئی لیکن جب نور پر نظر جائے گی تو کوئی فرق نہیں معلوم ہو گا۔ اسی طرح اگر سو سیب اور سو بہی کا شمار کیا جائے تو سو نظر آئے گا لیکن نچوڑ دینے کے بعد سب کا رس ایک ہو جائے گا۔ دراصل معنی میں گنتی اور تقسیم ممکن نہیں ہے۔ اس لئے یاروں کو یاروں سے مل جانا چاہئے اور صورت کو چھوڑ کر جو سرکش ہے، معنی اختیار کرنا چاہئے۔ (مثنوی دفتر اول) یہی بات کبیر کہتے ہیں۔ مگر وہ ان پڑھ ہونے کی وجہ سے رومی کی طرح عالم اور مفکر نہیں ہیں۔ اس لئے وہ عالمانہ تشبیہیں استعمال نہیں کرتے بلکہ زمین کی گری پڑی تشبیہوں سے کام لیتے ہیں اور براہ راست حملہ کرتے ہیں۔ "دنیا کے دو مالک (جگدیش) ۱۱ کہاں سے آئے۔ تجھے اس بھرم میں کس نے مبتلا کر دیا ہے۔ اللہ، رام، رحیم، الگ الگ

کیسے ہو سکتے ہیں۔ ایک سونے سے سب زیور بنائے گئے ہیں۔ یہ سب ایک نماز، ایک پوجا کہنے سننے کی باتیں ہیں۔ ان کو اپنے وجود سے دور کر دے۔ وہی مہادیو ہے وہی محمدؐ۔ جو برہما ہے، اسی کو آدم کہنا چاہئے۔ کوئی ہندو کہلاتا ہے کوئی مسلمان، لیکن رہتے ایک ہی زمین پر ہیں۔ ایک وید کی کتابیں پڑھتا ہے اور ایک خطبہ۔ ایک مولانا کہلاتا ہے اور ایک پنڈت۔ نام الگ لگ رکھ لئے ہیں۔ ویسے برتن سب ایک ہی مٹی کے ہیں۔ (کبیر بانی سردار جعفری نظم ۱۲۶) رومی نے اپنے اشعار کو یہ عنوان دیا ہے، 'اس بیان میں کہ تمام پیغمبر برحق ہیں، جیسا کہ قرآن کی آیت ہے کہ ہم اس کے پیغمبروں میں سے کسی کی تفریق نہیں کرتے۔' لیکن کبیر نے یہ عبارت لکھے بغیر اسی جذبے کی ترجمانی کی ہے۔ اگر ان کے کلام میں صوفیوں کی اصطلاحات سے زیادہ مطابقت نہیں پائی جاتی تو اس کی وجہ یہ نہیں کہ کبیر ان خیالات سے کم آگاہ تھے، بلکہ اس کی وجہ یہ ہے کہ وہ عالم فاضل نہیں تھے۔ اس لئے جب انہوں نے ان تصورات کو اپنایا تو فارسی شعروں کو مکمل طور سے اپنے ذہن میں محفوظ نہ رکھے سکے۔" (تاراچند صفحہ ۲۴۹) مسلمان صوفیا رسول اسلام کا نام لینے کے معاملے میں بہت محتاط ہیں۔ ان کا یہ اصول ہے کہ "باخدا دیوانہ باشد و با محمدؐ ہوشیار۔" کبیر سے پہلے رومی بعض مقامات پر ان حدوں سے تجاوز کر گئے ہیں۔ جہاں تک جانے کی ہمت ان سے کمتر درجے کے صوفی اور شاعر نہیں کر سکتے تھے۔ چنانچہ ایک غزل میں وہ بہت سے پیغمبروں کا نام لیتے ہیں اور پھر اشاروں میں رسول اللہؐ کا ذکر کر کے یہ کہتے ہیں کہ رومی نے کوئی کفر کی بات نہیں کہی ہے۔ یہاں صرف چند اشعار کافی ہوں گے۔ ہر لحظہ بشکلے، بت عیار بر آمد دل بردو نہاں شد ہر دم بلباس دگر آں یار بر آمد گہ پیر و جواں شد خود کوزہ و خود کوزہ گر و خود گل کوزہ خود رند سبو کش خود بہ سر آں کوزہ خریدار بر آمد بشکست و رواں شد باللہ کہ ہم او بود کہ می آمد و می رفت ہر قرن کہ دیدیتا عاقبت آں شکل عرب دار

بر آمد دارائے جہاں شد حقا کہ ہم او بود کہ می گفت اناالحقدر صوت الھیمنصور نہ بود او کہ بر آں دار بر آمد ناداں بگماں شد ایں دم بہ نہان است بہ بیں گر تو بصیریاز دیدہ باطنایں است کز وایں ہمہ گفتار بر آمد دیدہ بیاں شد رومی سخن کفر نہ گفتست و نہ گوید منکر مشوید شکافر شدہ آنکس کہ بہ انکار بر آمد از دوزخیاں شد ۱۲ ترجمہ، اس چالاک محبوب نے طرح طرح کی شکلیں اختیار کی ہیں اور دل لے کے غائب ہو گیا۔ ہر بار دوسرا لباس بدل کر آیا۔ کبھی بوڑھا بنا اور کبھی جوان، وہ خود ہی کوزہ ہے خود ہی کوزہ گر اور خود ہی کوزے کی مٹی اور خود ہی رند۔ پھر خود ہی اس کوزے کا خریدار بن کے آیا اور اسے توڑ کے چلتا بنا۔ قسم خدا کی وہ خود ہی تھا جو ہر زمانے میں آتا رہا اور جاتا رہا یہاں تک کہ آخر کار وہ ایک عرب کی شکل میں ظاہر ہوا، اور دنیا کا شہنشاہ بن گیا۔ وہی تو تھا جس نے خدا کی آواز میں اناالحق کہا۔ وہ جو دار پر چڑھا، وہ منصور نہیں تھا۔ صرف نادانوں کو غلط فہمی ہوئی۔ اس وقت بھی دل کی آنکھ سے دیکھنے والے دیکھ سکتے ہیں۔ ہر پردے میں وہی چھپا ہوا بول رہا ہے۔ رومی نے کفر کی باتیں نہ تو کبھی کہی ہیں اور نہ کہتا ہے۔ اس سے انکار نہ کرو جس نے انکار کیا وہی کافر قرار پایا اور دوزخی ہو گیا۔ وحدت تمام تضادوں کے خاتمے کا نام ہے۔ رومی کے الفاظ میں دودھ اور شکر مل کر ایک ہو جاتے ہیں۔ عاشق ایک دوسرے سے مل جاتے ہیں اور رات اور دن کے پردے اٹھ جاتے ہیں اور چاند اور سورج ہم آغوش ہو جاتے ہیں۔ عاشقوں اور معشوقوں کا رنگ سونے اور چاندی کی آمیزش کی طرح مل جاتا ہے اور رافضی یہ دیکھ کر انگشت بدندان رہ جاتا ہے کہ علیؓ و عمرؓ ایک ہیں۔ ۱۳ چنانچہ اس منزل پر بندے اور خدا کا تضاد بھی ختم ہو جاتا ہے، اس لئے کبیر اپنی بعض نظموں میں دونوں کے لئے ایک سا انداز بیان اختیار کرتے ہیں، "ازل میں وہ اکیلا تھا اور اس کا وجود ہی اس کے لیے کافی تھا۔ وہ جس کا نہ رنگ ہے نہ روپ ہے، وہ جو بے صفات ہے۔ نہ تو

ابتدا تھی نہ ارتقا نہ انتہا۔ نہ اندھیرا نہ دھندلکا نہ اجالا۔ نہ زمین تھی نہ ہوا تھی، نہ آسمان۔ نہ آگ تھی، نہ پانی، نہ گنگا جمنا اور سرسوتی کے دھارے تھے۔ نہ سمندر تھا، نہ موجیں، نہ گناہ تھا، نہ ثواب، نہ وید پران تھے، نہ قرآن۔" (نظم صفحہ ۸۱)(۲)"نہ میں دھرمی ہوں نہ ادھرمی، نہ میں قانون ک ابندہ ہوں نہ خواہشوں کا غلام۔ نہ میں بولتا ہوں نہ سنتا ہوں۔ نہ میں عابد ہوں نہ معبود۔ نہ میں جبر کے قبضے میں ہوں نہ اختیار کے۔ نہ میرا کسی سے تعلق ہے نہ بے تعلق ہوں۔ نہ میں کسی سے دور ہوں نہ کسی سے قریب۔ ہم جہنم میں جاتے ہیں نہ جنت کا راستہ لیتے ہیں۔ سب کام ہم نے کئے ہیں لیکن ہر کام سے بے نیاز ہیں۔ اس فلسفے کے سمجھنے والے کم ہیں۔ لیکن جس نے سمجھ لیا وہ مطمئن ہو گیا۔ کبیر نہ تو کسی مت کا بانی ہے، نہ کسی مت کا مٹانے والا۔" (نظم ۷۹)اس کے بعد کبیر کی طرح یہ بھی کہا جا سکتا ہے کہ وحدت کے کثرت میں تبدیل ہونے اور تخلیق کائنات سے پہلے جب وشنو اور شیو کا بھی وجود نہ تھا۔ میں ذات مطلق (برہم) کے عشق میں مبتلا تھا۔ یعنی اس کے ساتھ ایک تھا۔ اور رومی کی طرح یہ بھی دعوی کیا جا سکتا ہے کہ سب کچھ میں ہوں، کعبہ بھی میں ہوں، کعبے کے بتکدے میں بیٹھنے والا ہر بت بھی میں ہی ہوں اور انجیل اور زبور اور قرآن بھی میں ہوں ۱۴ اس لئے کہ، در عشق نہ جسم و نہ جانمچیزے عجبم نہ ایں نہ آنمافزوں ززمان و در زمانمبیرون زمکان و در مکانمہر جا کہ روم خراب عشقمن کعبہ و بتکدہ نہ دانمہمسایہ آفتاب ذاتمہم موج محیط بیکرانم (ترجمہ، عشق میں نہ میں جسم ہوں نہ جان۔ نہ یہ ہوں نہ وہ۔ وقت سے بڑا ہوں اور وقت کے پیمانے میں سمایا ہوا ہوں۔ مکان (SPACE) سے بالا ہوں اور مکان میں موجود ہوں۔ جہاں بھی جاؤں میں عشق کا متوالا ہوں۔ میں کعبہ اور بتکدہ کچھ بھی نہیں جانتا میں آفتاب ذات (برہم) کا نور ہوں اور ناپید کنار سمندر کی موج۔) ان عاشقوق کی ایک ہی منزل ہے۔ منزل کبریا، کبیر کے الفاظ

میں "نشانہ" آسمان کی اوٹ میں ہے۔ داہنی طرف سورج ہے۔ بائیں طرف چاند اور نشانہ بیچ میں چھپا ہوا ہے۔ تن کی کمان ہے اور عشق ڈوری اور میں نے شبد (صوت سرمدی) کا تیر تان لیا ہے۔" اور رومی کے الفاظ میں، از کمان شوق تیر معرفت راست کردہ بر نشاں انداختیم (ترجمہ، شوق کی کمان میں معرفت کے تیر کو سیدھا کر کے میں نے نشانے پر مار دیا ہے) اس مقام پر کبیر کی آواز رومی اور دوسرے عظیم صوفی اور سنت شاعروں کی آواز کی طرح صرف وحدانیت کے جذبے سے سرشار ہے اور اس سرشاری کے عالم میں کسی ظاہری رسم یا ظاہری عبادت کی گنجائش نہیں ہے۔ وہ وحدت میں خلل ڈالتی ہے اور جس کو اس عالم میں عبادت کے رسوم سوچنے کی فرصت مل گئی وہ صحیح معنوں میں سرشار نہیں ہے۔ اس لئے وہ یا تو دکھاوے میں مبتلا ہو جاتا ہے یا عبادت کے فرق پر اور رسموں کی ظاہری شکلوں پر لڑتا جھگڑتا ہے جس کی وجہ سے خدا کی مخلوق میں اختلاف پیدا ہوتا ہے اور نفاق کے دروازے کھلتے ہیں۔" دیکھو سادھو، ساری دنیا پاگل ہو گئی ہے۔ سچی بات کہو تو مارنے کو دوڑتے ہیں۔ لیکن جھوٹ پر ساری دنیا کا ایمان ہے۔ ہندو رام کا نام لیتا ہے اور مسلمان رحمن کا اور دونوں آپس میں لڑتے مرتے ہیں، لیکن حقیقت سے کوئی واقف نہیں ہے۔ مجھے دھرم اور اس کے قوانین کے ماننے والے بہت ملے جو ہر صبح اشنان کرتے ہیں اور آتما کو چھوڑ کر پتھر کی پوجا کرتے ہیں۔ ان کا علم اور عرفان جھوٹا ہے۔۔۔ میں نے پیر اور مرید بہت دیکھے ہیں جو کتاب اور قرآن پڑھتے رہے ہیں، وہ قبر دکھا کر لوگوں کو مرید بناتے ہیں، ظاہر ہے کہ انہوں نے خدا کو نہیں پہچانا۔" (نظم صفحہ ۱۱۷)"اللہ دین کا اول اصول ہے اور اس نے زبردستی کی ہدایت نہیں فرمائی ۱۵ تمہارے پیر و مرشد کون ہیں اور کہاں سے آئے ہیں۔ روزے رکھنے، نماز گزارنے اور کلمہ پڑھنے سے جنت نہیں ملتی۔ کاش کوئی یہ بات جانے کہ ایک دل میں ستر کعبے ہیں، اپنے محبوب کو پہچانو اور دل

میں رحم پیدا کرو اور مال و متاع کو حقیر سمجھو۔ بہشت تو تب ملتی ہے جب سائیں کو اپنے پاس محسوس کریں۔"""اے سادھو یہ پانڈے مشاق قصائی ہیں۔۔۔ ان کے دل میں ذرا بھی رحم نہیں۔ اشنان کر کے اور تلک لگا کر بیٹھتے ہیں اور بڑی باقاعدگی سے دیوتا کی پوجا کرتے ہیں۔ یہ اپنی آتما کو ایک پل میں مار دیتے ہیں اور خون کی ندی بہا دیتے ہیں۔ یہ بہت مقدس ہیں اور اونچے خاندان کے ہیں۔۔۔ لوگوں کا پاپ کاٹنے کے لئے یہ کتھا سناتے ہیں اور کام ان سے بہت نیچے کروادیتے ہیں۔ میں نے دونوں کو ایک ساتھ ڈوبتے دیکھا ہے۔" (نظم ۱۱۲) مالا، لکڑ، ٹھاکر، پتھر، تیرتھ، سگرے پانیر اما کرشنا مرتے دیکھے، چاروں وید کہانیکنکر پتھر جوڑ کے مسجد لئی بنائے واچڑھ ملا بانگ دے کا بہر و بھیو کھدائے اور اس سب سے کبیر نے ایک ہی نتیجہ نکالا تھا۔ پوتھی پڑھ پڑھ جگ موا، پنڈت بھیانہ کوئیڈھائی اچھر پریم کے پڑھے سو پنڈت ہوئے اس میں دلچسپ نکتہ یہ ہے کہ دیوناگری میں جب "پریم" لکھا جاتا ہے تو اس میں صرف ڈھائی حروف ہوتے ہیں۔ ظاہری مذہب سے بغاوت اور باطنی مذہب کی تبلیغ کا نقلابی پہلو یہ تھا کہ اس نے قرون وسطی کے انسانوں کو خودداری، عزت نفس اور خود اعتمادی عطا کی اور انسانوں کو انسان سے محبت کرنا سکھایا۔ سنتوں اور صوفیوں کے پاس اتنی طاقت تو نہیں تھی کہ وہ اس ظلم اور بدکاری کے خلاف لڑ سکتے، جن کا مرکز شاہی دربار اور امیروں کے محل تھے۔ اس لئے انہوں نے ان کی طرف سے انتہائی حقارت کے ساتھ منہ پھیر لیا اور صبر و قناعت کی تعلیم دی۔ قناعت کا مقصد ترک دنیا نہیں تھا بلکہ بادشاہوں، درباریوں اور امیروں سے بے نیاز ہو کر تجارت اور جسمانی محنت سے روزی کمانا تھا جس کا نمونہ کبیر نے پیش کیا ہے۔ اس زمانے میں تجارت کو شاہی ملازمت کے مقابلے میں حقیر سمجھا جاتا تھا، اس لئے تجارت اور دست کاری کی آمدنی پر قناعت کرنا اور صبر و شکر کی زندگی گزارنا ہی سب سے بڑی قناعت تھی۔ (شبلی نعمانی۔

شعر العجم)اور یہ قرون وسطی سے جدید صنعتی اور تجارتی عہد کی طرف پہلا قدم تھا۔ اس لئے تصوف اور بھگتی نے جاگیر داری نظام کی فکری بنیادوں کو ہلا دیا۔ کبیر کی تعلیمات نے عام ہندوؤں اور مسلمانوں کو اپنا گرویدہ بنالیا، لیکن تنگ نظروں کی آنکھوں میں کانٹے کی طرح کھٹکتے رہے۔ اس لئے انہوں نے کبیر کے خلاف ہنگامہ برپا کر دیا اور بادشاہ وقت سکندر لودی تک شکایت پہنچی۔ یہ تو پتہ نہیں چلتا کہ سکندر لودی نے کبیر کو سزا دی یا معاف کر دیا۔ لیکن یہ ضرور ہوا کہ کبیر نے کچھ عرصہ کے لئے بنارس چھوڑ دیا۔ اس کا نتیجہ یہ ہوا کہ ان کی تعلیمات دور دور تک پھیل گئیں۔ڈاکٹر تارا چند کے الفاظ میں کبیر پہلا شخص ہے جس نے ایک مرکزی مذہب، ایک بیچ کی راہ کا بے باکانہ آگے آکر اعلان کیا۔ اس کا نعرہ پورے ہندوستان میں گونج اٹھا اور سیکڑوں مقامات سے اس کی آواز باز گشت سنی گئی۔۔۔ کبیر کے پیروان مذہب کی تعداد اتنی اہمیت نہیں رکھتی جتنا کہ کبیر کا وہ اثر جو پنجاب، گجرات اور بنگال تک پھیل گیا اور دور مغلیہ میں بڑھتا گیا۔ (تمدن ہند پر اسلامی اثرات صفحہ ۲۷۰)دوسرے صوفیوں اور سنتوں کی تعلیمات کے ساتھ مل کر کبیر کی تعلیمات اور تصورات شمالی ہندوستان کی تقریباً تمام زبانوں کے ادب میں سرایت کر گئے۔ ان کے براہ راست اثرات کا سراغ گرونانک کی تعلیمات میں بھی ملتا ہے اور آج کے عہد میں ٹیگور کے تصورات میں بھی کسی شاعر کو اس سے بڑا اخراج تحسین اور کیا مل سکتا ہے۔ ہمیں آج بھی کبیر کی رہنمائی کی ضرورت ہے۔ اس روشنی کی ضرورت ہے جو اس سنت صوفی کے دل سے پیدا ہوئی تھی۔ آج دنیا آزاد ہو رہی ہے۔ سائنس کی بے پناہ ترقی نے انسان کا اقتدار بڑھا دیا ہے۔ صنعتوں نے اس کے دست وبازو کی طاقت میں اضافہ کر دیا ہے۔ انسان ستاروں پر کمندیں پھینک رہا ہے پھر بھی حقیر ہے۔ مصیبت زدہ ہے، درد مند ہے۔ وہ رنگوں میں بٹا ہوا ہے۔ قوموں میں تقسیم ہے۔ اس کے درمیان

مذہب کی دیواریں کھڑی ہوئی ہیں۔ فرقہ وارانہ نفرتیں ہیں۔ طبقاتی کشمکش کی تلواریں کھینچی ہوئی ہیں۔ بادشاہوں اور حکمرانوں کی جگہ بیوروکریسی لے رہی ہے۔ دلوں کے اندر اندھیرے ہیں۔ چھوٹی چھوٹی خودغرضیاں اور رعونتیں ہیں جو انسان کو انسان کا دشمن بنا رہی ہیں۔ جب وہ حکومت اور شہنشاہیت اور اقتدار سے آزاد ہوتا ہے تو پھر اپنی بدی کا غلام بن جاتا ہے۔ اس لئے اس کو ایک نئے یقین، نئے ایمان اور نئی محبت کی ضرورت ہے جو اتنی ہی پرانی ہے جتنی کبیر کی آواز اور اس کی صدائے بازگشت اس عہد کی آواز بن کر سنائی دیتی ہے۔ غلامی میں نہ کام آتی ہیں شمشیریں نہ تدبیریں جو ہو ذوق یقیں پیدا تو کٹ جاتی ہیں زنجیریں کوئی اندازہ کر سکتا ہے اس کے زور بازو کا نگاہ مرد مومن سے بدل جاتی ہیں تقدیریں ولایت پادشاہی علم اشیاء کی جہانگیری یہ سب کیا ہیں فقط اک نکتہ ایماں کی تفسیریں براہیمی نظر پیدا مگر مشکل سے ہوتی ہے ہوس چھپ چھپ کے سینے میں بنا لیتی ہے تصویریں تمیز بندہ وآقا فساد آدمیت ہے حذر اے چیرہ دستاں سخت ہیں فطرت کی تعزیریں حقیقت ایک ہے ہر شئے کی خاکی ہو کہ نوری ہو لہو خورشید کا ٹپکے اگر ذرے کا دل چیریں یقیں محکم، عمل پیہم، محبت فاتح عالم جہاد زندگانی میں ہیں یہ مردوں کی شمشیریں (اقبال) یہ کبیر کی، رومی کی غرض تمام سنتوں اور صوفیوں کی تعلیمات کی نئی تفسیر ہے جو ایک نئی انسانیت کی بشارت لئے ہوئے ہے۔

حاشیے

(۱) کہا جاتا ہے کہ سوامی رامانند کا ایک معتقد ایک برہمن ان سے ملنے آیا تو اس کے ساتھ اس کی بیوہ بیٹی بھی تھی۔ لڑکی کے سلام کے جواب میں رامانند نے بیٹا پیدا ہونے کی دعا دی۔ یہ سن کر برہمن گھبرا گیا لیکن رامانند جی نے کہا کہ میرے الفاظ خالی نہیں جا سکتے۔ چنانچہ اس بیوہ برہمنی کے پیٹ سے کبیر پیدا ہوئے۔ ماں نے بدنامی کے ڈر سے بچے

کو ایک تالاب کے کنارے پھینک دیا۔ اتفاق سے بنارس کا ایک مسلمان جولاہا اپنی بیوی نعیمہ کے ساتھ ادھر سے گزرا، وہ دونوں اس بچے کو اٹھالائے۔ اس کی پرورش اپنے بیٹے کی طرح کی۔ جب قاضی سے نام رکھنے کی فرمائش کی تو فال میں کبیر کا لفظ نکلا۔ اس واقعہ کی صحت کے متعلق کوئی تاریخی شہادت پیش نہیں کی جاسکتی لیکن میرا خیال ہے کہ کبیر کی موت کے افسانے کی طرح (جس کا ذکر آگے آئے گا) یہ افسانہ بھی ان کے ہندو مسلم اتحاد کی تعلیم پر زور دیتا ہے۔

(۲) آٹھویں صدی شنکر اچاریہ کی صدی ہے۔ اس پر اختلاف رائے ہے کہ بودھ دھرم کے زوال میں اور اسباب کے علاوہ شنکر اچاریہ کا بھی کچھ حصہ ہے کہ نہیں۔

(۳) وہ جسے اسلامی جمہوریت کہتے ہیں اس پر ابتدا میں عرب کی قبائلی جمہوریت کے اثرات تھے، پیغمبر اسلام کی وفات کے تیس سال کے اندر عرب سماج جب قبائلی منزل سے نکل کر جاگیر داری عہد میں داخل ہو گیا اور جاگیر داری شہنشاہیت اموی اور عباسی خلفا کی سلطنت کی شکل میں ظاہر ہوئی تو مذہبی جمہوریت جو خدا کے سامنے محمود اور ایاز کو ایک ہی صف میں کھڑا کر دیتی ہے معاشی جمہوریت بننے کی صلاحیت کھو چکی تھی، یوں تو حاکم و محکوم دونوں مسلمان تھے، لیکن اسلام کے نام پر ایک طبقاتی نظام حکومت کر رہا تھا، جب حاکم اپنے محکوموں کو ان کا جمہوری حق نہیں دیتے تھے تو محکوم نئے فرقوں کی شکل میں اپنی تنظیم کرتے تھے اور یہ فرقے مذہبی لباس پہن کر ظاہر ہوتے تھے، اسلام کی ابتدائی صدیوں میں یہ عمل بڑے پیمانے پر پہلے ایران اور پھر پورے مشرق وسطی میں نظر آتا ہے اور صوفی تحریک کے سمجھنے میں مدد دیتا ہے۔ ہندوستان میں جو مسلمان فاتح آئے وہ بھی اپنے ساتھ اسلامی جمہوریت کا تصور لے کر نہیں آئے تھے، ان کے پاس ایک جاگیر داری شہنشاہیت کا تصور تھا جس میں حاکم اور محکوم کا فرق نمایاں تھا۔ خاندان،

بزرگی اور شرافت پر زور تھا وہاں وہ جذباتی مقاصد کے لئے ضرور اسلام کا نام استعمال کرتے تھے۔

(۴) جات جلاہا نام کبیرا، اج ہوں پتچو ناہیں تہاں جاؤ جہاں پاٹ پٹمبر اگر چندن گھس لیناں۔ آئی ہمارے کیا کرو گیہم تو جات کمیناں۔ ان دوم صرعوں میں پاٹ پٹمبر کا لفظ سب سے زیادہ اہم ہے اور اس کے دو معنی ہیں جو اوپر دیئے گئے ہیں۔

(۵) کافر عشقم، مسلمان مرا درکار نیست، ہر رگ جاں تار گشتہ، حاجت زنار نیست (امیر خسرو) (ترجمہ، میں وہ کافر ہوں جس نے عشق کو خدا مانا ہے۔ اب مجھے اسلام کی ضرورت نہیں، میری ایک ایک رگ نار بن گئی ہے پھر میں جنیو پہن کر کیا کروں)

(٦) یہ دلچسپ بات ہے کہ کبیر کا خاندان ہندو سے مسلمان ہوا تھا اور اقبال کا خاندان بھی، کبیر نے اپنے آپ کو مسلمان کہہ کر برہمن پر طنز کیا اور اقبال نے اپنے آپ کو برہمن کہہ کر فخر ومباہات سے کام لیا۔ "برہمن زادہ رمز آشنائے روم و تبریزات" کبیر نے اپنی شاعری میں ہندو تشبیہ واستعارہ استعمال کیا اور اقبال نے اسلامی روایات سے اپنے تشبیہ اور استعارے لئے۔ حالانکہ ان کے فلسفہ خودی پر اپنی شد اور ویدانت کا اچھا خاصا اثر ہے جس پر ابھی تک تحقیقی کام نہیں ہوا ہے۔

(۷) مولانا جلال الدین رومی کے نزدیک اناالحق انکسار کی آخری منزل ہے۔ جس طرح شہد میں ڈوبی ہوئی مکھی ہل نہیں سکتی۔ اسی طرح استغراق کے عالم میں کوئی صوفی اناالعبد (میں بندہ ہوں) نہیں کہہ سکتا کیونکہ اس میں دوئی ہے۔ ایک خدا اور ایک بندہ اور یہ غرور کی منزل ہے۔ خدا کے وجود کے سامنے اپنے وجود کا اعلان ہے۔ (مثنوی کا انگریزی ترجمہ از نکلسن ساتویں جلد) لیکن یہ کہنے کا حق صرف اہل باطن کو ہے، اہل ظاہر کو نہیں۔ کیونکہ اس کی سزا موت ہے جسے اہل باطن جشن عروسی سمجھتے ہیں اور اہل

ظاہر سزا کا نام دیتے ہیں۔

(۸) کبیر سے پہلے ہندی زبان نے کوئی بڑا شاعر پیدا نہیں کیا۔ ملک محمد جائسی کی تاریخ پیدائش ۱۴۹۴ء ہے اور پدماوت کی ابتدا ۱۵۴۰ء میں شیر شاہ سوری کے عہد میں ہوئی۔ جب کہ کبیر کا انتقال ۱۵۱۸ء میں ہو چکا تھا۔ اس لئے مسلم صوفیوں کے ذریعے سے کبیر کے پاس کئی سو برس کی فارسی روایت آئی۔ صوفی حلقوں میں رومی، سعدی، عطار اور حافظ کا کلام عام طور سے پڑھا جاتا تھا اور کبیر کی شاعری میں ان کے اثرات کی شہادتیں موجود ہیں۔

(۹) تصوف میں سالک کو کئی مقامات سے گزرنا پڑتا ہے انہیں میں ایک مقام بقا ہے اور ایک مقام فنا۔ دونوں ایک دوسرے کے مقابل ہیں۔ فارسی میں رد کی مقام بقا کے شاعر ہیں، جس طرح کوئی دوسرا صوفی شاعر رد کی کے قریب نہیں پہنچتا اسی طرح کوئی دوسرا سنت شاعر کبیر کے قریب نہیں پہنچ پاتا۔

(۱۰) قرآن میں آیا ہے کہ ایک رات رسول کریمؐ آسمان پر تشریف لے گئے۔ مسلم عالموں کی اکثریت یہ مانتی ہی کہ یہ جسمانی تجربہ تھا۔ لیکن بعض عالموں کا یہ خیال ہے کہ رسول اللہ جسمانی طور پر تشریف نہیں لے گئے تھے بلکہ یہ ایک روحانی تجربہ تھا۔ اسی لئے دو اصطلاحیں بن گئیں۔ "معراج جسمانی" اور "معراج روحانی۔۔"

(۱۱) اصل عربی لفظ اللہ ہے۔ ایرانیوں نے اس کا ترجمہ خدا کیا ہے۔ کبیر نے جگدیش اور رام کر دیا۔ اگر خدا قابل قبول ہے تو جگدیش بھی قابل قبول ہو سکتا ہے۔

(۱۲) اس غزل کا دوسرا شعر فروز انفر کے مرتبہ یوم شمس تبریزی (تہران ایڈیشن) میں نہیں ملتا ہے۔ مجھے بچپن سے یاد ہے اور افضل اقبال نے اپنی انگریزی کتاب LIFE AND WORK OF RUMI (لاہور ایڈیشن) میں بھی اس شعر

کو اسی غزل کا حصہ قرار دیا ہے۔ میرے دریافت کرنے پر انہوں نے پروفیسر نکلسن کا حوالہ دیا۔

(۱۳) اقتباس از "مثنوی معنوی" بحوالہ سوانح مولانا روم "شبلی نعمانی" (مطبوعہ مجلس ترقی ادب لاہور) صفحہ ۶۸۔ شیعوں کو رافضی کہتے ہیں۔ جو حضرت عمر کی خلاف کو تسلیم نہیں کرتے۔ آخر اس حقیقت کی طرف اشارہ ہے۔

(۱۴) قاب قوسین و تدلی یا دنی ہر سہ بہم بلکہ انجیل وزبور و مصحف و قرآں منمعزی ولات و چلیپا بعل و طاغوت و صنم کعبہ دی وصفاو مذبح و قرباں منم (رومی)

(۱۵) دونوں ٹکڑے قرآن کی آیتوں سے لئے گئے ہیں۔ نہ تو اندر حرم گنجی نہ دربت خانہ می آئی ولیکن سوئے مشتاقاں چہ مشتاقانہ می آئی قدم بے باک تر نہ در حریم جان مشتاقاں تو صاحب خانہ آخر چرا دزدانہ می آئی (اقبال)

* * *